目 录
CONTENTS

【A 好中层·自我认知篇】

"在我做过的所有事情当中,最重要的是把那些为我们工作的人的才能协调在一起,并把这些协调在一起的才能引导至某个目标。"

——沃尔特·迪斯尼

第一章　一不小心做了中层 …………………………… 2

认识自己——我和别人"不一样" ……………………… 2
1. 我和"打工仔"不一样 ………………………………… 4
2. 我和"过去"不一样 …………………………………… 4
3. 我是重要的"影响源" ………………………………… 5
4. 我有高EQ与AQ ……………………………………… 5

了解自己——解剖中层性格密码 ……………………… 5
1. 为什么我在特定的状况下会有那样的举动? ………… 6
2. 我是"猫性"还是"狗性"? ………………………… 12

提醒自己——中层禁忌知多少? ……………………… 15
1. 角色错位的四种表现 ………………………………… 15

2.三个问题,四句废话 ············· 17

征服自己——老板做好人,中层做坏人 ············· 22
1.用"白脸"完成任务 ············· 24
2.用"红脸"经营员工 ············· 27

第二章　夹心饼干的N种滋味 ············· 29

中"坚"力量——不忍辱焉能负重 ············· 30
1.忍辱并不代表无能 ············· 30
2.主动"找气"受 ············· 33
3."辱"是成长中最好的老师 ············· 33

中"煎"力量——要当好管理者,先当好被管理者 ············· 34
1.别省略走向成功的任何一个步骤 ············· 35
2.被管理者对管理者的"七问" ············· 36

中"艰"力量——我不是"忍",我是"修" ············· 38
1.在老板思想没有转变之前,不要试图去改变老板 ············· 39
2.下属绝对不会做你希望的事,只会做你要求和监督的事 ············· 43

中"间"力量——会做人,会做事,会算账 ············· 45
1.建立自己的人情账户 ············· 45
2.别做那些最愚蠢的事 ············· 48
3.为公司"算账" ············· 52

高层管理者做正确的事  执行层人员把事做正确

Core circle

核心圈

——做最给力的中层

鲁 智◎编著

台海出版社

图书在版编目(CIP)数据

核心圈：做最给力的中层 / 鲁智编著. —北京：
台海出版社, 2011.3
ISBN 978-7-80141-782-4

Ⅰ.①核... Ⅱ.①鲁... Ⅲ.①领导学 Ⅳ.①C933

中国版本图书馆 CIP 数据核字(2011)第 034960 号

核心圈：做最给力的中层

编　　著：鲁　智	
责任编辑：姜　航	
装帧设计：天下书装	版式设计：通联图文
责任校对：罗　金	责任印制：蔡　旭

出版发行：台海出版社
地　　址：北京市景山东街 20 号，邮政编码：100009
电　　话：010-64041652(发行、邮购)
传　　真：010-84045799(总编室)
网　　址：www.taimeng.org.cn/thcbs/defauit.htm
E-mail：th-cbs@163.com

经　销：全国各地新华书店
印　刷：北京高岭印刷有限公司
本书如有破损、缺页、装订错误，请与本社联系调换

开　本：710×1000　1/16
字　数：170 千字　　　　　印　张：16
版　次：2011 年 4 月第 1 次　印　次：2011 年 4 月第 1 次印刷
书　号：ISBN 978-7-80141-782-4

定　价：29.80 元

版权所有　　翻印必究

第三章　你离好中层有多远 ·············· 54

高层VS中层：一流中层有忠有能 ·············· 55
1. 有才无德，限制使用；无才无德，坚决不用 ·············· 55
2. 有德无才，培养使用；有德有才，提拔重用 ·············· 57

基层VS中层：一流中层奖罚分明 ·············· 59
1. 激励往往比压力更有效 ·············· 61
2. 用最小的代价换取人心 ·············· 64
3. 威信和执行力不是骂出来的 ·············· 66

团队VS中层：好中层不是独行侠 ·············· 69
1. 不做第一，但是要做比第一更快的第一 ·············· 69
2. 不仅要有战术水平，更要有战略思维 ·············· 71

【B　好中层·团队管理篇】

"企业管理过去是沟通，现在是沟通，未来还是沟通。"
——日本经营之神松下幸之助

第一章　以宽广的视角看待管理 ·············· 75

管理黑洞——所有的失败都是管理性格的失败 ·············· 76
1. 员工最恨的中层："推、拖、拉" ·············· 77
2. 先学做人，再学管人 ·············· 78

管理模式——授权维度与走动管理 ·············· 83
 1.知道授权的益处,并辨认出阻碍成功的事物 ········ 85
 2.有效授权,适当监督被授权者 ················ 85
 3.具备有效且反应迅速的管控系统 ·············· 87
 4.增进授权技巧,提升部门职能 ················ 88
 5.20%的管理模式:信任和放权 ················ 89

管理思维——企业的问题是每个人的问题 ·············· 92
 1.问题是中层制造出来的? ·················· 92
 2.有问题才需要中层? ···················· 93
 3.管理越好,问题越少? ···················· 93

管理艺术——关心所有人,关注几个人 ·············· 94
 1.值得特别关注的几种员工 ·················· 95
 2.用肯定式管理赢得尊重 ···················· 97

时间——管理者最重要的资源 ······················ 100
 1.换灯管的"时间分割法" ···················· 102
 2.管理者的时间根本不属于自己,而属于别人 ········ 105

第二章 执行力的"方与圆" ·············· 109

执行力的定义——正确地做事和做正确的事 ·············· 110
 1.执行力不强的三个"度" ···················· 111
 2.卓越执行力"天龙八部" ···················· 111
 3.执行过程中的方圆艺术 ···················· 113

执行力的操作——中层管人,流程管事 ·············· 115
 1.学会倾听才能发现真正的问题 ················ 115

2.制定目标是执行的前提 …………………………………… 118
　　3.明确分工,只做最重要的事 ………………………………… 120
　　4.主动发掘人才,别等着派发人手 …………………………… 122

执行力的提升——营造积极互动的氛围 ……………………… 125
　　1.掌握自我领导的艺术 ………………………………………… 125
　　2.取得成效的关键是做对事 …………………………………… 126
　　3.协调众多独立的创造性力量 ………………………………… 126
　　4.打破三种障碍 ………………………………………………… 127

第三章　"超级领导力"面面观 ……………………… 131

领导力解析——成为领导他人的人 …………………………… 135
　　1.野牛群中的领导者 …………………………………………… 136
　　2.学雁群飞翔 …………………………………………………… 138
　　3.推陈出新,胜负立现 ………………………………………… 139

领导力圣经——打破平衡,不同凡响 ………………………… 139
　　1.即知即行,要有战略家的风采 ……………………………… 139
　　2.知己知彼,方能百战不殆 …………………………………… 140
　　3.妥善准备,拥有明天 ………………………………………… 141
　　4.自信,是向未来进军的资本 ………………………………… 141

领导力造就——一种优雅而精妙的艺术 ……………………… 142
　　1.愿景比管控更重要,信念比指标更重要 …………………… 143
　　2.人才比战略更重要,团队比个人更重要 …………………… 146
　　3.平等比权威更重要,均衡比魄力更重要 …………………… 150
　　4.理智比激情更重要,真诚比体面更重要 …………………… 154

第四章　人脉，中层的金钥匙 ……… 163

沟通策略——方式不对，努力白费 ……… 164
1. 当面说还是网上说？ ……… 165
2. 在办公室说还是在休闲场合说？ ……… 165
3. 含蓄温和还是清晰明白？ ……… 166
4. "七加一法则"：情绪等频，认识同步 ……… 168

沟通艺术——爱人者人恒爱之，敬人者人恒敬之 ……… 169
1. 换位式：领导真正欣赏的是比他早几个时区的人 ……… 170
2. 留白式：给下属留有余地 ……… 171
3. 刺猬式："距离产生美" ……… 172

沟通技巧——做完蛋糕要记得裱花 ……… 175
1. 与上司沟通：让上司看到你的价值 ……… 175
2. 与下属沟通：诚心做表率 ……… 182
3. 与同级沟通：平等协商没成见 ……… 186

【C　好中层·职场保卫战】

"先做人，后做事，偶尔做做秀。"

——唐骏

第一章　当中层遭遇"瓶颈期" ……… 191

中层危机——"程咬金"和"七年之痒" ……… 192

1.职场保卫:寻找并确立核心竞争优势 …………… 194
2.思维转换:寻找最合适的,还是成为最合适的? ……… 196
3.心态调整:自我激励和自我超越 ……………… 197

优秀的中层都是相似的,糟糕的中层却各有各的糟糕之处 ……………………………………………… 201
1.唐骏:先做人,后做事,偶尔做做秀 ……………… 201
2.赵舟华:HR的七年之痒 ……………………… 205
3.优秀中层的十大相似 ………………………… 209

第二章 从世界发展看中层差距 …………… 215

人才争夺——君择臣,臣亦择君 ……………… 217
1.工作轮换、导师制度 ………………………… 220
2.360度反馈评价 …………………………… 222

经验借鉴——500强企业如何培训中层 ………… 224
1.朗讯:管教一体 …………………………… 225
2.GE:培养全球化的职业经理人 ………………… 226
3.Intel:培养管人经理 ………………………… 227
4.惠普:向日葵计划 …………………………… 228

管理视野——四大名著中的中层艺术 …………… 229
1.水煮三国:中层定天下 ……………………… 229
2.大话西游:德者上,能者前,智者中,劳者下 ……… 235
3.水浒传:企业文化是关键 …………………… 239
4.大观园里谁是最好的中层 …………………… 241

A

【好中层·自我认知篇】

"在我做过的所有事情当中，最重要的是把那些为我们工作的人的才能协调在一起，并把这些协调在一起的才能引导至某个目标。"

——沃尔特·迪斯尼

第一章
一不小心做了中层

你不知道工作应怎样才能做到更好？
你觉得你所得到的永远比不上你的付出？
你认为你的上司能力还没有你强？
你觉得领导和同事总跟你过不去？
你觉得做多做少都差不多？
你觉得自己永远都是做员工的命？
……

在古希腊巴纳斯山脉的入口处刻着这样一句话：认识你自己。

古希腊的哲学家把认识自己看成是人类最高的智慧。作为一名经理人，最基本的前提是自我认知：只有先挑战自己，战胜自己，征服自己，才能清楚地了解自身的角色定位，才能正确、客观地对待企业成长过程中所遇到的各种困难。

认识自己——我和别人"不一样"

我在大学上课时，问学生的第一个问题就是："有没有想过，你为什么要做中层？"

台下哗然，有人偷笑，有人议论，也有人觉得我这个问题问得很无聊。以下是我搜集整理的几种回答。

"做就做了呗。领导升我的。"这是最常见的回答。一般来说，人们在某个岗位取得一定成就后，就会被晋升到更高一级的岗位，一直晋升到自己不能胜任的岗位为止。

这样做的后果，可能会导致组织的所有岗位都被不胜任此职的人所占据。而在新的岗位上，如果你还是抱着这个想法，那么，你往往使用的是你曾经在低层次岗位上时使用的管理经验和办法。显然，这种管理经验和办法在具有层级性的岗位中是不合适的，由此会导致整个组织内部的管理水平、组织效率的下降。

"能者居上，我能力强所以做了中层。"能力强的人就能做经理人吗？让我们先来看一个故事。一个人到花鸟市场去买鹦鹉，看到一只鹦鹉前标有：这只鹦鹉会两种语言，售价300元。另一只鹦鹉前则标着：这只鹦鹉会四种语言，售价600元。到底该买哪一只呢？这两只鹦鹉都是毛色光鲜，模样可爱。他想啊想啊，一时拿不定主意。

这时，他忽然发现，不远处还有一只鹦鹉，忙走过去。他看到这是一只老掉了牙的鹦鹉，毛色暗淡散乱，精神不振，但奇怪的是，这只鹦鹉的价格标签上竟写着1200元。

于是，他赶紧将老板叫来问："这只鹦鹉难道会说八种语言？"

店主说："不是。"

这人就有些不解了："它又老又丑又没有能力，为什么会值那么多呢？"

店主回答道："因为它能指挥另外两只鹦鹉高效干活，是'老板'。"

鹦鹉老板在语言方面并不如另外两只鹦鹉，但它却可以指挥它们高效工作，这就够了。"能者上，平者让，庸者下"的晋升思想在现实中存在很大的误区，实际上，很多销售业绩顶尖的人成为销售经理后却不能胜任。

管理者并不需要样样都行，但一定要具备领导能力。真正适合做经理人的人本身不需要很有能力，但却要有能够使别人充分发挥自身能力的

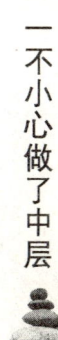

能力。

"主管有比较高的薪水和额外津贴……"这一条也许不太好意思出口,但事实如此。就像有很多人认为当主管是为了能做老大,有面子。在这种思想的主导下,整个团队的战斗力将无法得到保证。外资企业对此的解决方法是进行轮岗,即干满三年换一次岗位,目前中国的企业也许还做不到这个。其实,追求高薪、要面子是人之常情,但是如果以此为目的,那么势必导致恶性后果。

薪水只是工作的一种报偿方式,虽然是最直接的一种,但也是最短视的一种。只为薪水而工作,没有更高尚的目标,并不是一种好的人生选择,结果受害最深的不是别人,而是他自己。

身为公司的中层,必须要具备以下几种清晰的自我角色的认知,这就是"为什么我要做中层"的最好回答。

1.我和"打工仔"不一样

身为公司的中层,经理人应该具备责任意识,即老板意识和主人翁意识。在企业具体的管理过程中,可以说,中层管理者代表着总经理的意志,谋划着整个企业的利益,因此要有全局思维和系统思维,要具有很强的老板意识,要站在老板的利益角度看问题,而不是简单地把自己当成打工仔。

中层经理需要注意自己的言行和立场,接近员工,但不能把自己等同于员工,否则会走进管理的误区。中层管理者是一个重要的影响源,在企业管理层中起承上启下的作用。因此,中层管理者,要注意自己是一个有重要影响的人,一言一行,都会对他人产生重大的影响。

2.我和"过去"不一样

中层管理者不能用过去来指挥将来,也不能用过去来指挥现在,不能凭着过去的思维给下属和上级贴上标签。有些中层管理者以为自己用人无数,不再需要调查研究就能对一个人的能力作出正确的判断。此外,中层管理者不能用自己的喜好来评价别人、影响别人、约束别人。否则,中层管理者与员工之间的互动就会产生问题,从而影响到以后的人员管理和关系建设。

3.我是重要的"影响源"

时常有人抱怨企业的规章制度与流程的不完善给企业带来问题,实际上问题的关键在于中层管理者能不能做到"上行下效,以身作则"。对于规章制度和流程,中层管理者要说到做到,这样才能建立一支有高执行力的团队。如果中层管理者没意识到自己是一个影响源,那么就容易在整个团队中制造一些消极、悲观、错误的情绪,从而导致严重的管理误区。

4.我有高EQ与AQ

作为成功的职业经理人,仅仅依靠高IQ(智商)是远远不够的,还要有较高的EQ(情商)和AQ(逆境智商)。知识并非都能转变成财富,只有完成从IQ到EQ和AQ的转化,才能获得更好的发展。面对他人,面对不愉快,你能让自己心平气和,使自己快速应对;面对困难,你能知难而上,做勇敢的攀登者。成功的职业经理人必须具备上面的条件。

无论你是从事销售还是技术性强的工作,都需要较高的EQ。衡量EQ高低的一个重要标准是人在面对困难时表现出来的张力大小。智商只是解决当前存在的知识量的问题,我们不能仅仅用智商来解决问题,而要具有建设性的张力。优秀的经理人应懂得在逆境中正确导引心态。

了解自己——解剖中层性格密码

商学院全球领导力中心的负责人弗里斯(Manfred Ketsde Vries)认为,

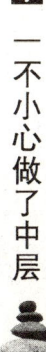

经理人的心理矛盾和紧张情绪对企业造成的破坏绝不亚于竞争对手发起的商业竞争。

"每天走进办公室,我既能让手下1万名员工的生活变得悲惨,也能让他们变得积极。要做到这两点很容易。我需要每天提醒自己我所扮演的角色。"这是一位曾参加欧洲工商管理学院(INSEAD)管理者工作坊经理的心声。

金庸先生在《鹿鼎记》中也提到:"皇太子自出娘胎,便注定了将来要做皇帝,自幼的抚养教诲,就与常人全然不同,一哭一笑,一举一动,无不是众目所视,当真是没半分自由。囚犯关在牢中,还可随便说话,在牢房之中,总还可任意行动,皇太子所受的拘束却比囚犯还厉害百倍。负责教读的师傅、服侍起居的太监宫女,生怕太子身上出了什么乱子,整日战战兢兢,如临深渊,如履薄冰。太子的言行只要有半分随便,师傅便谆谆劝告,唯恐惹怒了皇上。太子想少穿一件衣服,宫女太监便如大祸临头,唯恐太子着凉感冒。

"一个人自幼至长,日日夜夜受到如此严密看管,实在殊乏人生乐趣。历朝颇多昏君暴君,原因之一,实由皇帝一得行动自由之后,当即大大发泄历年所积的闷气,种种行径令人觉得匪夷所思,泰半也不过是发泄过分而已。"

就像金庸笔下的那些皇帝一样,成年人常会重复在孩童时期学到的行为方式,最终,他们会不知不觉地陷入这种破坏性的循环。很多领导者都会有狂躁的行为,经理人也会有"喜怒无常"的时候,他们不停地工作,却忘记了为什么每天都要工作。他们并不确定自己想要什么,却不惜牺牲自己去得到什么。

1.为什么我在特定的状况下会有那样的举动?

许多管理理论都过于简单地阐述了企业领导是如何作出决策的,实际上,那些理论对一些决策看似合理的解释常常是不成立的。

如果管理者不了解自己,或彼此互不了解,就很有可能令公司的运作陷入不正常。因此,一个出色的经理人,还需要对自己的性格有全面的了解,进一步挖掘自己的个人背景和成长经历,定期对自己的行为作进一步的反省:为什么我在特定的状况下会有那样的举动?要不要试着改变自己的行为?

下面列举了几种关键的不良性格。但是,很多人都有多面性。我所列举的这些例子只是为了帮助你看清那些你不能一眼看出的性格要素。你也可以把它看作是关于如何与"异类"同事相处的简明指南。它还能帮助你进一步了解在镜子里回视着你的那个人,也就是你自己。

自恋型

要了解企业的状况,就必须了解什么是自恋。企业比其他任何一个地方都更能淋漓尽致地展现自恋者的变化。自恋型领导者通常能够找到自我,但他们的下属必须失去自我。

自尊是一种健康的心理,它可以使人变得自信、果断和富有创造力。但是,过度自恋往往导致领导者自我主义,拒绝考虑别人的处境,看不到人与人之间的界线。过于自恋的性格加上享有的权力会让领导者招致毁灭性的后果。

是什么导致这种自恋性格的产生?这要归咎于父母。在孩童时期,自我形象的放大与小孩子本身的无助感形成一种对立、紧张的关系。采取不正确的办法来消除这种紧张关系,就易导致负面心理和对个人权力及地位的渴望。对权力、地位、名誉和魅力的渴望最终导致自恋性格。

当然,自恋也许可以使领导者更加相信成功是很容易的事情,是在预料之中的。从中短期来看,自恋可以提升领导者的业绩。正如弗洛伊德所写道的:"如果一个人一直受到母亲的宠爱,他一生都会洋洋得意,相信自己一定会成功,结果往往真的取得成功。"

自恋型领导者可能具有以下特点:自大;对成功和权力充满无限幻想;相信自己是独一无二的;要求别人无限崇拜自己;权力意识强烈;对特别优待抱有不合理的期望;利用他人来达到自己的目的;忽视他人的感受和需求;有傲慢的行为和态度。

控制型

这类人总是事无巨细,亲力亲为。规章制度、指令计划都是控制型领导的行事准则。他们害怕如果不时时遵循最高标准或不遵守规则,世界就会四分五裂。

如果小孩子在条条框框非常明确的环境中成长,他们就会学习如何避免不脱离这些条条框框或避免做出创造性的行为。成年后,他们仍然害怕犯错误,但他们同时又对自己很不满意,认为自己其实可以做得更多或更好。

他们始终受困于"应该做什么"和"必须做什么",不断地把自己越逼越紧。父母的那种苛刻、是非对错太分明的形象已在他们心里打下了深深的烙印,困扰着他们,使他们害怕受到惩罚。

控制型领导者可能给人以严格而投入的印象,但对控制的需求使他们停步不前,固执僵化,不懂得灵活变通。

他们热衷于待在等级分明而不是人人平等的环境中。他们尊重他人,态度恭顺,善于迎合他人,甚至对上级(他所认为的上级)唯命是从。但另一方面,他们对下属又非常专横、傲慢、苛刻、毫不妥协。与控制型领导者共事有如处在雷区:你不知道什么时候会触上地雷,你会因为违背了对方严苛的标准而付出沉重的代价。在企业中,控制型领导者在一定程度上造就了官僚作风。

然而,随着责任的增大,他们会变得犹豫不决。具有这种性格的人显然不适合担当领导一职。

控制型领导者具有以下特点:严苛,缺乏灵活性和自发性;工作狂;是非对错太分明,爱教训他人;有自虐和自我贬低的倾向;冷酷无情,易怒,易有挫折感,急躁;心神不宁;害怕犯错;精神紧张,内向、冷漠;因循守旧,严肃、刻板。

忧郁型

如果你的公司死气沉沉,员工不爱沟通,有可能是公司高层带来了忧郁的氛围。忧郁型领导者总认为自己事事不顺,所以表现不佳,不会成功。

忧郁的人很少有兴趣也不能很好地理解不同意见。他们不适合当领导,因为他们犹豫不决,缺少自发性和创造性。他们很悲观,对困难估计过高,对自己的能力又估计过低。

当然,临床表现忧郁的人是病人,需要进行治疗。但是,当有同事情绪忧郁时,紧张的工作可能会掩盖这种情绪,或者使他身边的人注意不到他的异常。忧郁的人可能不愿意知道或不知道自己的症状,他们也有可能非常严苛,是非对错太分明,总是费劲地去激励他人。

他们把工作看成令人生厌的苦差事。他们所抱的怀疑态度和玩世不恭催生出一种消极、沮丧和有害的氛围。他们不仅对自己要求苛刻,对其他人也施加了很大压力。他们希望为自己工作的人承担大量工作任务,他们不断唠叨着让别人完成任务,同时又批评着下属的表现有多么不济。

忧郁型领导者具有以下特点:常有无助感,觉得自己没用;食欲不振,体重下降;萎靡不振,长期疲劳;冷漠,注意力不集中;沉闷无趣;常产生内疚、自责、沮丧的感觉;常常想到死亡或自杀。

暴躁型

商界的激烈竞争对今天的管理者提出了很高的要求。持续的业绩压力可能使管理者做出错误的举动和判断。然而,对于那些胆大的领导者而言,这可能正是他们想要的环境。在非常情况下,暴躁型领导热衷于控制和贬低同事。

"他们以伤害他人的身心为乐,甚至可能通过使用暴力来建立自己在人际关系中的优势地位。"弗里斯写道,"他们冷血,对给其他人造成的伤害视而不见。"

暴躁型领导者工于心计,时刻想着报复他人。他们认为身边的同事和他们一样冷酷、狡猾、野心勃勃。"他们对自己令人生厌的行为产生的影响无动于衷,稍有不顺就迁怒他人,并想出种种理由来责备他人,宽恕自己。"弗里斯解释道。

暴躁型领导者偏爱权力,全然不顾他人的感受。他们认为弱者是不值得同情的。在企业中,暴躁型领导者总是把个人的成功摆在首位。"尽管暴躁型领导者在神经质型的组织中能有一席之地,但这种领导风格不会取得长久的成功。"弗里斯写道,"暴躁型领导者与他人打交道的方式最终将给自己或企业带来麻烦。"

暴躁型领导者具有以下特点:固执己见,心胸狭窄,顽固不化;专横、不能容忍异己;精力充沛,好竞争,权力欲强;严格自律,事事追求完美;崇尚暴力,攻击性强;苛刻、严酷、跋扈;易怒;爱侮辱或贬低他人;畏惧他人的权势。

偏执型

英特尔的创始人格鲁夫曾说过"只有偏执狂才能生存",这不是说要你像精神病人那样工作。偏执狂可以指有偏执的行为,甚至有妄想症,也可以指正确和明智的警惕性。格鲁夫强调的是警惕性。

偏执狂一旦冲动起来就难以控制。他们一旦误解了别人的行为,就有可能胡乱猜疑。偏执狂常常采取三种措施保护自己:将人分成不同群组;因自己的情绪而责怪他人;试图否认当前的实际情况。他们也有可能编造事实。

偏执狂健康的一面是会时时警醒自己(就像格鲁夫那样),但偏执型领导者也不可避免地会制造很多敌人。正如弗里斯所写:"对领导者而言,保持适当的怀疑心态是一种适应机制,是对这个同时充满真实和假想敌的世界的正常反应。然而,如果不根据现实来缓解怀疑,就有可能成为偏执狂。

"高效的领导者根据有效的政治实践来决定该做出什么样的举动,这些实践可以帮助他们界定和判断危险。他们依赖可以信赖的同事来帮助自己确保安全和理智。不幸的是,偏执型领导者常常过于孤僻,以至不屑于进行具有建设意义的现实验证。他们过于注重细节,但是却很少从宏观上来看待问题,他们往往只看到其中隐含的意义和隐秘的关联。"

偏执型领导者具有以下特点:过于敏感;对他人缺乏信心;好争论,易怒;自以为是;吹毛求疵;精神紧张,无法放松;无法宽恕别人对他的侮辱、伤害和轻视;爱小题大做。

魅力型

如果运用得当,魅力可以鼓舞员工的士气,激励他们努力工作。如果运用不得当,它可能使员工陷入盲目追随领导者的陷阱,这是一种愚蠢的行为。如果拥有超级个人魅力的领导者是个妄想狂,他对下属所下的指令将会带来毁灭性的后果。

为了保住工作,下属可能会挖空心思来迎合他们的领导,也可能歪曲或夸张事实来接近权力的中心——也就是他们的领导。

轻度躁狂或得意洋洋的情绪与躁狂抑郁症有关,但它也是使魅力型领导者显得与众不同的原因之一。轻度躁狂的管理者常常能给公司带来生机,促进公司的发展。但是,其危害也是显而易见的。那些使魅力型领导者引人注目的因素,即精力充沛、情绪乐观、完美无瑕和激情四射,也有可能导致狂躁的行为。高昂的情绪过后必定会让人进入一个低谷期,因此飘飘然的领导者有可能给企业带来很大的风险。

然而,轻度躁狂型的领导者如果能从错误中吸取教训,培养自己的反思能力,听到"警钟"时能紧急刹车,创造平衡的生活,那么他们就是公司的巨大财富。

魅力型领导者具有以下特点:深深地吸引身边的人,令他们着迷;帮助人们超越他们平时的做事水平;促使人们做出好的或不良的举动;能将下属紧密团结起来;可能有自毁的行为;易狂躁;当情绪高涨时,判断能力低下。

神经质型

神经质型的领导不相信自己的运气。"他们认为自己取得的成就是不应该的或纯属偶然得来的,他们用来描述这些成就的词语比其他任何人都要刻薄。"弗里斯写道,"神经质型的领导相信自己的观点,他们非常怀疑自己有能力来重复过去的成功。尽管人们认为他们非常成功并且很有才能,他

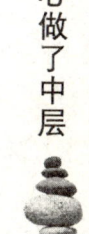

们却担心总有一天会暴露自己的无能。"

神经质型的领导的另一个缺点就是事事追求完美。首先,他们为自己设定不可能实现的目标。如果目标没有实现,他们的自责就进一步加深。这是一种虐待狂与被虐待狂的心理,表现为沉迷于工作。当他们升迁为高层管理者时,他们对于失败的焦虑感就开始增强。

我曾访问过的绝大多数成功的管理者,他们或多或少都受到这种症状的困扰。进一步而言,他们中的许多人都认为自己是因为非常幸运,才能在这个工作岗位上表现优异,而自己的无能始终没有被揭穿。

神经质型的领导具有以下特点:总是担心自己达不到公司的期望;是工作狂;不擅长帮助员工发展;事事都要咨询他人;是绝对的完美主义者,总为自己设定很高的目标;认为每天的工作都是对自己的考验;认为自己总是在欺骗他人相信自己的才智;认为自己的好运不会持续;认为自己的无能和欺骗总有一天会暴露。

2.我是"猫性"还是"狗性"?

随着人们生活的日渐改善和休闲时间的增多,宠物已经成了城市生活的一道风景线。而在人类的宠物家族中,猫和狗一直是人类最好的朋友。猫和狗的生活习性,以及与人的相处方式是截然不同的。我通过将他们进行对比并观察思考,忽然想到了企业的管理人员:在我们众多的中层管理者身上,也散发着浓浓的猫味或狗味。

也许,有人会勃然大怒!居然把我们比作猫和狗?!没有关系,这只是一种比方,目的是分析猫和狗的同时,看这能够给我们些什么样的启示。

猫和狗的特征差异,造成了彼此间长期敌对的状态。那我们来看看他们到底有些什么特征。

猫,独立性非常强,它不会总是依赖于主人。与狗相比,猫显得有些任性,我行我素。猫是喜欢单独行动的动物,不像狗一样,听从主人的命令,集体行动。因而它不将主人视为君主,唯命是从。有时候,你怎么叫它,它都当没听见。猫和主人并不是主从关系,把它们看成平等的朋友关系更好一些。也正是这种关系,猫才显得独具魅力。

其次,猫是狩猎者,目标感和工作能力强,无须指点它就会将来犯的老鼠一举歼灭。充分舒展,一副地道的狩猎姿势,即便是腹中饱饱的猫在看到动着的老鼠、蝉、蝗虫时都会抑制不住上前袭击的冲动。而且它不仅是逮到就可以,对临死的虫子,它还采用欲擒故纵的技俩。也许正因为如此,猫才在主人面前有点洋洋得意,显示出一副你也要尊重我的酷样来。

再者,猫非常优雅柔韧。我们看到猫在高墙上若无其事地散步,轻盈跳跃,不禁折服于它的平衡感。这主要得益于猫的出类拔萃的反应神经和平衡感。它只需轻微地改变尾巴的位置和高度就可取得身体的平衡,再利用后脚强健的肌肉和结实的关节就可敏捷地跳跃,即使在高空中落下也可在空中改变身体姿势,轻盈准确地落地。

猫主要有以下性格特征:聪明伶俐;天性孤独、独立性强;不屈服于主人的权威;典型的自我主义者,沟通能力很一般;嫉妒心强。

再来看看狗。狗原本是群居的动物,敬畏领袖,会努力保护同伴,进入人类的生活之后,它就听从一家之主的命令:女主人喂它、照料它,小孩跟它玩,在家时间最少的男主人,反而令它敬畏。反过来,如果女主人比较威严,引导全家,它会完全听从女主人的命令。

它恐惧,甚至害怕比它高大的,而跟它同高或个子小一些的,狗反而会因为好奇,进而产生强烈的保护欲望。因此就有了"狗眼看人低"的说法。所以,狗有着非常强的等级观念。

其次,狗的领域观念强烈,它们习惯用尿来标记自己的"势力范围"。在它的领域里,狗可神气得很,而一旦到了陌生的地方,特别是狗猫味浓厚的地方,它反倒没胆了。所以它常以自己为中心,用自己的气味标出地界,并经常更新,一块领地只可属于一两只犬或整个犬群。

再次,狗喜欢交往,表情丰富。与人交往是犬天生的习性,尤其是与孩童交往,而这天生的习性常取决于狗3~7周龄时与人接触的"印记"程度。狗除了用吠叫来表达感情外,从身体的其他部位也能看出变化。

狗高兴时的表情：使劲摆动尾巴，向高处跳跃，这是最常见的表现方式。有时狗也会"笑"。

更重要的是，狗有极高的忠诚度。俗话说：猫找八百里，狗找一千里，是说猫和狗有惊人的归家本领。狗不仅有极强的记忆力，更是对主人非常的忠诚。在街头，流浪猫随处可见，而流浪狗几乎没有。

狗的主要特征是：沟通能力强，表情丰富；忠诚度极高，执行力极强；很强的等级和地域观念；合群、讨人喜欢。

在职场中，尤其在我们的中层经理人中，你是否也散发着浓浓的猫性和狗性呢？

通常，个人能力强，个性明显的经理人，猫性会浓重些。他们不在乎别人甚至是老板的看法和想法。他自恃其特有的工作能力和孤傲的性格，信奉老子就是这个样，爱咋的就咋的。当他的工作成效显著，也就是经常逮到"老鼠"时，他的这种猫性会更为明显。甚至他的庆功方式也是关起门来一个人孤芳自赏！而对待下属，他们则会用一种高傲的眼神折射出特殊的含义，好像在说："看到吗，哼哼！"

猫性浓烈的管理者，多半是在技术部门（专家）、创意设计、财务税务等这样的特殊领域。他们往往缺少良好的沟通能力和团队能力，推崇个人英雄主义，自恋甚至自大和自傲，认为公司离开他们不行，有时也不把老板放在眼里。他们通常智商较高，而情商则稍显不足。

而行政部、公关、人力资源、管理等部门的经理人们情况则截然不同，在他们身上你会发现完全有别于猫性的狗性。他们做人圆滑，沟通能力极强，善于观察和分析人，有着一套人际关系处理的高招，总在你特别需要的时候向你微笑。这些管理者是老板的润滑剂和实现战略目标的有效执行者和监督者，他们经常是老板身边的红人。他们有着审时度势的能力，情商相对比较高，而且总能在复杂的环境中如鱼得水。

随着生存环境的变化，猫和狗完全的敌对状态开始转变。猫狗和平相处和协作共赢已经成为一种必然的趋势。

也许，猫性甚浓的经理人，也可以向那些狗性甚浓的人们学习点什么，拿来些什么,使自己不再那么孤独,强化沟通和融入团队,从而更显轻松和魅力。

狗性甚浓的朋友,也许道理是一样的。在猫性甚浓的人们的身上你又看到了哪些闪光点可以为你所用?

我们到底是选择狗性更狗性、猫性更猫性,还是两者互为借鉴?答案掌握在你自己的手里。也许,让猫性狗性些,让狗性更猫性些,你的职业生涯发展会有另一番景致。

提醒自己——中层禁忌知多少?

中层是企业的中坚力量,是企业管理的重要一环。中层面对着关系众多的老板、直接上级、同级、下级,以及对外关系。如果对自我认识不清,你不仅难以施展才能,也会使本部门利益受到损害,进而不能服众。

1.角色错位的四种表现

以下是角色错位的四种表现。你必须随时提醒自己不要犯这样的错,那么你在中层管理的路上就又迈出了新的一步。

民意代表

一些中层经理,特别是一些国有企业的中层经理,常把自己看作是民意代表,反映基层员工的呼声,反映下面的意见,代表部门员工的意愿。显然,这是一种错误的角色定位。当公司的老板说,董事会确定了下阶段的新的发展目标,或者有一个制度要推出的时候,很多中层,尤其是有些资深的中层经理,会发表一些意见:"我们部门的人,普遍反映今年的指标定高了,老板制度太严了。"等等。

实际上这是不对的,为什么呢?你不是民意代表,你代表不了群众意见,因为你不是群众选出来的,你不是群众领袖,实际上你是上级任命的。既然你是上级任命的,你就应该和公司的意志保持一致,特别是当公司的上层已经决定了的时候。中层经理应当代表公司维护员工的利益,而不是代表员工维护员工的利益。

同情者

有时,我们会看到企业里有这样的场景。在公司里的某个场合,几个员工在抱怨公司考勤办法的严厉,某经理也跟着说:"是有些不近人情,其实根本用不着这么严厉,大家都会比较自觉……"

在部门里或在私下里,当下属抱怨公司的高层或公司的制度、措施、计划时,有些中层却跟着一块骂,表示同情。这种角色错位从表面上看会让下属觉得经理不错,挺向着我们的,但实际上这往往容易造成员工思想上的混乱,而且不利于树立中层经理在部门里的权威。

代表个人

在公司里,经常会看到或听到有的中层经理说:"刚才我说的这些,只代表个人意见。"

这也是中层经理的角色误区之一。对上司而言,你可以代表整个部门的意见,也可以代表你个人的意见。值得注意的是,部门意见一定是部门内部讨论后形成的意见,而不是根据部门私下议论而形成的意见。但对同级或下属说只代表个人意见是不对的。这时候,你只能有职务意见,而不能有个人意见。对客户和供应商,更没有什么"个人意见",只有"职务意见"。

领主意识

还有一种情况就是:我是这个部门的经理,那这个一亩三分地就是我的了,你老总要批评,其他部门要说我这个部门的事、说我部门的人,不行,我就不答应。特别是对于一些老的国有企业或一些资深的经理,他就有这种意识,他把这个部门看成是自己的一亩三分地,把这个委托代理关系给扭曲了。企业从上到下是一个委托代理关系。

2.三个问题,四句废话

作为一个中层,有三个问题是必须要问的,有四句话是绝对不该说的,即使到了嘴边也要强迫自己收回去。

【三个问题】

你说怎么办?

下属汇报问题时常用这样一句话:"老总,我们出问题了。"主管如果马上询问是什么问题,然后着手解决,就忽略了问题的制造者,主管遇到这种情况时不要先乱阵脚,要反问一句:"你说怎么办?"问题是由下属造成的,他应该最了解情况和解决措施。主管与下属之间的责任区间架设要合理,上级的问题不应由下属来解决,下属的问题不要由上级来解决,否则上下颠倒,整个企业的管理会陷入混乱。

下属汇报问题时要包括两个内容:第一,问题的原因在哪里;第二,准备怎么解决这个问题。下属应首先表明自己是责任承担者,明确产生问题的原因,随后提出问题的整改措施。

差距在哪里?

一个企业要想获得腾飞和发展,就必须去了解差距在哪里,从而激发员工的斗志。只有明确与一流企业的差距,设定企业发展的标杆,完善各项建设,才能推动整个企业的管理工作朝着良性方向发展。

了解差距之后,主管应该让下属亲自去解决问题,扮演的角色应该是下属解决问题过程中的帮助者与建议补充者。如果主管总是帮助下属解决问题,将会导致下属依赖性增强,扼杀其自身的思维开拓。因此,企业应该建立起培养员工开放性思维的管理体系。

为什么?

提出"为什么"是解决问题的前提。所有管理人员都要勤于问"为什么"。只有这样,你才能从表面深入到问题的实质。只有了解事情的真实情况后,主管才能实现真正的科学管理、理性管理和卓越管理。

【四句废话】

"既要……又要……"

这种说辞,人们听得多了。比如:"既要保持权力适当集中,又要防止集权过度";"既要统一意志,又要个人心情舒畅",等等。有时候,还会有一系列的排比,最典型的就是"多快好省",好家伙,所有好处都占全了,这能实现吗?

常识和经验告诉我们,"多快好省"不大可能同时同步实现。"多"了往往不太"好","好"了往往不能"省","萝卜快了不洗泥","便宜没好货,好货不便宜"。世界上没有一块钱一大碗的鲍鱼,街头小贩也不可能给你提供总统套间式的服务。大排档和高档酒楼各有各的招数,但毫无疑问它们只能在某一方面占优势。也就是说,现实中的管理,在一定意义上都是"片面"的。真正的"全面",恐怕只有上帝才能做到。

有些管理者,总是希望部下能够把李逵的直爽、燕青的伶俐、吴用的智谋、武松的侠义融于一身。试想一下,如果李逵真的像燕青一样乖巧,还是李逵吗?

既然管理中无法实现没有条件限制的"全面",那么,领导人就要防止这种貌似全面而实际等于废话的语言出现。最简单的办法,就是给出相应的条件和边界。管理活动固然要考虑多种因素,要权衡各种利弊,但领导人必须清楚,在这种权衡中的优先次序是什么。一旦不同指标发生冲突,该如何取舍?偏到何处?"放弃"比"争取"的难度更大。明智的领导者不是给部下发布面面俱到的指令,而是让部下清楚"哪一个"更重要。当年孔子在同子贡谈论治理国家时,提出"足食,足兵,民信之矣",子贡问不得已要放弃时,在这三条中先放弃哪个？孔子排出的次序是，先去兵，再去食，但要坚守信。"民无信不立。"不管孔子的观点是对是错，这种指出优先次序的管理思想是值得借鉴的。

"本来不会这样的，都怪……"

经理人不能推卸责任，要有勇气承担后果，敢于说"这是我的错"。只有主观上变得积极，才能有更强的执行力来推动整个战略的实施。措辞只能掩饰当前所犯的错误，对问题的改善毫无帮助。

深圳有一家香港公司的办事处，只有一位主管和一位职员。办事处刚成立时需要申报税项，由于中国的国情特色，当时很多这样性质的办事处都没有申报，再加上这家办事处没有营业收入，所以这家办事处也没申报税项。

两年后，在税务检查中，税务局发现这家办事处没有纳过税，于是罚了它几万块钱。香港老板知道这件事后，就单独问这位主管："你当时为什么没有申报？"

主管说："当时我想到了税务申报，但那个职员说很多公司都不申报，我们也不用申报了。另外，考虑到可以给公司省些钱，我也就没再多想，并且这些事情都是由职员一手操办的。"

老板又找到这位职员，问了同样的问题。这位职员说："不申报可以为公司省钱，我们又没有营业收入，而且其它公司也没申报，我把这种情况同主管说了，最终申不申报还应由主管决定，主管没跟我说，我也就没报。"

老板很快就把这位主管炒了。

"这些事情都是由职员一手操办的"，这是这位主管说的话。不言而喻，该主管犯了一个常识性错误，按照香港某大哥的话说，他犯了天下男人都容易犯的错误：本应是他承担的责任却推卸给了一名普通员工。这样的下属每个老板都不会喜欢。

如果这位主管说，"对不起，老板，这是我的责任"，然后适当地把当时的情况解释一下，老板一般是会原谅你的。

我们都看过武侠小说,那些侠客义士都喜欢说一句话:是我杀的,我坐不改名立不改姓……这叫侠士风范。春秋时期,晋国有一位名叫李离的狱官,他做事刚正不阿。有一次,他在审理一件案子的过程中由于听从了下属的一面之词,致使一个人冤死。真相大白后,李离十分懊悔,准备以死赎罪。为此,晋文公说:"官有贵贱,罚有轻重,况且这件案子主要错在下面的办事人员,又不是你的罪过。"李离说:"我平常没有对下面的人说我们一起来当这个官,拿的俸禄也没有与下面的人一起分享。现在犯了错误,如果将责任推到下面的办事人员身上,我怎么做得出来。"他拒绝听从晋文公的劝说,最后伏剑而死。

"正人先正己,做事先做人。"企业管理者要想管理好下属就必须以身作则,说到做到。管理者不但要勇于替下属承担责任,而且要事事为先,严格要求自己,做到"己所不欲,勿施于人"。管理者一旦在员工中树立起威望,将会上下同心,大大提高团队的整体战斗力。得人心者得天下,让下属敬佩的领导将事半功倍。

2004年2月15日,吉林市中百商厦内发生特大火灾,酿成54人死亡、70人受伤的人间惨剧。造成这个悲剧的罪魁祸首是这家商厦的一名员工,他抽完烟后将没有熄灭的烟头扔在了地上,从而引发了火灾。后来,这起事故的责任人,包括那名雇员被判处有期徒刑7年,总经理判刑6年,副总经理判刑5年,保卫科科长判刑4年。

敢做敢当一直是中国人尊崇的传统美德,在和平时代,我们应该把它体现在具体的工作中。

"差不多、过得去、慢慢来"

很多中国企业的管理者将"差不多、过得去、慢慢来"挂在嘴边,这是缺乏精益求精精神的体现。一个企业要想获得持续的竞争力,就必须打破"差不多"的思想,学会用精益求精的精神来对待每一天的工作,在整个公司内部培养精益求精、追求卓越的执行文化。

在现有资源的前提下,努力把事情做到最好是主管们应该追求的标准。

如果没有高标准的追求,张生记的"老鸭煲"、沃尔玛的微笑、海尔的擦玻璃、华为与远大的制度流程体系就无法成就伟大的事业。

中国企业在学习日本企业的管理经验时,应该首先学习人家的工作态度,然后是工作方法,最后才是如何进行效果追踪。国内的企业更偏好学习效果追踪,但没有正确的工作态度与工作方法,效果追踪根本无从做起。

因此,采取务实、积极的态度,是中层经理人必须具备的职业素养之一。只有保持这样的职业操守和职业素养,中层经理人才能真正成为企业岗位的建设者,推动部门和企业发展。

"这次算了,下次注意"

在发现问题的时候,有些经理人会采取原谅第一次的做法,即"这次算了,下次注意"。调查发现,在原谅一次并提醒下次注意的情况下,90%的人下次依然不会注意。因此,经理人必须从一开始就严格按照确立的规则办事,才能杜绝下一次问题的发生。浙江有一家民营企业的规章制度中明确规定:车间内的工作人员必须穿着工作服。但是,夏天天气闷热,厂房内又没有空调设施,大家酷热难耐。有个老车间主任实在难以忍受,就把衣服脱了。这时候,老总正好看到,但他发现天气确实很热,就没说什么。一周之后,老总发现,这个车间内的工作人员全部光脊背了,老总还是没说什么。两个星期后,全工厂的300多名男员工全部光脊背了。这家企业的老总由于没能及时对错误行为进行纠正,导致违反规则的行为大面积蔓延,给企业的发展带来了隐患。

正确的要坚持,错误的要反对。主管应该及时察觉公司中违反规则的错误行为,对违反规则的行为坚决不放过,并在第一时间内给出整改措施。例如,当公司内部出现工资太低的抱怨声时,如果主管不能及时进行有效制止,这种言论会迅速蔓延开来,影响整个团队的工作士气。

对违反规则的行为"亮红灯"只能治标而不能治本。为了从根本上解决违反规则的行为,主管还需要注意打造正确的文化观念,树立正确的、合理

的原则与标准,选择正确的建设方向。

企业员工必须建立起一种共识:所有员工在任何情况下都必须遵守公司的规章制度、行为守则和流程体系。一旦出现问题,每个人都应有意识揭露问题,最终在公司内部形成文化统一、方法统一和步调一致的局面。这样,违反公司规则的行为将会大大减少。

征服自己——老板做好人,中层做坏人

我们知道,"红脸"与"白脸"都是戏曲中的脸谱,台上的角儿们一出场,不用开口,一看"红脸"我们就知道他是正面人物,若是"白脸"就是反派角色。

后来延伸开来,人们常常用"红脸"来形容"好人",而用"白脸"来形容"恶人"。在日常工作与生活中的很多场合都需要二人分饰"红脸"与"白脸"来唱一出双簧,以期让事情的进展达到事半功倍的效果。

试看如下场景:

有中层开完会,回去传达公司削减成本的政策时,他说:"兄弟们,公司要削减成本,部门活动经费取消了,其实这个活动经费额也不大,削减吧,也不见得能替公司省多少,我争取了好几次,上面不同意……"

有中层回来说:"兄弟们,我们的项目要6个月完成,我一直坚持说6个月完不成,我们讨论都是7个月完成,上面非说市场压力大,要加紧,他们是站着说话不腰疼,也不想想兄弟们的死活……"

我可以举出几十个管理中这样的常见场景,在这些场景中,中层都把自己当做好人,而把上面当做坏人。这样做有三大弊病:

(1)基层听到了组织中两种不同的声音,所以执行力一定大打折扣;

(2)高层是组织文化的代表,应是好人。中层这样做,破坏了组织文化;

(3)中层没有承担起自己的责任,否则我们要中层干什么呢?高层直接

将政策与目标给基层不就完了吗？中层这样做，实际上显示了一个组织的中层缺位，因为中层将自己变成了基层。

所以，中层管理者在这种时候必须得扮演"白脸"。上司说要拿下"500万"这个目标，你说只能拿下"450万"，可不可以？当然可以，但是只能在高层那儿说，而不能在基层那儿说。在高层那儿，你可以向上反映为什么只能拿下"450万"而不是"500万"的理由与证据（只能建设性表达不能对抗性与牢骚性表达，有时甚至只能私下说不能公开说），以期说服上司更改决策；若你表达了不同意见，最终上司决策仍是"500万"，你就必须执行。

执行是什么？执行的第一条就是解释，将决策合理化。所以，你回去后好好对部属解释我们为什么要做"500万"，如何才能做到"500万"。

但有些中层不够有胆，不敢当面说，不敢在会议上说，不敢在政策没出台前说，等到已经定论了，抱着一腔不满对着自己的部属说，俨然自己与兄弟们站在一个战壕里，自己是为民请愿者，这种管理者潜意识里还是把自己当基层看。

有人有疑问，我为什么要做坏人？干那种得罪人的事？其实要当管理者就必须得罪人，不得罪人只能做一个专家，一个技术人才，天底下你找不到一个优秀的领导人是不得罪人的，一个也没有。所以，易中天在《品人录》中说："专家"要不为"贵族"要不就为"流氓"打工，因为只有"贵族"与"流氓"能做到高层。

有人还有疑问，我如果做坏人，那怎么带领手下？这个问题问得好！向下沟通的精髓是"向下沟通要有情，助他成功"，所以，"严格要求"之外，一定要"有情待人"。对部属的"有情"是什么？是替他考虑他的未来发展，是培养他、栽培他，而不是让他闲着没事干，那是坏死他。所以，做坏人的含义是接住上面交来的责任，不能将责任反推给上面，且要严格要求部属。

那有人反问：我这么倒霉，高层就不能当一把坏人吗？其实，组织中一定有人当坏人，不是中层，就是高层，但高层的角色就是当好人，如果要当坏人，那他主动愿意也可以。但是，这种当坏人必须是高层自愿的。如果自己的某个部属被上司骂了，说明你的上司非自愿地当了坏人。你就要小心，记

住：他是迫不得已当坏人的。当他当了坏人后，心中一定有些忿忿，怎么请了这么个不中用的中层？

还有一种情况是中层替基层（部属）背责任，这也是当坏人。如：上司批评一个事做得不好，你明知是你的某个部属的责任，你并没有说"都是谁谁谁，怎么样怎么样"，你仍然说："这是我的错，马上改。"

1.用"白脸"完成任务

《西游记》大家都看过，有很多书中都把唐僧描绘成为一个带团队的中层，带领四个徒弟去完成西天取经这个项目。下面，我们就拿这个生动的团队做例子，看看当团队中产生冲突时，中层该怎么做。

在取经的路上，拦路劫财的强盗是唐僧和孙悟空发生的第一次冲突。

这六个贼人拦路抢劫，其实是各种杂念对孙悟空的严峻考验。你想啊，前路如此漫长，气候也到了冬天，没有漂亮的衣服，没有可口的食物，没有赏心悦目的文化生活，长征的艰苦是可想而知的。在这种情况下，各种杂念涌上心头，也是很自然的。在我们创业艰难的日子里，许多人就是这样放弃了他们的前程，成了这六个贼人的俘虏。

所以，若想克服取经之路上的种种困难，首先就应该消灭这六个贼人，让自己专心致志于脚下的路。

当六个贼人将孙悟空围在中央，喜的喜，怒的怒，爱的爱，思的思，欲的欲，忧的忧，舞枪弄剑拥上前来的时候，他的头上立即被乒乒乓乓地砍了七八十下，吓得那些贼人说："好和尚！真是头硬！"这表示孙悟空经受住了意志上的考验。接着，孙悟空开始还手了。他掣出金箍棒，将六个贼人撑得四处奔散，然后一一打杀，毫不留情。

可是，唐僧大为生气，说："你纵有手段，让他们知难而退就是了，为什么非要赶尽杀绝呢？"孙悟空解释说："师父，我若不打死他们，他们就要打死你哩。"唐僧却不领他的情，责怪他恶习难改，说："想你当年大闹天宫是任性胡来，如今还是任性胡来。这样任性胡来是去不得西天，做不得和尚的。"

孙悟空的性子,是最受不得气的,唐僧絮絮叨叨地说了他几句,就按不住心头火起,说:"你既然这样说,我做不得和尚,上不得西天,也索性不在你眼前惹你心烦,我回去就是了!"唐僧还不曾答话,孙悟空已经将身一纵,呼的一声,去得无影无踪。

这是唐僧和孙悟空发生的第一次冲突。许多人看《西游记》,看到这里看不懂。大家都认为,孙悟空打杀六贼,干得干净利落、大快人心,唐僧为什么要责怪他呢?

其实,唐僧和孙悟空的本意,都是排除杂念的干扰,保持艰苦朴素的生活作风。但是,两个人的行为理念不一样,解决问题的方法也不一样。孙悟空之打杀六贼,犹如我们现在看见好看的、好吃的、好玩的就一口气砸个稀里哗啦,看见美女就一棍子打得血肉模糊。这样行吗?显然不行。所以,唐僧骂孙悟空任性胡来,把场面搞得一片狼藉。

由于孙悟空的加入,西天取经已经不再是唐僧的个人行为,而是一个团队的目标。而作为一个团队的管理者,唐僧就不能容忍孙悟空的任性胡来了。

从唐僧和孙悟空还有观音的关系,我们可以看出,虽然唐僧在名义上,是带领团队的项目经理,其实,他下面有孙悟空,上面有观音,是个名副其实的"夹心饼干"。哪一面处理不好,都会作用在他身上。

但是,在团队冲突的时候,唐僧还是做了坏人,尽管紧箍咒的主意是观音出的,但是对于孙悟空来说,他心里的怨气只是冲着唐僧的,他把高层——观音当成是循循善诱的导师和可以倾诉衷肠的挚友。

孙悟空虽是在观音的指点下被捉,并因"赌赛"翻筋斗败于如来而被压在五行山下五百年,但最后解救孙悟空,引导他走向取经之路的仍然是观音。观音访僧,路经五行山时,对孙悟空"叹惜不已"。当孙悟空哀叹"在此度日如年,更无一个相知的来看我一看"时,观音说"特留残步看你"。她为孙悟空指出随唐僧取经,"再修正果"之路,使孙悟空"见性明心归佛教"。

不仅如此,对于西天取经这个团队来说,高层观音一直是扮演"好人"的,观音同情沙僧凄苦的遭遇,为他免去酷刑,并引导沙僧重新获得生活

的希望和勇气。猪八戒更是在懵懂中接受她耐心的开导而重新明确生活的目标。小白龙靠观音为他脱去死罪,变马驮唐僧去取经,踏上了光辉的西天之路。

观音不失为一个引人走向新生活的导师,她慈悲为怀,循循善诱。孙悟空一生不肯对人低头行礼,对玉皇大帝也只唱个喏算打个招呼,他只对两个人行礼,一个是师父唐僧,一个是引导他走上事业之路的导师观音。对观音,他总是"端肃皈依参拜",而且常常还要"整衣""敛衣"而入见,是十分恭敬的。

对下属来说,观音又是一位可以倾诉衷肠的挚友。沙僧在流沙河受酷刑,心中凄苦与委屈无处可说,见观音到来,才向观音说"待我诉苦",一切错处,一切委屈都可倾诉,如对一知己。在取经途中,孙悟空不但在有困难时请观音来帮助,有苦恼时,也是找到观音这里来,别处不好说的,但在观音面前可倾吐衷肠。

在取经途中,孙悟空打死了几个不该死罪的强盗,被唐僧赶走以后,"恼恼闷闷",想回花果山,"恐本洞小妖见笑";想去天宫,"又恐天宫内不容久住";想投海岛,"又羞见那三岛诸仙";想奔龙宫,又不愿"求告龙王"。走投无路时,只有落伽山好投奔,只有观音处好诉说,他一见观音,就"止不住泪如涌泉,放声大哭"。又是观音叫木吒与善财将孙悟空扶起,听他倾诉,指出他打死人不对,但又对唐僧说:"你应该收留悟空。一路上魔障未消,必得他保护你,才得到灵山,见佛取经。"她为孙悟空说了话,调解了师徒之间的矛盾。还为孙悟空作证,证明他没有打唐僧抢包裹之类的事,辨明那是假行者干的,消除了唐僧对孙悟空的极大的误解。这些都说明观音是挚友,她使受委屈的心灵受到抚爱和安慰,她使复杂的纠纷矛盾迅速化解,促进内部的统一,以同心同德对付妖魔。

只要坐上中层交椅,就要抱定决心做坏人,对组织上来说,这是角色的要求;对自己来说,这是吃小亏,占大便宜的事,何乐而不为?

2.用"红脸"经营员工

在平时管理员工的时候,中层则要扮"红脸",温柔地与下属接触,建立良好的沟通关系,但不意味着袒护与照顾,而是要你站在下属的角度设身处地地为他们考虑,从情感上收住下属的心。

日本一家超市公司的社长在谈他如何管理店员的经验时说:"本公司百分之八十的职工是未婚女青年,我认为公司受她们家长的重托,承担了培养和教育她们的责任。所以,从公司的立场来说,绝不能让她们成为连招呼也不打的小姐回到父母身边,或者连东西也不会买的小姐嫁到夫家去。所以公司将会对她们十分严格,而且会在教育方面花很大的开支。"

这位社长除了从公司的立场出发以外,更是从员工的成长与前途的角度出发去考虑,自然牢牢收住了员工的心。

那么如何收住下属的心呢?个人认为至少该做到以下几点:

其一,经常与下属沟通,了解他们的想法与情绪的变化。在员工情绪好的时候鼓励他们多做一点,在情绪差的时候则要给予适当的放松空间。特别是在下属犯错的时候,作为中层管理者首先得承担起主要的责任,这样会让下属觉得"比较安全",而把主要的精力放在总结与反省上。这时,中层再面对面地与其沟通,既要批评但更要帮助,这会让下属觉得自己有个可依靠、可信赖的主管;

其二,很多人在应聘的时候被问及为何要离职时,都会回答说在原来的单位学不到什么东西。所以,要留住下属很重要的一点是让他感觉到在这里永远有自己学不完的东西,自己一直在学习也一直在前进,但比起主管总还差一口气,还应该继续学习与前进。这同时要求中层管理者自己不断学习、不断努力,而且要努力在下属的前面。如果主管的锦囊都空了,那下属大可取而代之或是去别处当主管;

其三,肯定下属的成长与进步,给下属看到上升的空间。除了自己当老板的人以外,所有的人都希望在职场上有上升的空间。如果自己的前途与

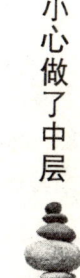

职位已经被盖棺定论了,再努力也是徒劳;

其四,让下属觉得努力总是有回报,知道自己成绩的不仅有主管,还有高层领导。这会让下属有一种骄傲感与荣誉感,会更好地激发下属的工作激情。这需要中层管理者做好上传下达的桥梁作用,借用高层的威信来引导与激励下属了。

中层管理者,用"白脸"去完成你的任务,用"红脸"去经营你的员工,才是良好的团队配合。

第二章
夹心饼干的N种滋味

你觉得你已经无法再应付现有的工作,每天沉浸在痛苦中?

你觉得自己付出了很多,却总达不到上司的认同和下属的理解?

你觉得肩上的担子太重,开始抱怨公司的不公平?

你觉得问题的根源往往并不仅仅在于自己?

你觉得其他部门总是在工作中为难自己?

你在考虑如何才能改变自己的现状?

……

由于处在特殊的位置,很多时候,中层管理者在工作中常常会受到来自各方的压力:上级的责难,同事的误会,甚至是下级的抵触和客户的责骂。这时候该怎么办?发脾气?抱怨?一走了之?当然不能。因为这样不但解决不了任何问题,或许还会因一时的冲动,让自己陷入被动的局面中。

一流的中层管理者正是明白这个道理,在面对羞辱时,他们往往懂得忍耐。因为他们首先想到的不是自己的面子,而是如何以此为契机,让自己的能力和素养获得快速的提升和飞跃。

中"坚"力量——不忍辱焉能负重

老板们一般管不到普通员工,有的老板也只有在开全体大会时露个面,冠冕堂皇地讲两句鼓励的话。平常遇到员工,心情特别好时,会像黑白老片里的首长那样,和你打个招呼:"小鬼,苦不苦啊?对消灭敌人有没有信心啊?"一般情况下,普通员工只能远远望着老板一脸的忧国忧民。

对中层,老板就"亲近"多了,也不那么客气了,布置工作、检查落实、考核评比、优化组合……他会用各种各样的方法来压迫你,生怕你闲着,生怕你工作量不饱满。当然,老板也有说辞,中层嘛,一般都是年轻人,不多压点担子,怎么能进步呢?高层压迫中层,符合物理学的基本原理,所以,压力再大咱也得坚挺着。

中层首先是中"坚"力量——岗位决定了中层管理人员需要坚强和坚毅。孔夫子的首席高徒曾子,协助老师管理同学,也算是中层了,他说过:"士不可以不弘毅,任重而道远。仁以为己任,不亦重乎?死而后已,不亦远乎?"翻译成现代汉语就是说:"中层不能不是中坚力量,工作多,任务重。公司业绩全靠你们,任务重不重?连轴加班都干不完,活儿多不多?"所以,中层就是驾辕的骡子拉磨的驴,干吧干吧不喊累,不仅要思想好工作好,还要腰好胃好腿脚好,老板才会说,他好我也好。

在金庸的小说《倚天屠龙记》中,武当派掌门人张三丰对此作出了妙解:"不忍辱焉能负重?"

不忍受屈辱,怎么能够担负重任呢?这句话,对于所有中层管理者来说,尤为重要。

1.忍辱并不代表无能

日本著名的三井物产总裁八寻俊邦,就是一个懂得忍一时之辱,最终成就了一番大业的典范。1940年,由于在越南的业绩非常突出,八寻俊邦被调回三井物产的总部,并升任为神户分店的橡胶课课长。但在他任课长期间,由于橡胶行情大幅下滑,加上他的应变措施出台太慢,给公司造成了重大的损失,八寻俊邦因此被降为一般职员。

其实,业绩下滑在很大程度上是外在客观原因造成的,企业将错误完全归咎到八寻俊邦的头上未免有失偏颇,何况他还是有功之臣,但公司还是毫不留情地将他降了职。可能很多中层管理者遭遇这样的情况时,会感到莫大的耻辱,甚至对企业失去信心,因此一走了之,另谋高就。但对八寻俊邦来说,受到这样的处罚虽然让他感到既难过又羞辱,但他还是选择了忍耐。从哪里跌倒,就要从哪里爬起来,他真的做到了。

八寻俊邦告诉自己:以前的光荣都已成为过去,重要的是今后再遇上问题时要懂得如何处理、应变。他在内心不断地鼓励自己:"绝不气馁。"他很快调整了自己的心态,重新带着巨大的热情投入到工作中去。一年后,八寻俊邦被分配到石油制品部门,他感到展现自己才华的时机到了,于是开始大展拳脚。很快,他升任为三井物产化学品部门的部长。最终,他成为三井物产的总裁。

从八寻俊邦的经历中,我们明白了这样一个道理:忍辱并不代表无能,今天的忍辱,是为了明天能够更好地负重。但现在,很多中层管理者都不明白这个道理。

联想集团现任董事长杨元庆,曾经被任命为计算机辅助设备部的经理,负责代理销售另一个公司的仪器。别小看这个工作,这在当时非常不好干。因为在当时"分销"这个概念刚刚进入中国,绝大部分的商家根本不知道什么叫分销,什么叫代理。这是个很难的工作,客观环境没有成熟,怎么开展工作?

可是杨元庆并没有向领导抱怨、诉苦,也没有要求更多的资金或人力支持。他带着屈指可数的几个人,来到中关村十字路口,朝着东南西北四个方向,说"一、二、三",然后分头奔向各自的目标。每看见一家卖电脑的商店,杨元庆他们就赶紧进去递上联想的名片,告诉人家自己手上的东西有多好,

并耐心地解释什么叫"代理"。

就这样,经过杨元庆和大家的努力,当年,这个部门的销售业绩增加了一倍。两年后,它的销售额从3000万元增加到了3亿元。而杨元庆也因此被调到了更高的职位上,负责更重要的工作。

可以说,杨元庆的成功和他的"忍辱负重"是分不开的,在杨元庆得到柳传志的提拔后,成为联想新一代的领军人物。本来,他以为有了领导的重视和支持,就可以大展拳脚了。可万万没有想到,他最先遭遇的不是成功,而是一肚子的"夹心气"。当时的联想,正处在转型时期。杨元庆提出的许多建议,在一些元老们看来,都是不切实际的,因此他常常遭到别人的反对。

杨元庆那时候很年轻,脾气也很倔强,凡是自己认为有道理的事情,无论如何都不会让步,所以他经常和元老们发生争吵。渐渐地,这些事就传到了柳传志的耳朵里。虽然柳传志非常器重这位自己一手提拔起来的中层,可是对于杨元庆这种心高气傲、不服管的做法也感到不满。

有一次,杨元庆和自己的下属在会议室里开会。正在大家谈笑风生的时候,会议室的门开了,柳传志走了进来。他直接坐到了杨元庆的对面,没有一句寒暄,劈头盖脸地训斥了杨元庆一顿:"不要以为你得到的一切都是理所应当的,你这个舞台是我们顶着巨大的压力给你搭起来的……你不能一股劲只顾往前冲,什么事都来找我柳传志讲公不公平……"杨元庆被当场一顿痛骂,觉得既没面子,又特别委屈。他刚想申辩,但一句话没说完,就忍不住当着众人的面失声痛哭起来。

那一晚,杨元庆彻夜未眠。他非常委屈,自己一心一意为了公司,不但那些元老们不理解他,现在就连一手提拔自己的柳传志也骂他,这种"夹心气"实在是太难受了。可当杨元庆的心情稍稍平复了一些时,他开始反思,究竟是不是自己做错了?经过了彻夜不眠的思考,杨元庆终于想通了,是自己的年轻气盛,使工作方式太过激进;是自己的傲气和刚硬,使人际关系太过僵硬……而自己因此成为两头受气的"夹心饼"。

这一次教训,不但让杨元庆彻底反省了自己的缺点,更让他学会了如何做事,如何沟通。

若干年后,当杨元庆成为联想的一把手,再回忆起那一幕时,他非常感激柳传志当年的一番苦心:"如果当初只有我那种年轻气盛的做法,没有柳总的那种妥协,联想可能就没有今天了。"

2.主动"找气"受

很多中层管理者在最初的时候,其实都是和杨元庆一样的,都受到过来自不同方面的"夹心气"。但是,不是每一个中层都能成为杨元庆的,区别何在呢?

第一种,一点不能"忍",一碰就有"气",谁也说不得,谁也惹不得。显然,这是最差劲的中层。

第二种,遇到指责,认真思考,有则改之,无则加勉。即使是别人犯了100%的错,自己也要承担100%的责任。也许你会说,这种中层管理者就是最好的了,但我们并不这样认为。

第三种,主动"找气"受。也许你会奇怪,为什么要主动"找气"受呢?当你处于中层的位置时,相对基层员工来说,是处在高位上。此时,员工出于对你的敬畏,让你听到的指责声会大大减少,同时也减少了你倾听问题的机会,很容易飘飘然而不自知。而一流的中层管理者会放下自己的架子,主动深入基层,既能看到组织中存在的问题,也能看到自己身上存在的问题。

挨骂受辱是每个人都极力避免的,但为了了解实情,找出工作中存在的问题,吴官正却主动"找气"受,这正是一位一流中层管理者应有的所为。我们再从另一个角度看,上面故事中提到的那位"改邪归正"的服务员,不正是因为接受了别人的批评,正视了自己的缺点,积极改正,才获得了事业上的成功吗?因此,我们更应该明白忍辱才能负重的道理。

3."辱"是成长中最好的老师

当面对"辱"时,一流的中层管理者都应该明确以下三点:

(1)小不忍,则乱大谋

当你的决策和工作能力受到怀疑与不理解时,激烈争辩甚至愤然离去,都可能会导致你的理想、价值无法实现。若能忍得一时之气,将眼光放长远,日后必将成就大事。

(2)"辱"是你成长中最好的老师

"辱"的另一层含义,是我们本身有没做到位的地方。当受到批评甚至辱骂时,一流中层管理者会立即自我反省,是否是因为自己的能力不够,或做事方式不妥。有时,我们很难看清自己,而旁观者的眼睛总是能看到我们的不足。不妨将此当作我们成长的契机,放下架子,让"辱"引导我们改正缺点,完善自己,迅速成长。

(3)生气不如争气

也许我们所受的"辱"是不白之冤,但与其生气,不如争气。当遭受误解时,不妨用行动和事实来改变现状。当我们做出成绩时,不仅能让领导看到我们的能力,更能看到我们的胸襟与气度。为解决问题去主动找"辱",是对事业负责的最高体现。

作为中层管理者的我们,若能做到以上三点,则必会成为领导和下属眼中最值得信任的管理者,也必将成为眼光长远、心怀远大抱负的栋梁之才!

中"煎"力量——要当好管理者,先当好被管理者

中层不仅要上传下达,还要左右沟通协调。要面面俱到,肯定得备受煎熬。有句成语叫"任劳任怨","任劳"一般都没得说,这年头,除了托生在有权有钱的高档人家,都得多劳一点,这个问题都不大;"任怨"则不然,你得有心理承受能力,这玩艺儿现在可是稀缺的东西。

比方说你下面人手不够,你以为老板知道,其实他在发工资的时候偷着笑,到了安排工作、落实结果的时候,你说你因为人手不足没干好,老板眼

一瞪:"人手不够,你怎么不跟我讲啊?我什么时候让你给我省这点人工费啊?"你掉过脸来,你的部下都黑着脸,嘟嘟囔囔:"把我们都累死了,你也没落着好,让你逞能!"

所以说,中层肯定是中"煎"力量——中层既是管理者,同时也是被管理者;中层不仅要带好自己的小团队,同时还要融入整个组织的大团队。双重的角色,决定了中层要想当好管理者,首先必须当好被管理者。

1.别省略走向成功的任何一个步骤

我在某香港文化传播集团做副总裁时,认识了一位小伙子。当时他只是一名普普通通的服务生,但几年后我再遇到他时,他已经成为一家资产超过几百亿的某外国企业的CEO。

当时他正好到国内投资,使得我有机会进一步了解他。知道他的背景之后,我大吃一惊:原来他竟然毕业于美国哈佛大学!"你有那么高的学历,为什么当年还会选择去当服务生呢?"我好奇地问道。

他微笑着回答说:"首先,我不想省略走向成功的每一个步骤。尽管我可以选择一个很高的起点,但从最基层开始做起,可以让我熟悉每一个环节,这对于我以后从事管理、作决策是很有用的。另外,也是至关重要的一点,只有学会当好一个被管理者,才能当好一个管理者。"

想当好管理者,首先要当好被管理者,这个理念来自有"商界西点军校"之称的哈佛商学院。西点军校以培训军官而举世闻名,在那里,每个学员首先要学会的是如何服从。学员上的第一堂课,就是学会把自己的个性全部抹除:所有人的名字都统一换成编号,剪同一发型,衣服全部换成校服。这样做的目的是让每个人都去掉自我,更好地融入团队。其次,每个人都必须学会承担责任和服从。不管上级问什么问题,都只能从三个答案中选择:"是"、"不是"和"没有任何借口"。

西点军校是培养军官的地方,而一个好军官,必须从学会服从开始。因为军令如山,服从命令是军人的天职。任何个人主义和英雄主义,在战场上

都可能导致一场灾难的发生。做中层管理者其实同样如此。如果每个人都只强调自己的个性,各往各的方向走,那么整个集体就是一盘散沙,没有凝聚力与战斗力。即使是才能再高的管理者,也要学会做团队里的一分子。团队的核心竞争力,就是管理者融入团队中去。不管你是哪种类型的组织,皆同此理。

在微软公司,曾发生过这样一件事情:微软公司的副总裁鲍伯辞掉了手下一位名叫艾立克的总经理。因为艾立克虽然才华过人,但却桀骜不驯、傲慢专横。尽管鲍伯十分爱才,希望艾立克留在公司,但他不能容忍艾立克的这些毛病,因为这些毛病会带坏自己辛辛苦苦打造出来的团队。当时,很多技术专家都来为艾立克求情,但是鲍伯很坚定地告诉他们:"艾立克聪明绝顶不假,但是他的缺点同样严重,我永远不会让他在我的部门做经理。"

结果,比尔·盖茨听说这件事后,出于爱才之心,主动要求将艾立克留下,做自己的技术助理。这件事给一向傲慢自负的艾立克带来了极大的触动,让他开始意识到自己的缺点和不足。

7年后,凭着自己的努力,艾立克逐步晋升为微软公司的资深副总裁,而且非常凑巧,他成为鲍伯的上司。艾立克不是一个心胸狭窄的人,他并没有对鲍伯怀恨在心,反而非常感激他。因为正是鲍伯把他从恶习中唤醒,让他有了今天的成就和地位。艾立克不仅没有报复鲍伯,反而在管理方面虚心向鲍伯请教,这时的艾立克已经懂得了怎样做一个好的管理者。同时,鲍伯也表现得非常优秀。当艾立克成为他的上司后,他并没有流露出任何不服气的想法,而是非常积极地配合艾立克的工作,两人相处得非常融洽,一直为公司的发展而共同努力和前进。

2.被管理者对管理者的"七问"

艾立克刚开始因为无法当好一个被管理者而降职,后来却因为当好了一个被管理者而晋升。从他的一降一升中,我们可以看出,当好一个被管理者是多么重要。有时候,我们不妨把自己当成一个被管理者,站在这个角度,来问自己以下七个问题。

一问观念变没变？

社会在变，市场在变，经济环境在变，你的思想观念变没变？大的经济环境变化了，企业不变会被市场淘汰，企业变了，管理者个人不变会被企业淘汰。

二问制度建设到不到位？

完善的制度体系必须包含三个问题：一是岗位职责，让员工知道要干什么？二是工作流程，让员工知道怎么干？三是考核办法，检验员工干得怎么样？工作中出现问题大部分与这三个制度体系不完善有关。你的部门是否完善了？

三问管理实不实？

管理就是管人理事："管"是指挥、控制、监督；"理"是计划、组织、协调。管理的真谛是先理后管。检查一下：在具体工作中，是先"管"后"理"，还是先"理"后"管"？是"管"多还是"理"多？

四问是以客户为导向还是以产品为导向？

倡导"以服务为中心"的经营理念，其核心是以客户为导向。因为拥有客户就意味着拥有了在市场中继续生存的理由。拥有并想办法保留住客户是企业获得可持续发展的源泉。

真正实现以客户为导向必须具备以下特点：

(1)关注的重点由产品转向客户；

(2)由注重内部业务的管理转向到外部业务——客户关系的管理；

(3)将客户价值作为绩效评价的标准；

(4)全员树立以客户为导向的思想并表现在具体行动上；

(5)从客户最希望做的事做起，从客户最不满意的事做起。

你们部门做到了吗？

五问团队战斗力强不强？

你的团队是一个有战斗力的团队吗？请回答下面提出的问题：

(1)你们团队成员彼此相互信任吗？

(2)你们团队人人愿意贡献吗？

(3)你们团队成员能够各司其职吗？

(4)你们团队目标明确吗？

(5)你们团队内部沟通气氛融洽吗？

(6)你们团队带头人了解队员的情况吗？

如果你的答案中有些是"否"，你可能需要重新评估你们的团队建设。

六问员工活力足不足？

你尊重员工了吗？

BMC公司副总裁维尔森强调管理时说："企业确实需要规矩，但规矩的第一条规矩就是尊重个人，如果把这一条规矩做好了，一切也就好办了。"

你赞美你的员工了吗？尊重与赞美是激发员工活力的有效办法。美国著名女企业家玛丽凯曾说过："世界上有两件东西比金钱和性更为人们所需，那就是认可与赞美。"一个最被人看不起的清洁工就是因为上司的经常赞美而在公司保险柜被盗时与小偷进行了殊死搏斗，保住了公司的财产。

七问企业文化落没落地？

企业文化落地是指我们多年倡导的企业文化理念真正变为员工的自觉行为。企业文化落地需要管理人员以身作则起示范作用，需要坚持不懈通过有效的沟通渠道长期灌输，需要体现在我们的制度里。

你的部门做得怎么样？

中"艰"力量——我不是"忍"，我是"修"

中层必然是中"艰"力量——如履薄冰、艰难生存。中层做不好，就非常容易堕落为底层，做的好，艰难困苦还在后面。这么一些人，位置在你的上面或者旁边，他们的位置和你的位置有一种内在的互动关系，明白不？你干得好，想进步一格，这时，很可能就会影响到许多人的位置和机会，公司内部的政治斗争就不可避免。

很多中层都说"我忍",却很少听见人说"我修"。人们形容一个人说:这个人很能忍,有修养。其实忍耐和修养完全是两回事,在品质和思想境界上也是两个不同的层次。忍耐是低层次的,修养才是高层次的。

道家思想里讲究"韬光养晦",讲究"隐忍待发",同时提倡为达目的可以不择手段。这说明这个"忍"字有很强的目的性。

人们常常说的忍耐也是这个意思。"我现在惹不起你,我忍!你等着,总有一天……"忍只是为了掩护或者说保护自己,眼睛却是一直死死盯着某一利益目的,一但时机成熟,他就会跳出来抢。

这种人被人们所推崇的,大家认为他们有智慧。在实际生活中,这种人往往也能够成功。但这种忍耐其实是阴谋,是小人行径。最重要的是,这种忍耐会导致人的心理扭曲。

修养就完全不同,修养是一种包容、是一种舍弃、是一种无上的智慧。海纳百川,有容乃大;壁立千仞,无欲则刚。修养也需要忍耐,但这种忍耐不是以报复和夺取利益为目的。而是用宽容和智慧化解一切尘俗恩怨,从而追求自我心灵的安宁和伟大。这种忍是将进来的"气"化解排除,维持心理的平衡。达到这种境界的人,进可兼济天下,退亦可独善其身。前面讲的忍耐是攻击,它需要时刻防守;而修养则无需防守,因为它没有敌人。

对于中层,选择忍耐还是修养会造成不同的影响,而这种影响往往是很大的。

1.在老板的思想没有转变之前,不要试图去改变老板

A公司的王老板有一次在和我聊天的时候愤愤地说:"我忍那家伙不是一天两天了,现在还不能动他,等局面稳定后,我一定首先把他扫地出门。"那家伙是他公司的销售经理,姓李,一个26岁的年轻小伙子,能力很强。自从王老板把他请回来以后,公司的销售业绩是一路飙升。因为年轻,再加上事业春风得意,所以小伙子计较狂傲,常常顶撞王老板。

王老板给我讲了这样两件事。一是有一次李经理非要公司出钱给所有的销售员搞一次培训,王老板觉得这些人都干得不错,不需要培训。但李经理在高管会上不依不饶,还多次抢白自己。最后王老板终于妥协了。二是有一次王老板看销售业绩猛增,销售员们都太累,所以决定公司出钱让销售部的同事们去旅游一趟。他本以为李经理和销售部的人都会很高兴的,没想到在高管会上李经理坚决反对,说现在是销售旺季,耽误一天都不行,要旅游也等淡季再说。最后搞得王老板很没有面子。

其实从上面两件事看的出来李经理心里是为公司着想的,就是脾气不太好。在李经理身上,我们可以看到很多中层管理者共同的影子:聪明、有能力、有业绩,但也因此很自负、有个性、不甘心听从别人的指挥。

对任何组织来说,成员的能力和个性是不能完全画等号的,个性更需要服务于整个组织。

每一位中层管理者,都身兼管理者和被管理者的双重角色,如果一味地强调个性,不服从管理,那么又如何让自己带领的团队齐心协力、听从指挥呢?不听从指挥的团队,对任何企业和单位来说,都是最糟糕的团队,毫无疑问也是最没有发展前途的团队。

很多中层管理者确实很有才华和能力,但也很容易产生自傲的心理,甚至有时候他认为自己的想法比公司的决策还要高明,因此难免对公司的策略有抵制的情绪。这时你是否认真想过:在某一点上,我的想法或许确实很高明,但站在整体和全局的高度来看呢?所站的高度不同、所处的位置不同、看问题的角度不一样,制定的决策也就完全不一样。而且,企业或单位出台任何一项决策,首先都希望得到中层管理者的助力,而不是阻力,否则,中层管理者的作用体现在哪里呢?

或许你会问,难道作为一位中层管理者,就必须完全抹杀自己的个性吗?当然不是,在具体的实施中,你可以有自己的想法及有个性的操作方式,但是在组织的决策面前,服从永远是第一位的。

因此作为中层,你必须了解老总的为人、思想,并把他的思想作为指导工作的指南针。有很多中层总是抱怨,自己给公司提了很多的发展建议,从人力资源管理到技术创新等,但是却没有得到老板的认可。可是他们从来没想过这些是老板喜欢听到的,还是你自己一厢情愿希望的?

要知道公司不会随着某个人的意愿而改变,除了公司的老总。公司的变化大多数的情况都是在老总的思想变化以后才开始慢慢变化,而不是在某个职业经理人、某个部门经理的思想发生转变的时候变化的。这也不能怪老板太专制,因为老板是负责全局的人,他了解的信息最多,他站的高度最高,所以真正的大局和主调只能由他来总负责!

作为中层你要牢记一句话,在老板的思想没有转变之前,不要试图去改变老板。我们能做的就是如何在老板现有的思想下,把事情做的更好。

一个好的中层管理者,要懂得恃才助上,而不要恃才傲上,这样才能获得最大的助力,否则你的"才华"反倒可能成为阻碍自己发展的阻力。

松下电器的中层管理者高桥荒太郎就是一个恃才助上的人,也正因为如此,他获得了事业上最大的成功。从松下电器与荷兰的飞利浦公司进行合作计划的洽谈中我们就可以看出,高桥荒太郎的干练以及高超的处事手腕。当时飞利浦公司以技术支援需要付费为借口,向松下狮子大开口。高桥荒太郎不假思索地提出对方也必须支付松下经营指导费,还以颜色,促使双方处在平等的位置进行合作。可以说高桥荒太郎一直扮演着沟通桥梁的角色,他能够将松下幸之助抽象的说法准确无误地传达给员工。但是,高桥荒太郎却从未因此而自以为了不起。从这里,我们就可看出,高桥荒太郎凭自己的能力成为松下幸之助须臾不可离的左膀右臂。但如果不是他认真研究,努力将所学寓于所用,不是他虚心对上,真诚地帮助松下幸之助,又怎么会得到松下幸之助的信任呢?高桥荒太郎十分清楚自己与老板松下幸之助之间的关系,他坚信跟着松下幸之助,才能将自己的能力发挥到极致。于是他谨守分寸地站在幕后,极力扮演好松下幸之助助手的角色。

最好的中层管理者肯定是才华横溢、能力卓越的,但是,他们为什么能够安心地帮助上司,而没有轻慢之心呢?因为他们深知,他们是领导的辅臣,是辅助领导的角色。当他们认为自己是一个很有才华的人时,就会用他们的才华帮助领导,而不是恃才傲上。

作为一位有智慧的中层管理者,你要明白,恃才傲上的危害是无穷的。

首先,它不利于工作的开展。当不团结、不协调的情况发生时,领导往往因对你印象不佳,而将责任归罪于恃才傲上的你。

其次,对个人的发展极为不利。中层管理者傲上的表现,会使领导觉得他的尊严受到极大伤害,因而对你产生极大的敌意。他不会将你当作自己人,你越有才华危险越大。所以恃才傲上的中层管理者纵有运筹帷幄、经天纬地之才,也很难有用武之地。凡是能够成功的人必然有他的过人之处,但是并不是每一个有才能的人都能够成功。只有敬上、尊上、助上的人,才会有优势,才有机会活跃在事业的大舞台上。因为"上"是主宰,是给你创造良好的施展才华环境的人。

在这一点上,著名的巴顿将军给所有的中层管理者起到了表率作用。在诺曼底战役的时候,盟军总司令艾森豪威尔任命了一个军官到第三集团军当师长,巴顿就是第三集团军的司令。当巴顿听说这个消息后,立即表示反对。巴顿认为这个人很无能,不愿意让他在自己手下工作,但艾森豪威尔仍一意孤行。

此后不久,巴顿最担忧的事发生了。这位军官果然把事情搞得一团糟,打了败仗。这时,艾森豪威尔意识到问题的严重性,就命令那个军官辞职。巴顿却表示"绝不让他辞职",这大大出乎所有人的意料。在一开始,最先提出不让这位军官任职的是巴顿,而此时,他又不愿意辞退这位无能的将军了。面对艾森豪威尔的质疑,巴顿斩钉截铁地给出了这样的回答:"虽然他表现不佳,但那时他是你们多余的军官之一,而现在他是我的部下,我就要承担他的一切,无论好坏。我会尽全力使他成为合格的将军!"此话一出,所有人都为之动容,而那位军官,更是对巴顿非常感激,从此奋发努力,真的成为了一名合格的将军。

巴顿将军的这个做法,产生了三大效用:

其一,使那位军官对他心存感激,奋发向上,成为真正的可用之才;

其二,让其他人愿意围在自己身边,死心塌地地听从号令;

其三,让上级对他刮目相看,认为他是一个不会推卸责任、勇于担当的好中层。

2.下属绝对不会做你希望的事,只会做你要求和监督的事

闻道有先后,术业有专攻。因为中国互联网的快速发展,很多八零后的先驱者,成为了独当一面的管理者。然而,当发展到了一定程度的时候,他们需要找寻比较有经验的前辈加盟,或者升迁后发现部门下属年纪都比较大,这个时候考验正式开始。

据一位历经各色上司折磨的同志总结:六零后的上司最擅长发号施令,翻脸比翻书还快,七零后的上司相对曲意怀柔,擅长糖果与大棒双管齐下,八零后的上司难免青涩,开口闭口都是"请帮忙"和"可以吗",最大的好处是讲义气。

这虽是一家之言,却也有些道理。千禧年之后冲入职场的年轻人们,如今多多少少已有所成就,混得好的已然成了部门经理甚至级别更高,混得一般的也能当个小头目——自个儿还没弄明白职场怎么回事呢,就被提拔当了领导,怎一个晕字了得。

比如一位从新闻行业跳到外企担任媒介经理的八零后哥们,一提起新工作就满腹牢骚。上任之后他才发现,手下的两员"虎将"居然都是七零后。这两人虽然学历和能力均平平,但仗着资格老,便不把新来的小上司放在眼里,交代的任务总是无法保质保量完成,害得他一个人熬夜加班补救,还免不了挨上头总监的批评。

我问八零后帅哥:平时你和下属是怎么交流的?得到的答案果然是"你现在有空吗?可否帮忙……""明天下班前给我可以吗?不行啊……那后天中午呢?"

我又问:如果他们做的确实很糟,你会不会拉下脸来严厉批评?他想了想痛苦地说:"我会和他们讨论如何改进,委婉指出问题所在,一般不会当面臭脸,毕竟他们都比我年长,我要哄着他们干活,但心里实在憋屈!"

显然,在领导艺术方面,八零后还是嫩了点。混迹职场,见惯不惊的就是上司的臭脸。从不臭脸的上司,迄今为止,我还真是一个都没见过。

IBM董事长说过:"你的下属绝对不会做你希望的事情,只会做你要求和监督的事情。"小上司若想搞定大下属,可不是给足面子那么简单。面子当然要给,前提是下属先把里子做足。老板要提拔你,至少要证明你的能力比你的大下属强一截。你和下属的相处方式,自然要以你为主,而不是反着来。

如果你需要下属配合完成一个目标,就必须明确提出你的要求和期望值。与其说"可否帮忙做某事",不如说"你来负责这件事吧";与其说"方案后天给我可以吗",不如说"我希望后天早上开会前看到方案,有困难吗"。

下属也分很多类型,需要区别对待。

一类是年长资深的元老员工,他们多半有一点关系被安插在你手下,无欲无求只想混个退休,对这类大下属你别给太多压力,客客气气有商有量就好。

另一类是比你大几岁但未能升职的老员工,对这类员工你要格外上心,既要抚慰他们的情绪,又要调动他们的积极性,犯了错不能姑息纵容。

还有一类就是刚毕业的硕士生甚至博士,碰上了比自己早工作几年、本科毕业的小上司,难免恃才自傲心理失衡,对这类大下属你必须恩威并施,既要让他配合你,也要让他服气你。

下属若敢于抗旨叫板,往往是瞅准了小中层的软肋——缺乏管理经验、面皮薄不敢惹人、过分依赖下属等。对这种人不能太纵容,你越讨好他,他越刁难你,这是铁定的。而大下属未必没有野心,若能扳倒小上司取而代之,何乐而不为呢?

在高处不胜寒的职场,上司能否拿住下属,往往是决定成败的关键。就连蜗牛都知道"我要一步一步往上爬",可见上面的空间比下面要敞亮许多。而爬到一半被委以重任的小上司们,业务能力可谓通过了考验,但论管理能力的修炼,离树梢还有很远的距离。

中"间"力量——会做人,会做事,会算账

作为中层主管,我们要有什么样的能力呢?我认为最重要的三点是:会做人,会做事,会算账。

1.建立自己的人情账户

首先,什么叫会做人?善与人相处是也。做人是一门高深学问。会做人的标准是什么?是能得到圈子或者团队里大多数人的喜欢与拥护,能获得少数关键人物(如你的老板,老板的老板,你流程上下游的客户等)的认可与欣赏!

中层主管不仅要善于修身自省,树立正确的价值观,有一些普世认可的品德,如诚信、正直、谦虚、积极、敬业、自强不息、乐观、有责任感,而且能不以恶小而为之,不以善小而不为,唯贤唯德,能服于人,善于团结他人、带动他人,合群、利他、有同理心和共赢力,能成人之美、与人为善、助人为乐,替人扬善。总之,一个会做人的人,自己的内心世界一定很强大,在团队中总是充满人格魅力和个人影响力,大多数人都会拥护与支持他,希望他好;而领导与团队很信任他,他的人际关系处理的很圆融。

在人际交往中,见到给人帮忙的机会,你要立马扑上去,像一只饥饿的松鼠扑向地球上的最后一粒松子。因为人情就是财富,人际关系一个最基本的目的就是结人情,有人缘。

你要像爱钱一样喜欢情谊,方能左右逢源。求人帮忙是被动的,可如果别人欠了你的人情,求别人办事自然会很容易,有时甚至不用自己开口。做人做得如此风光,大多与善于结交人情,乐善好施有关。

战国时代有个名叫中山的小国。有一次,中山的国君设宴款待国内的名

士。当时正巧羊肉羹不够了,无法让在场的人全都喝到。有一个没有喝到羊肉羹的人叫司马子期,此人怀恨在心,到楚国劝楚王攻打中山国。楚国是个强国,攻打中山易如反掌。中山被攻破,国王逃到国外。他逃走时发现有两个人手拿武器跟随他,便问:"你们来干什么?"两个人回答:"从前有一个人曾因获得您赐予的一壶食物而免于饿死,我们就是他的儿子。父亲临死前嘱咐,中山有任何事变,我们必须竭尽全力,甚至不惜以死报效国王。"

中山国君听后,感叹地说:"与不期众少,其于当厄;怨不期深浅,其于伤心。吾以一杯羊羹亡国,以一壶餐得士二人。"即给与不在乎数量多少,而在于别人是否需要。施怨不在乎深浅,而在于是否伤了别人的心。我因为一杯羊羹而亡国,却由于一壶食物而得到两位勇士。这段话道出了人际关系的微妙。

作为领导者,在人脉上有几点要注意:

(1)施恩时不要说得过于直露,挑得太明,以免令对方感到丢了面子,脸上无光。给别人帮过的忙,不要四处张扬。

(2)施恩不可一次过多,以免给对方造成还债负担,甚至因为受之有耻,与你断交。

(3)作为领导要培养下属对你的感情依赖,让他们心甘情愿为你效力。

(4)给人好处时要注意选择对象。像狼一样喂不饱的人,你帮他的忙,说不定会被反咬一口。

还要牢记的是,雪中送炭,口渴喂水。即别人有难处才需要帮忙,这是最起码的常识。我们内心都有一些需求,有紧迫的,有不重要的。我们在急需的时候遇到别人的帮助,则内心感激不尽,甚至终生不忘。濒临饿死时送一只萝卜和富贵时送一座金山,就内心感受来说,完全不一样。有某种爱好的人遇到兴趣相同的人则兴奋不已,以为人生一大快乐。两个人脾气相投,就能交上朋友。所以要落人情,应洞察此中三味。

三国争霸之前,周瑜并不得意。他曾在军阀袁术部下为官,被袁术任命当过一个小小的居巢长,即一个小县的县令。

这时候地方上发生了饥荒,年成既坏,兵乱间又损失不少,粮食问题日渐严峻起来。居巢的百姓没有粮食吃,就吃树皮、草根,活活饿死了不少人,连军队也饿得失去了战斗力。周瑜作为父母官,看到这悲惨情形急得心慌意乱,不知如何是好。

有人献计,说附近有个乐善好施的财主鲁肃,他家素来富裕,想必囤积了不少粮食,不如去问他借。

周瑜带上人马登门拜访鲁肃,刚刚寒暄完,周瑜就直接说:"不瞒老兄,小弟此次造访,是想借点粮食。"

鲁肃一看周瑜丰神俊朗,显而易见是个才子,日后必成大器,他根本不在乎周瑜现在只是个小小的居巢长,便哈哈大笑说:"此乃区区小事,我答应就是。"

鲁肃亲自带周瑜去查看粮仓,这时鲁家存有两仓粮食,鲁肃痛快地说:"也别提什么借不惜的,我把其中一仓送与你好了。"周瑜及其手下一听他如此慷慨大方,都愣住了,要知道,在饥馑之年,粮食就是生命啊!周瑜被鲁肃的言行深深感动了,两人当下就交上了朋友。

后来周瑜发达了,当上了将军,他牢记鲁肃的恩德,将他推荐给孙权,鲁肃终于得到了干事业的机会。

人对雪中送炭之人总是怀有特殊的好感。某位小姐如此说:"我有一位朋友,我每次需要帮助的时候,他一定会出现。例如:我有急事需要用车或上班迟到时需要用车,只要我打个电话,他一定到,可以说每求必应。事情一过去,我们又各忙各的。到过年过节的时候,我总是忘不了给他寄一张贺卡,打传呼给他拜个年。"

对身处困境中的人仅仅有同情之心是不够的,应给以具体的帮助,使其渡过难关,这种雪中送炭,分忧解难的行为最易引起对方的感激之情,进而形成友情。比如,一个农民做生意赔了本,他向几位朋友借钱,都遭回绝。后来他向一位平时交往不多的乡民伸出求援之手,在他说明情况之后,对方毫不犹豫地借钱给他,使他渡过难关,他从内心里感激。后来,他发达了,依然不忘这一借钱的交情,常常给对方以特别的关照。

这种方法,有几点技巧与各位分享:

(1)饮足井水者,往往离井而去,所以你应该适度地控制,让他总是有点渴,以便使其对你产生依赖感。他一旦对你失去依赖心,或许就不再对你毕恭毕敬了。

(2)要刺激下属享受的欲望,又不去全部满足,而是一次一点,以使其保持干劲、继续卖命。

(3)对人的恩情过重,会使对方自卑乃至讨厌你,因为他一来无法报答,二来感到自己的低能。

2.别做那些最愚蠢的事

我们还需要会做事。《山楂树之恋》的男女主角都是新人,而配角多是影后影帝,张艺谋的导演功底确实无可挑剔,能推动别人让别人表现才能体现导演的水平。整合团队优势让他人做主角是作为一个团队领袖的必要条件,否则即便是英雄,也是孤单的英雄。

只懂如何做人,不懂做人之道,就不会受人欢迎,就不能把事情做得尽善尽美。会做人并不等于会做事,会做事也不等于会做人,两者之间虽然有着紧密的关系,但决不能简单地画等号,会做人不会做事,是一个残缺的人;会做事而不善于做人,在做事的过程中也容易犯错误,甚至处处碰壁。所以我们必须把这两个方面结合起来,互为促进,相辅相成。

总之,做人要讲究谋略,善于审时度势,张驰有道,才能在社会竞争中立于不败之地,在人际交往中游刃有余,左右逢源。做事必须讲方法,要求稳且稳中求进, 绝不可过度的做超出能力和无把握的事,不能盲目死拼、死磕,否则你会被碰得头破血流、输得个体无完肤。

谁也不能保证自己就是聪明人不会犯糊涂,就连诸葛亮都有做错决定的时候,何况是平凡的我们,偶尔做了一些事情是不可避免的。但是,如果是在职场上的话,那么请你再三小心,因为有时候犯的错,就是一种职业

"自杀"的行为。

职业"自杀"行为有以下几种。职场是人生的历练场,找个合适的工作需要3到15个月——然而丢掉饭碗只需要几天或几周。

总觉得自己不够好

这种人虽然聪明、有历练,但是一旦被提拔,便毫无自信,觉得自己不能胜任。此外,他没有往上爬的野心,总觉得自己的职位太高,低一两级可能还比较适合。

这种自我破坏与自我限制的行为,有时候是无意识的。但是,身为企业中层主管,这种无意识的行为却会让企业付出很大的代价。

在一个越来越强调人际交往和互动的现代社会里,仅仅凭自己的本事去开辟一个新的生活空间,或者仅仅做好本职工作,就想脱颖而出获得成功,已经越来越不可能了。唯一的正确做法是,勇敢地说出和实施自己的想法和主张,维护自身的尊严和权利,然后尽一切可能去影响同事、上司、下属或客户,用自己的言语和行为打动他们,形成一种互动的集体的自信心。

非黑即白看世界

这种人眼中的世界非黑即白。他们相信,一切事物都应该像有标准答案的考试一样,客观地评定优劣。他们总是觉得自己在捍卫信念、坚持原则。但是,这些原则,别人可能完全不以为意。结果,这种人总是孤军奋战,常打败仗。

无止境地追求卓越

这种人不仅要求自己是英雄,也严格要求别人达到他的水准。在工作上,他们要求自己与部属"更多、更快、更好"。结果,部属被拖得精疲力竭,纷纷"跳船求生",留下来的人则更累。最终企业离职率节节升高,造成严重的负担。

这种人适合独立工作,如果当主管,必须雇用一位专门人员,当他对部

属要求太多时，能直言不讳地提醒他。

无条件地回避冲突

这种人一般会不惜一切代价，避免冲突。其实，不同意见与冲突，可以激发活力与创造力。一位本来应当为部属据理力争的主管，为了回避冲突，可能被部属或其他部门看扁。为了维持和平，他们压抑感情，结果，他们严重缺乏面对冲突、解决冲突的能力。到最后，这种解决冲突的无能，会蔓延到婚姻、亲子、手足与友谊。

强横压制反对者

他们言行强硬，毫不留情，就像一部推土机，凡阻挡去路者，一律铲平，因为横冲直撞，攻击性过强，不懂得绕道的技巧，他们可能伤害到自己的事业生涯。

天生喜欢引人侧目

这种人为了某种理想，奋斗不懈。在稳定的社会或企业中，他们总是很快表明立场，觉得妥协就是屈辱，如果没有人注意他，他们就会变本加厉，直到有人注意为止。

过度自信，急于成功

这种人不切实际，找工作时，不是龙头企业就自立门户。进入大企业工作，他们大多自告奋勇，要求负责超过自己能力的工作。结果任务未达成，仍不会停止挥棒，想用更高的功绩来弥补之前的承诺，结果成了常败将军。

这种人大多是心理上缺乏肯定，只有找出心理根源，才能停止他们不断想挥棒的行为。除此之外，他们还必须强制自己"不作为，不行动"。

杞人忧天

他们是典型的悲观论者，喜欢杞人忧天。采取行动之前，他会想到一切负面的结果,感到焦虑不安。这种人担任主管,会遇事拖延,按兵不动。因为他们太在意羞愧感,担心部属会出状况,让自己难堪。

这种人必须训练自己,在考虑任何事情时,必须控制心中的恐惧,让自己变得更有行动力。这是职场中最有效的生存法!

疏于换位思考

这种人完全不了解人性,很难了解恐惧、爱、愤怒、贪婪及怜悯等情绪。他们在通电话时,通常连招呼都不打,直接切入正题,缺乏将心比心的能力,他们想把情绪因素排除在决策过程之外。

这种人必须为自己做一次"情绪稽查",了解自己对哪些较敏感;问朋友或同事,是否发现你忽略别人的感受,搜集自己行为模式的实际案例,重新演练整个情境,改变行为。

管不住嘴巴

有的人往往不知道,有些话题可以公开交谈,而有些内容是只能私下说。这些人通常都是好人,没有心机,但在讲究组织层级的企业,这种管不住嘴巴的行为,只会断送你的事业生涯。他们必须随时为自己竖立警告标示,提醒自己什么可以说,什么不能说。

我的路到底对不对?

这种人总是觉得自己失去了职业生涯的方向。"我走的路到底对不对?"他们总是这样怀疑。他们觉得自己的角色可有可无,跟不上别人,也没有归属感。

不懂装懂

工作中那种不懂装懂的人,喜欢说:"这些工作真无聊。"但他们内心的真正感觉是:"我做不好任何工作。"他们希望年纪轻轻就功成名就,但是他们又不喜欢学习、求助或征询意见,因为这样会被人以为他们"不胜任",所

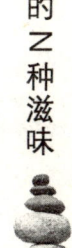

以他们只好装懂。他们要求完美却又严重拖延,易导致工作严重瘫痪。

3.为公司"算账"

公司发展到一定规模,管理达到一定阶段,经理人的财务管理能力与知识就尤其重要。所有企业的经营都追求利润的最大化。

在企业的起步阶段,生存是第一追求,因此业务与销售优先,这个时候善销售善拓展的主管老板最喜欢;进入发展阶段后,前台(销售,商品,人员)和后台的协同(物流、商品)同等重要;达到一定规模进入成熟期后,财务管理和治理风险成为老板最关注的事情。

所以,我们每一个主管都需要知道,自己和部门要做什么,怎么样的策略让成本最低?大概要花多少钱,花了后直接和间接的输出是什么?投入和产出比与标杆企业的差距在哪里?我们要怎么优化与改进不足?这牵涉到部门的预算,总之要学会算账。

我们经常说维护公司利益,公司利益大于个人利益、公司利益最大化等,但具体从哪方面体现呢?不偷、不抢、不浪费、不破坏、事不关己高高挂起就是维护公司利益吗?事情并不是这么简单。

这里所说的公司利益是保证个人利益的前提下的公司利益。对公司而言,个人利益就是员工每月按时发放工资、有各项福利,等等。但如果公司利益受到伤害,公司这个大家共同生存、发展的平台被破坏以后,个人利益也就无从谈起。

公司利益就是要明确阐释一个合格员工的责任意识和正确思想出发点,是一种处理问题、解决问题的方法。比方说,有十个人去北京,方法有很多,火车、汽车、飞机……每个人都有每个人的想法,有想舒服的、有想快捷的、有想经济便宜的等,这就要算账。

通俗的说,算账就是利益。想想我们经常为公司"算账"吗?曾经有一位推销员,他每到一处,都会有意识地留下他们企业的一些宣传资料,每次在登记住宿房间的时候,他都特意将企业的名称写得非常醒目,为的就是宣传企业,这其实就是一种算账,是能够给公司带来"知名度"的一种账,这不就是公司利益吗?

如果我们每个人也都有这样的一种意识:人力部处理劳动纠纷时,供应在解决采购、谈价格时,技术在谈对外项目时,营销在支持市场时,不是去应付,而是时时事事为公司精打细算,防止"大船也怕针眼漏",从小处着眼,学会算账,学会计算,那么公司的利益不也就显现出来了吗?维护公司利益、为公司利益着想,都应该是中层管理者自觉、自愿、自发的一种思想、一种行为。

第三章
你离好中层有多远

你将成为公司最忙碌的人,你的身影将会出现在公司的任何角落!
你将成为公司最累的人,因为下属老跟不上你的步伐!
你将成为公司最痛苦的人,因为下属的思维和你根本不在一个频道!
你的身体每况愈下,因为工作压力让你经常失眠、焦躁不安、烦闷不已!
你的精神处于崩溃的边缘,因为员工的折磨和家庭的抱怨!
你感受到前所未有的孤独和无奈!因为很少有人能读懂你!
你开始思考如何让自己更轻松?

经常看到很多的中层都很努力,可总是得不到老总的认可,得不到下属的拥护……

曾经有过这种事。某些渔民们在某村的湖里捕一些鱼,他们先将这些鱼装在养鱼槽中,然后分载于三辆卡车里,载到数里外的P市去卖,假设三辆卡车分别为A、B、C。A与B车前往P市的途中,几乎所有的鱼都窒息死掉了。但不知为什么,在C车中,鱼却还活生生地游来游去,所以C车的鱼卖的最好。这到底是什么原因呢?A、B车的司机心存嫉妒,于是就偷偷地跑去看C车的养鱼槽。

在C车的养鱼槽里装着什么东西呢?仔细一瞧,原来是一条"鲶鱼"。在养鱼槽里放鲶鱼,可让C车的鱼保持精力抵达P市。为什么会这样呢?因为C

车的鱼一旦察觉到鲶鱼的存在就会小心行动,如果不谨慎的游动的话,就一定会被它的大嘴巴咬到。于是鱼儿不浪费精力游动,只是静观其变,而A与B车的鱼因为没有这种可怕的同类存在,所以它们悠哉悠哉地游来游去,结果耗尽精力,以致无法撑到P市。

这种现象称为"波及效果"。好中层,就如C市车中的鲶鱼,他的存在会让小鱼(属下或成员)觉得不能有无所谓的举动。

因此我们可以说,中层就是那条"凶恶的鲶鱼"。只要坐在主管的位子上,属下或成员的举止都会洋溢着紧张的感觉。只要他一不在位子上时,属下们就立刻出现一副松懈的表情。

而当中层从外面回到公司,询问属下或成员时道:"喂!我不在的时候有没有什么事情?"而他们却说"啊!经理!你刚才不在吗?"那可真是个悲剧。

做中层难,做合格、优秀的中层更难。你需要记住,了解老总,了解公司文化、着手部门核心业务,有效利用你的下属,勇敢承担起你的责任,你才能慢慢走向成熟,走向成功。

高层VS中层:一流中层有忠有能

一份关于CEO的调查认为,老板眼里的中层有如下几种:一流中层,有忠有能;二流中层,有忠无能;三流中层,无忠有能;末流中层,无忠无能。

换言之,有忠有能的中层,才是领导者眼中最好的中层。

1.有才无德,限制使用;无才无德,坚决不用

克里丹·斯特是美国一家电子公司非常出名的工程师。这家电子公司规模不大,在日益激烈的市场竞争中,时刻面临着来自规模较大的比利乎电子公司的压力,处境很艰难。

有一天，比利孚电子公司的技术部经理邀斯特共进晚餐。在饭桌上，这位部门经理对斯特说："只要你把你们公司最新产品的数据资料给我，我就给你很好的回报，怎么样？"一向温和的斯特一下子就愤怒了："不要再说了！虽然我的公司效益不好，处境艰难，但我绝不会出卖我的良心做这种见不得人的事。我不会答应你的任何要求。"

"好，好，好。"这位经理不但没有生气，反而颇为欣赏地拍拍斯特的肩膀，"这事儿当我没说过。来，干杯！"

不久，斯特所在的公司因经营不善破产了。斯特失业了，一时又很难找到工作，只好在家里等待机会。没过几天，他突然接到比利孚电子公司总裁的电话，说想见他一面。斯特百思不得其解，不知"老对手"找他有什么事。他带着疑惑来到比利孚公司，出乎意料的是，比利孚公司总裁热情地接待了他，并且拿出一张非常正规的大红聘书，请斯特做技术部经理。斯特惊呆了，喃喃地问："你为什么这样相信我？"总裁哈哈一笑，说："原来的部门经理退休了，他向我说起了那件事并特别推荐你。小伙子，你的技术水平是出了名的，你的正直更让我佩服，你是值得我信任的人！"斯特这才明白过来。

后来，他凭着自己的技术、管理水平和良好的诚信，成为比利孚公司最好的职业经理人。

也许像斯特这样有技术的人有很多，但像斯特这样既有优良技术又忠诚守密，却并非人人都能做得到。也正因为这样，斯特才能在职业陷入困境时，迎来难得的机遇，并凭借着优良的技术和诚信，登上了最好职业经理人的宝座。

任何一位中层管理者都应该明白，自己和组织是唇齿相依的关系。如果对组织不忠诚或有损组织利益，就相当于往自己喝水的井里吐痰，结果损失最大的只能是自己。

当然，只有忠诚，只会让你成为一位普通的中层管理者，很难有更大的发展。因为在任何一个领导人的心中，忠诚和能力都是并驾齐驱的，一样都不能少。

2.有德无才,培养使用;有德有才,提拔重用

让我们来看一下领导眼中最好的中层是什么样的:"有德有才,提拔重用;有德无才,培养使用;有才无德,限制使用;无才无德,坚决不用。"这其实是奥康集团的选才标准。

"德"包含的内容有很多,其中非常重要的一点就是忠诚。只有忠诚没有能力,往往会陷入有心无力的境地;仅有能力没有忠诚,即使是才高八斗,也难以受到重用。对于一位一流的中层管理者来说,忠和能两者缺一不可。

奥康集团能够从只有3万元、7个工人起家,发展到现在拥有15万名员工,成为中国最大的民营制鞋企业,和它一直奉行的上述选才标准是分不开的。在这样的选才标准下,奥康集团培养了一批既忠诚又有能力的中层干部。

举例来说,有一次,奥康接了一批订单,鞋子做好后,准备发往意大利。但在最后检查的时候,负责这批货的外贸业务助理小张发现其中有十多双存在一些小问题。当时,集装箱已经在码头等着了,时间非常紧,如果再重新做,就无法及时出货,那么公司的损失将会很大;如果出货,又是一批有瑕疵、不完整的货,那么给公司带来的,不仅仅是金钱上的损失,更是信誉上的损失。该怎么办呢?面对这样的两难问题,小张急得像热锅上的蚂蚁。

其实,在很多公司,这样的问题,大都会由经理来解决。可是,在奥康却不一样,奥康的领导会很"大方"地将权力下放给下属,很多事情都让下属自己想办法解决,领导只要拥有知情权就行了。而且,当时奥康的中高层管理者全都在外地,参加公司一年一度的"思考周"活动,即使小张想找领导,也找不到。她给自己的上司发了一条短信,对情况进行了简单的说明。领导很快给她回了话:我知道了,问题该怎么解决,你自己定。

这么一来,小张反而冷静下来了。她突然灵机一动,想到仓库里还有一批一模一样的鞋,那批货是准备发往香港的。毕竟距离香港近,而去意大利却有四十多天的路程。现在最着急的是发往意大利的货,最好的办法只能

是从发往香港的那批货中,先拿出十几双,放到发往意大利的那批货中,然后再加班加点补做香港的那批货。尽管这存在一定的风险,但在那种情况下,已经容不得过多考虑了,于是小张说做就做。就这样,一个棘手的问题被解决了,一个能解决问题的中层管理者被培养出来了。

奥康领导之所以会对下属说"问题该怎么解决,你自己定",并不是他自己没有主意,也不是他对这件事不在乎,而是领导希望中层员工能够有办事能力和承担能力,而不是一味地听从命令,服从指挥。忠诚固然可以使公司安定、平稳;但能力更加可贵,因为它可以为组织挑起千斤重担。

格力集团总经理董明珠,在做中层管理者时,就最好地体现了"忠+能"的品质。

董明珠在做销售的时候,由于能力突出,被另一家竞争对手看上,要出百万年薪把她挖走。在巨大的诱惑和对公司的忠诚两者之间,董明珠选择了后者。然而在她身上所体现出来的不仅仅是忠诚,还有能力。在董明珠刚刚负责销售的时候,她就碰到了一个难题:前任销售人员遗留下了一笔数目不小的欠款未追回。怎么办呢?这件事本来与她无关。或许一些人遇到这样的事会置之不理,毕竟这不是自己造成的,而且最后损失的也不是自己。但董明珠首先想到的却是公司的利益,她果断地揽下了这个艰巨的任务。经过四十多天的奔波,她终于追回了欠款,使公司免受了一场损失。

经过这次艰难的讨债经历,她开始思考:怎样才能避免类似的事情再次发生?于是董明珠想到了采用现金交易的方法,这样一来,就可以避免拖欠了。办法虽然简单,可是真正实行起来却不那么容易,因为按照当时的行规,经销商都是先销售,然后再付款。对于董明珠这种做法,很多人认为不可能,甚至觉得她是在自断后路。但董明珠并没有退缩,她开始进行大刀阔斧的改革,转变营销思路,积极拜访经销商。为了推行自己的新政策,她多次到经销商的店里,和自己的下属一起帮助经销商进行销售,直到将自己的第一张订单卖掉,让经销商感受到她满腔的诚意、热忱的服务和踏实的做法。终于,她赢得了越来越多经销商的信赖。董明珠不仅给公司带来了非常好的销售业绩,也使她在经销商圈子里获得了非常好的口碑。通过许多类似

度,而且还要有能够严肃执行奖罚制度的中层管理者。这样做有两个好处:

第一,让下级有制度可依。

明确的奖罚制度起着红绿灯的作用,可以有效地约束团队。中层管理者让团队成员知道绿灯的地方可以行走、快走,出色的人可以得到奖励,从而调动他们工作的积极性;而红灯的地方则不能走、不可碰,谁跨入了禁区,谁就要受到惩罚。

第二,树立自己的威信。

中层管理者严格地按照制度进行奖罚,这不仅让团队成员更快地成长,而且无形中也树立了自己的威信,让大家心服口服。否则,对于该奖赏的团队成员视而不见,该惩罚的团队成员因为讲人情而放弃惩罚,那么即使墙上贴着明确的制度,也只是废纸一张,起不到任何作用。不仅如此,这样还会降低中层管理者在团队中的威信,出现团队成员不服从管理的情况。当然,作为团队领头羊的中层管理者,必须以身作则。

1.激励往往比压力更有效

很多管理者一定会说:"我们也想奖罚分明,但是,拿什么来奖啊,我们既没有给员工加薪的权力,也没有给员工升职的权力,不能整天只耍嘴皮子表扬别人吧,时间长了谁理这一套?

的确,中层管理者的位置很特殊,既没有物质激励的权力,又必须要承担激励的任务。

这让我想起一个故事,浙江一家大型民营企业中有一位姓周的员工。她最初在营销部,只是一个毫不起眼的营销员。小周很聪明,对市场的把握也很敏锐,她的上级通过观察发现,这个小姑娘总能找到一些营销点,为公司创造利润。就在这时,公司推出了一个新的品牌。平时积累了丰富的品牌推广经验的小周,这时候想了一个非常好的策划方案,可是又不敢向公司提出,所以犹豫了好久。

她的心神不定,被她的上级看在了心里。于是,她的上级主动找她谈话,询问她有什么心事，是否需要帮助。这时，小周才说："对这次新品牌的推广，我有一些想法，可是又不知道该不该提。"她的上级说："为什么不提呢？只要是为了公司好，就应该大胆地提出来。"小周还是犹豫不决地说："可是，要是我提的方案不好，给公司造成了损失怎么办呢？"她的上级听了后，笑呵呵地对她说："没事的！公司会针对你的提议进行讨论。如果不可行，我们就不采纳；如果可行，我们才会采用。再说，就算不可行，你也能够为我们开拓思路，这有什么不好呢？公司需要的就是你们这些年轻人的意见，这样公司才会有新鲜血液流进来，才能不断往前发展嘛。"

这一番话，给小周带来了无限的信心，她当时就对上级滔滔不绝地谈了自己的想法，并且还写了一份详细的计划书提交给了公司。结果，公司采纳了小周的提案，将那次品牌推广活动策划得非常成功。而小周的自信通过这次成功获得了极大的提升，进一步激发了她的工作热情。因为表现出色，小周不久就被提拔成为品牌中心的副经理。

故事中提到的那位中层管理者，有没有给小周加薪？有没有给小周升职？都没有。但毫无疑问，他做到了激励。

美国伯利恒公司的总裁舒瓦普对于激励员工有着独到的方法。他有一个钢厂，年年完不成任务，为此舒瓦普选择了一个自己很赏识的人担任厂长。一段时间以后，这家工厂却仍然没有起色。舒瓦普非常恼火，质问厂长为什么无法完成公司的任务额。厂长向他汇报：我非常严谨地管理企业，对员工劝过、骂过，甚至威胁过，但是大家对此依然无动于衷。

于是，舒瓦普亲自到车间去巡视。他问白班的工人："你们白天能炼几炉钢？"白班的工人回答说：炼6炉。舒瓦普一句话都没说，只在黑板写了一个大大的6字。夜班的工人来了，问门卫黑板上的6的含义。门卫回答说："老总来过，白班炼了6炉，所以写下了这个字。"夜班的工人开始警醒了，他们发誓要超过6，结果夜间的工人炼了7炉钢，夜班工人把黑板上的6改成了7。第二天早上，白班的工人看到晚班的工人比他们强，于是又拼命干，结果炼了10炉。

舒瓦普的一个简单动作收到了神奇的效果。通过这种方法，他成功地营造了竞争的氛围,让工人们主动在此氛围下提高业绩。很多时候激励往往比压力更有效,激励得当能激发员工强大的战斗力和行动力。

以下是几种常见的激励法:

赞美激励法

此种方法是中层管理者最常用的,没有时间、地点、环境的限制,你可以随时随地对你的下属进行赞美。

著名的管理专家鲍勃·纳尔逊表示:"在恰当的时间从恰当的人口中道出一声真诚的谢意,对员工而言比加薪、正式奖励,或众多的资格证书及勋章都更有意义。这样的奖赏之所以有力,部分是因为经理人在第一时间注意到相关员工取得了成就,并及时地亲自表示嘉奖。"所以,不妨对你的下属说"你做得太棒了"、"这真是一个好创意"、"这段时间你表现得不错"等。

认可激励法

认可是赞美的一种形式。任何一个人都希望得到别人的肯定,尤其是上级的肯定。美国著名的企业管理顾问史密斯指出,每名员工再不显眼的好表现,若能得到领导的认可,都能对他产生激励的作用。拍拍员工的肩膀、写张简短的感谢纸条,这类非正式的小小表彰,比公司一年一度召开盛大的模范员工表彰大会效果更好。但此种方法不宜频繁使用,如果用得太多,其价值和所产生的效果都会降低。

指导激励法

指导是最实际的激励方法。如果你给予一对一的指导,不仅能帮助下级提升工作技巧,更代表了你关心他。

荣誉激励法

荣誉可激发下属积极的工作态度,从而提高其对工作的热情度。你可为工作成就突出的员工颁发荣誉称号,加强对他的认可。比如,你可以在自己

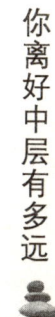

的团队内设立"创意先锋"、"智慧大师"等称号,定期评选。

《孙子兵法》言:"两军相遇,勇者胜。"的确,无论是在战争中还是在商场上,决定胜利的因素除了硬件之外,精神的力量也绝不可小视。激励在21世纪显得越发重要。无论是大企业还是小企业,无论是美国、日本等发达国家的企业,还是第三世界国家如中国的企业,都已经充分重视到了激励的作用。有效的激励将为企业的发展提供事半功倍的效果。因此,中层管理者必须成为一流的激励大师,激发出员工内在的最大能量。

2.用最小的代价换取人心

1907年,蒋介石东渡日本,在振武学校学习军事。不久,他就由浙江同乡陈其美介绍加入了同盟会。在此期间,他曾给他的表兄单维则寄过一张照片。蒋介石还在上面题了一首小诗:"腾腾杀气满全球,力不如人万事休!光我神州完我责,东来志岂在封侯!"诗虽平平,但这却表现出他当时还是个热血青年,在其民族意识有所觉醒的时刻,正在急切地表白自己的志向和抱负。这可算是题诗明志吧。

随着蒋介石地位的提高,他的照片也有了更多的用场。还在北伐之前,蒋介石就开始踌躇满志地网罗天下名士,以备他建立大业所用。1926年春天,邵力子奉广州国民党中央之命到上海联络报界人士,宣传国民党的主张。蒋介石乘机委托邵力子把自己亲笔签名的照片转赠陈布雷,并同时传达他对这位报界才子的钦敬之情。

陈布雷当时是上海《商报》的主笔。他才思敏捷,运笔如神,所写的社论、短评以其犀利的风格著称于上海报林,他曾因在政治上倾向于孙中山在广州的国民党,言论过于激烈而吃了租界工总局中的官司,此事却使他的名声大震。

蒋介石不仅佩服陈布雷的胆识和才气,还特别看重他是浙江同乡,所以着意延揽。

在一次上海报界名流的宴会上,陈布雷接过了邵力子转来的蒋氏照片,既见其人,又领其意,此后又接到蒋介石约他相见的口信,终于在这一年年底他奔赴南昌,会晤了这位国民革命军总司令,此后一气跟随了他二十多年,直到1948年自杀才算了结。

蒋介石靠黄埔军校起家,深知维系校长与学生之间关系的重要,因而他从不放过任何培养和笼络学生的机会,其中送照片也是不可忽略的小节目。

抗日战争期间,蒋介石在浮图关成立了中央训练团。他自兼团长,举办各种训练班,其中以党政训练班最为重要。其训练内容除军事训练外还有政治训练,主要是对当时抗日战争的形势以及国民党中央的方针政策作较系统的讲述,并重点灌输"效忠领袖"的思想。

为期一个月的训练中最重要的一节是蒋介石到团接见受训人员,一批十多人,谈话十几分钟。结业时他还分赠每个学员一张自己的照片,上款写着"某某同志惠存",下款是"蒋中正赠",并盖有私章。赠送这张照片,既可给学员造成深受宠幸之感,又可使其能以"天子门生"到处炫耀,而更重要的则是学生能时刻牢记要为"领袖"尽力忠心效劳。

抗战结束后,蒋介石想方设法给那些握有兵权投靠过日伪的汉奸们吃宽心丸,将他们再度收归门下,以扩大其反共力量。1946年春天,蒋介石偕宋美龄到新乡视察,召集驻在豫北的国民党高级将领二十多人,其中包括汉奸庞炳勋、孙殿英等,除设宴招待、"慰勉"一番之外,他还一起照了集体像。随后,蒋介石又坐在那里让每个人轮流站在他的旁边合拍一张,以示恩宠。庞炳勋、孙殿英等大喜过望,把他们与蒋氏的合照放大印出,分送给部属、亲友,以示炫耀。他们明白,蒋介石作出这种姿态,是表示不再与他们计较前事,便安心地打共产党去了,这正是蒋介石的目的所在。

蒋介石的这招着实了得。细想想身在高位之人,要安抚下人如此容易,有些人可真是够"贱"的,受到某个大人物的垂青,便自觉脸上很风光,在人前很有面子,似乎如此一来,自己的身价也便跟着提高了。蒋介石深知,以自己的身份,只要肯放下架子,对某位下属给个面子,即可笼络其心。

今天的领导、老板,是否应该多多留心给部属面子,合个影什么的?

人生在世,"名"最为紧要。为了脸面,人可以倾家荡产"打肿脸充胖子",伤了面子人会和你结仇,意图报复;给了体面人则会豁出一条命,"士为知己者死"。

谁要忽视了脸面问题,他自己也断不会混得"有头有脸",不去尊重别人,谁会给你好脸?

给人面子是领导者专用术,领导有了资格,便无须恭维、讨好,只须稍加表示,便会让人受宠若惊,鲜有失灵。

但我们应强调,给人面子者不可与人过于亲近。亲近滋生轻慢,令人丧失神秘,且缺点也会明显。给人面子,最难之处便在于在威严和亲近间求得微妙平衡,此所谓"远了不亲,近了不敬"。

3.威信和执行力不是骂出来的

奖励并不仅仅是物质上的加薪,也包括口头的鼓励。同样,"惩罚"也代表了上级经常对下属的工作指手画脚,不顾情面地批评,甚至是"骂娘"等行为。

● 情景A

下属抱怨:有一次采购办公用品,因为价格便宜,我就多买了一些备用,可老板却怀疑我拿回家了。虽然事情很小,但让人很气愤。公司小,待遇也一般,换个工作对我没什么损失,再有这样的事,我就走人。

中层辩解:我有时也是习惯性的随口问问,不是不信任下属。平时我跟他们挺融洽的,所以容易忽略方式方法。

点评:上级要多从细节上留心下属是否忠诚,但绝不能疑神疑鬼。做人、做事,诚信是基本的准则,道理谁都明白,问题是要做到实处。

● 情景B

下属抱怨:我销售报表晚交一天,就被臭骂了一顿,"能不能干,不能干给我滚蛋"。虽说已经习惯了这样的话,但我总觉得这种氛围很压抑。

中层辩解:每天处理那么多事情,上级也会不耐烦、情绪失控。对自己喜欢的下属,我经常是恨铁不成钢,骂两句让他长长记性。

点评:威信和执行力不是骂出来的,上级要给下属应有的尊重。松下幸之助爱骂人是出了名的,但培养人才也同样有名。

● 情景C

下属抱怨:经理是营销出身,定大的营销策略没得说,绝对专家级的,但最反感他眉毛胡子一把抓,像进哪家卖场这类小事他都要过问,可一点都不了解一线的情况。

中层辩解:全公司上下没人比我更懂营销,我总认为自己能把问题说到点子上,避免他们走弯路。

点评:让下属做原本属于你的事情,相信他们不是装在套子里的人,解决做什么和谁来做才是最重要的。金山软件CEO雷军说:"我曾经是优秀的程序员,但绝对不会干预软件工程师怎么干活,谁有本事谁是'爷',CEO要把各路'爷'伺候好。"

诚然,作为一个中层,批评下属往往是其日常工作的一部分,有时不批评一下倒使自己有渎职的嫌疑了。但是,批评下属的目的是为了解决问题,清除障碍。既然明白了这个目的,我们就该动脑筋,怎样达到这个目的。

在批评下属的时候,我们应该注意尊重下属树立平等观念,尽量以情动人,以理服人,在达到目的时尽量减少对下属的伤害。而且我们还要注意,正人先正己,如果你随意批评员工,好比踢一个反弹球,力量越大,对自己的伤害也就越大。

千万记住不要随意训斥员工,因为随意训斥会招下属的愤恨,会打击他们的士气和伤害他们的感情,这也损害你在他们心目中的形象,而情况并不一定获得良好的改观。批评下属时你应注意以下四点:

(1)先了解情况,分析利弊,要以理服人而不以权压人。

有些中层,在自己安排下去的事情员工在规定时间内没有完成时,会不分青红皂白,就大发脾气责问员工的脑袋到哪里去了,为什么不多想想云云。他们不先去了解员工在执行命令时的难度,自己是否安排恰当,不会考

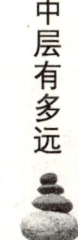

虑员工的办事能力等。作为上下级,员工可能一时会忍气吞声,但事后他会反感,一有机会就另谋高就。

你应冷静面对问题,分析利弊,作自我检查,同员工找出问题的症结所在。该指出就指出,该批评的就批评,做到以理服人。

(2)以关心爱护的角度进行批评。

一位经常迟到的老员工,应该会有一些你平时没有想到的原因。是不是他有长期需要照料的病人,或是他上班的路上交通状况比较复杂,或他对自己的待遇不满,等等。相信你跟他沟通之后,批评起来就有针对性,处理起来自然也游刃有余了。

(3)不要不加分析地批评。

有些下属是乖乖脾气,在家听父母的,在校听老师的,婚后听爱人的,在公司自然习惯听上司的,因为这样最乖巧,最懂事,最可靠,最稳妥。这是我们的环境和教育造成的。我们应该对他们进行引导,不断鼓励,在公司范围内营造出一个知人善任,用人不疑,大胆授权的宽松环境,同时我们应又注意适当监控。

而对于有先斩后奏倾向的员工,我们应在赞赏他喜欢动脑为公司扩大业务的同时,也应提醒他注意自己职责范围内的事,如果他发现有什么商机的话,不能擅自做主,要在取得上司同意的情况下再作决策。

(4)在批评中让下属感受到重视,让他养成严格管理自我的习惯,并逐渐形成使命感。

你在批评他的时候,要用类似于"你不应该用一般员工的标准来要求自己,应注意在各方面不断完善自己"来激励那些有培养潜质的下属,相信这样的效果会不错。

团队VS中层:好中层不是独行侠

"独行侠"在武侠小说中比比皆是:他们沉默地独来独往,将所有的问题都自己一肩挑,既不承担别人的事,也不让别人为自己承担。他们大多是顶天立地的孤胆英雄,虽拥有绝世无双的武功,但却注定成不了一呼百应、统率江湖的武林盟主。这是因为一个独来独往的人,不可能和他人有良好的沟通,不可能和团队默契地合作,更不可能促进团队的成长和发展。因此,我们可以断言:好中层,绝不是独行侠!

1.不做第一,但是要做比第一更快的第一

被誉为日本"经营之神"的松下幸之助深深地知道,好领导绝不能独来独往,他所做的一切,都必须为整个团队的成长负责,否则他顶多只是一个精于专业的技术员,永远无法成为一位真正的管理者。他不但这样要求自己,也同样这样要求自己企业中的中层管理者。

有一个时期,松下幸之助预测到家用电器中大量使用小马达的时代即将到来,于是他就委任非常优秀的研发人员中尾担任新产品研发部部长,负责研制小马达。

中尾接受任务后,立即通宵达旦地研究起小马达来。有一次,松下幸之助正好经过中尾的实验室,看到中尾辛苦地工作,但他非但没有表扬中尾,而且狠狠地批评了他一顿。这是为什么呢?就连中尾自己也想不明白。可是松下幸之助这么做,却有着他的道理。

松下幸之助对中尾说:"你是我最器重的研究人才,可是你的管理才能我实在不敢恭维。公司的规模已经相当大了,研究项目日益增多,你即使一天干24小时,也无论如何完不成那么多工作。所以作为研究部长,你的主要

职责就是培养10个,甚至100个像你这样擅长研究的人,我相信你能做到。"

从这番话里,我们可以清楚地看出领导者对中层管理者的要求,那就是中层管理者不能只埋头做自己的事情,更关键的在于他要学会做团队的指挥家,让团队中的每一个人,都知道该做什么,该如何做。后来松下公司不仅研究出了开放型的三相诱导型电动机,而且还挤垮了日本最大的电动机生产厂家——百川电机。

百川的老总来找松下幸之助,他说:"我是专门做马达的,你是做电器的,我做了一辈子马达,有很多优秀的电机专家,可是你居然用三年时间就把我挤破产了。你推出的产品既比我的技术水平高,也比我的更受市场欢迎,你是从哪里招来的专家打败了我?"

松下幸之助说:"没有,我的所有专家全是内部员工!我只是把很多员工变成了专家。你有几十个优秀的专家,但却没有几百个优秀的员工,我正好相反!"

松下幸之助的这番话中,蕴含了两层含义:

第一,优秀的专家不等于优秀的中层管理者。优秀的专家只盯着自己的业务,淬炼自己的技术,而优秀的中层管理者要时刻着眼于团队,将团队中的每一个人都培养成栋梁之才。

第二,优秀的中层管理者,不仅要起到领头羊的表率作用,更要起到指挥家的作用。优秀的中层必是手握指挥棒的领导。他们善于集合团队的力量,而不是一个人单打独斗。就是松下幸之助检验一位中层管理者是否优秀的重要标准之一。

松下幸之助有这样一个观念:我们不做第一,但是要做比第一更快的第一。他为什么能做到这一点?这是因为他要求公司的中层,能够培养出两个、三个,甚至几百个优秀的人才,并集合团队的力量,在竞争中脱颖而出。让我们再回过头去品味上面所讲的这个故事:若中尾埋头研究自己的业务,以他的才华而论,成功研究出小马达是很容易做到的事。但他若只埋头于自己的业务,松下公司就永远不能在电机方面打败竞争对手,而只能疲于奔命。

2.不仅要有战术水平,更要有战略思维

如同战场的将军一样,中层管理者不仅要有战术水平,更要有战略思维。这二者有何区别呢?战术针对具体性、短期性、局部性的问题,战略针对基本性、长期性、整体性的问题。

举例来说,联想集团现任董事长杨元庆在做中层管理者的时候,就是一位既有战术水平又有战略思维的好中层。联想刚刚成立微机事业部时,市场情况非常不好,国产微机大都溃不成军,但联想却决定背水一战,这也是攸关联想生死存亡的一战。杨元庆临危受命,成为联想微机事业部的负责人。在巨大的压力下,杨元庆不但没有丝毫慌乱,而是表现出了一个指挥家应有的从容镇定。杨元庆一上任,立即运用了如下战术:远离战场紧张氛围,稳定军心。他将微机事业部的办公室搬出中关村,另选了一栋写字楼。这里离中关村虽然不远,但是硝烟味却淡了很多,这有利于团队人心的稳定。在这种平静的工作环境中,原来弥漫在微机事业部那种紧张得令人窒息的气氛缓和了下来,每个人的心都开始渐渐恢复平静,并开始认为"或许这场仗不是那样难打",工作也顺手很多。巧打广告,低投入,高成效。开张的那一天大家都想热闹一番,可又没有钱做广告。杨元庆坐在房间里,从大玻璃窗看到街上车水马龙,忽然心生一计。他让下属把"微机事业部"贴在窗上,又写了"联想386、联想486、联想586",个个大字朝着大街。到了晚上他又派一个人守在那里,弄个聚光灯照着,让街上的人一目了然地看到。"这跟做广告一样。"

说这句话的时候,杨元庆表现得很得意。在运用战术的同时,杨元庆在心里对整个家用电脑市场进行了分析,迅速部署了战略:将"联想电脑"定位为"经济型电脑"。

杨元庆看到,电脑市场在向家庭渗透,越来越多的人希望自己能够把电脑搬回家。但当时中国百姓的收入不高,而一些高档电脑却价格昂贵。于是杨元庆立志做物美价廉的电脑,以适应中国百姓的购买能力。为降低电脑

成本,以达到廉价的目的,杨元庆不惜改变元件的供应链。他对供应人员说:"如果你给我的货不能又快又好又便宜,我就找别人。"后来他果然把价格昂贵的供应元件退回去不少。杨元庆和技术人员连续奋战了40天,想方设法地降低成本。他叫技术主将刘军再接再厉地减成本,刘军说所有的油水都挤得差不多了。杨元庆回答:"不!还有!还有机箱!还有包装箱!还有包装箱里那些泡沫塑料!"

就这样,新机箱很快就出来了,造价只有进口机箱的1/8。就这样,在新电脑上市的30天后,公司的财务报表上显出两年来的第一个乐观的数字:微机事业部已销售联想微机5500套。柳传志也在这一天接到报告:1994财年第一季度微机销售指标提前15天完成了。就这样,在这场不见硝烟的战争中,联想成为最后的赢家。杨元庆则凭着出色的战术水平和战略思维一举成为联想的功臣,为其后来掌印联想奠定了坚实的基础。

杨元庆能够掌印联想,不是偶然,从这个案例中就可看出。在做中层的时候,杨元庆一手把握了战术,一手把握了战略,既有了方法,也有了方向。战术决定了团队行事的技巧,而战略决定了团队的发展方向。中层管理者能否拥有高超的战术水平和战略思维,决定了一个团队是走向成功还是走向平庸。

那么作为一位中层管理者,如何制定战术和战略呢?根据问题制定战术,针对具体问题,进行具体的分析,将问题逐个解决,逐个击破。作好战略管理与战略规划。

战略管理可分为三部分:

第一,战略的制定。按照必要的程序和方法将战略制定出来。

第二,战略实施。将战略付诸行动。

第三,战略控制。监督行动中的每一步,减少差错率,使战略始终保持正确的方向。

战略规划也分为三个阶段:

第一,确定目标。即在未来的发展过程中,应对各种变化所要达到的目标。

第二，制定战略规划。当目标确定后，我们应考虑使用何种手段、措施及方法来达到这个目标。

第三，将战略规划形成文本，以备评估、审批。若规划未能通过领导的审批，应考虑如何修正。若我们能掌握以上要点，则可根据组织的具体情况，制定不同的战术、战略。

B
【好中层·团队管理篇】

"企业管理过去是沟通,现在是沟通,未来还是沟通。"

——日本经营之神松下幸之助

第一章
以宽广的视角看待管理

你的公司员工或是下属是否背地里抱怨这七件事？
(1) 工作压力太大，整天带着面具上班；
(2) 得不到授权，有被疏远的感觉；
(3) 承诺不兑现，公司充满政治色彩；
(4) 因背景、学历、资历原因受过歧视；
(5) 开会只是走走形式，每个重要决定都由你一个人做出；
(6) 大量的信息被隐藏起来，听不到内部真实的声音；
(7) 下属反映你按喜好决定员工的升迁，对人过于严厉。

我相信你的员工一定有几点与上面相似的抱怨。我们常常听到管理人员对下属员工的抱怨和批评，认为员工责任性不强、积极性不高、执行力缺乏、素质太低等，似乎所有问题的根源都在员工、在下属。

管理大师戴明认为，员工问题的80%原因在于其上级。

我们在做咨询项目和调研中发现，员工往往认为他们的总经理或老板很有能力和远见，而他们的直接上级，即企业的中层管理人员，管理水平太低，跟不上企业发展的需要，同时还缺乏人格魅力。

管理黑洞——所有的失败都是管理性格的失败

我们来看一个案例,说的是陶经理和金主管的故事。

首先是陶经理的故事。陶经理担任某企业市场部的高级经理,其部门有20多个下属。陶经理所在公司的企业文化倡导勤奋。当然,勤奋是中华名族的传统美德。那么,在中国人的眼里勤奋主要体现在哪里?也许你一定会想到——加班!因此陶经理就加班,是陶经理的加班很有特色。

特色一:总经理在公司办公陶经理就加班,如果总经理不在公司那陶经理就按时下班。而且当晚上8~9点钟总经理还在办公室时,陶经理就去总经理那里汇报工作,给总经理暗示:我还在公司呢,还没有下班。

特色二:拉整个部门的员工加班。员工做完工作了,陶经理不让其下班,而让其返工。陶经理要求,任何事情必须做三遍以上,就是第一遍做对了,也必须再做三遍以上。这有点类似让小学生抄写100遍文章,以惩罚学生。现代管理强调"一次就把事情做对",而陶经理为了拉员工加班,反复让下属无效的工作。

主动加班是一件好事,尤其是需要突击任务的时候,但加班成了"加班秀",变成管理者作秀的工具,加班就变了味。

陶经理的下属之中也不乏有才能之士。每当下属有成就时,陶经理就马上把工作业绩拉在自己头上,而一旦发生问题他就把责任统统推在下属头上。在陶经理的这番没有一丝成就感回报的折腾下,下属对他痛恨至极。

再来看看金主管的故事。金主管本身的管理专业技能不高,但却是一个厉害的人物。她在"文革"时期下过乡,做过赤脚医生。金主管很喜欢让下属三番五次的修改报告和文件,这成为体现其领导权威的职业撒手锏。

金主管的工作方式有三大特色。

特色一:黑箱操作。金主管由于对自己能力不足而产生自信心问题。因此她就搞黑箱操作,进行信息封锁。她从来不把部门的当期主要任务和目负责录像、记录和事务性工作,一周下来,疲劳不说,还常常要承受客户的冷言冷语。再加上,客户都是海外的大老板,对比起来她觉得差距很大。这些使她的压力很大。研修班结业的最后一天,我给她打了一个电话。我只说了三句话,第一是问候,第二让她先回家休息,第三向她询问另一项工作的完成情况。另一项工作由她负责,而且到了最后期限。我没有料到,她竟大发牢骚,抱怨满天,说的都是过头的话。我当时保持沉默,只听不说。

事后,我想这究竟是为什么,平时这位员工不是这样,今天为何反常?后来才知她是因为压力太大。第一,她承受客户的冷言冷语,压力已经够大了;第二,而我询问新的工作又等于向她施加了压力。人的忍耐总是有限,在一定场合总会爆发。

由此看来,一个企业不重视员工的情感或对处于超强度工作状态下的员工不表示支持的话,那么,这个企业就一定要改变,否则,由此而来的副作用会积聚起来并寻找机会爆发。

在一些服务行业,当员工在处理与客户的关系时常会感到巨大的压力。你到餐厅就餐,希望赶走那些没有笑容的服务员,将食品狠狠地摔到他们面前,但你想过没有,对于这些服务生来说,时时保持好心情可能吗?我们得有宽容心。在电话销售行业,销售人员被要求使客户从你的声音感受到微笑服务,他们天天带着面具上班,我们应该将心比心。酒店的礼仪小姐被要求面对非礼的客户也要保持迷人的微笑,这是人性化管理吗?

记住,宽容不是软弱,反过来,你的宽容塑造了出色的领导力和优秀的团队。

故事二:不欣赏的员工,如何处理?
(赵女士,3年前某事业单位的项目部主任)

我曾在一家国有企业工作,中国的国有企业是带有政治色彩的企业,这里的人们喜欢在一些小事情上耍小手腕,而领导也热衷于玩这种政治小把戏,但最终是"玩火必自焚"。

我当时负责一个部门,有一位主管因能力不足,被免职。她对我们这个

团队极不满意,伺机报复。一天,她捏造说我和另外两名同事在一起,诋毁我们的上司。上司也不做调查,就相信了她的"告秘"。我们部的所有员工被叫到一起,上司让我们"说清楚"。我当时大吃一惊,这是根本没有的事!我们四人经过对质,谎言被揭穿,真相大白,这全是那位主管一人捏造,从此以后,她被我们这个部门疏远了。

被疏远是最难受的。第一,你在团体中可有可无,没人理你;第二,孤立无援;第三,感到工作失去意义。

我是如何帮她树立起自信心的呢?我让她负责一个项目,而这个项目需要跨团队的合作,她必须成为团体中的一员,我首先支持她,然后做别人工作。我告诉大家,她很不幸,有过离婚的经历,多从她的角度去理解。我还帮助她介绍男朋友。这一切,使她重新找回了"家"的感觉。

记住:你永远不能疏远任何一个员工,不管你多么不欣赏他。你的任务是找到他的独特基因,然后,启动基因程序!

故事三:失信了,会怎么样?

(安先生,某物流公司职员)

这是我一位朋友的真实故事:一家事业单位领导找我的朋友谈话,暗示我的朋友去他那里会有更好的个人发展前景。在调动之前,这位领导许愿说:"先过来,半年后提拔你。"

我的朋友信以为真,轻信了他的话,调了过去。结果,半年过去了,一年过去了,领导再也不提我朋友的发展问题。你说,我的朋友还会相信这位领导的话吗?

人类有三个特征:第一,害怕丧失社会地位;第二,对拥有影响力十分渴望;第三,对不讲信用厌恶。企业领导者常常低估下属对其信用的重视程度,做出破坏自己信用的事。

记住,别人对你的信任就像一棵树,生长需要很长时间,但瞬间就可以被你锯断。

故事四:敌视圈外人,对吗?

(邢先生,某外资企业的副总经理)

我在南开大学上课时,为了案例讨论,教授将我们分为几组,并按组给成绩。课堂结束后,我询问同学哪一组好,几乎每一组的同学都认为自己一方比另一方好;而当问起对另一组的评价时,每一个同学都对对方提出批评,哪怕是自己最要好的朋友也不例外。

如果把他们放到竞争性更强的游戏中呢?我记得,在模拟决策实战演习中,由于对本组的积极态度和对对手的"仇恨"态度不断上升,教室里充满了敌视的情绪。

我所在的小组,一位大型国企的CEO因为开董事会离开课堂,等开完会时,他马上给我打电话,第一句话是:"我们排在第几?"

对事物和人进行分类,划分你我,是人的本能。我们天生喜欢分类思考,这种思考方式可以帮助我们辨别哪些是危险的,哪些人是不可信的。

在你的企业中,如果想让一个群体达成某个协议,只需设法将甲(你赞成的)归于好的、有益的一类,而将乙归到困难的、危险的一类即可。

记住,人类容易宽容圈内人,容易敌视圈外人。请不要轻视不同类的人。

故事五:团队为何失败?

(丘先生,某广告公司资深创意师)

我是一个天生爱提出问题、研究问题的人,我喜欢开会简短、直奔主题。我在一家国有单位工作时,发现这里开会总在反复、低效地进行讨论。事实上,这个单位的每个重要决策早就由CEO作出了,所有的人都按他的眼色行事。开会讨论时,你的意见与他相左,他就马上武断地打断你,此时副手成了他的"应声虫"。相反,当他不在会场时,大家倒是表现的积极和富有成效。在他任CEO期间,这个单位年年亏损。

我参加过不少国有企业、事业单位的会议,深深感到这里的气氛过于官僚化,没有真正意义的讨论,开会好像是为了显示级别存在,而不是为了有效解决问题。

在很多国有企业中,你找不到实际意义的团队,大家经常为了应付上级成立若干领导小组,成员都是各个部门的负责人,小组的成果无人过问,他们唯一关心的是"我是不是在这个小组名单里"。这样的团队是失败的。另外这些企业还存在的一个典型问题:这里的人们仅仅为代表自己利益的小团体工作,彼此之间暗中勾心斗角。

我们说,企业需要团队,但太多无用的例子说明,人们不愿意加入团队,因为上下级泾渭分明,这不是真正的团队。

记住,真正的团队是为一个具体的目标工作,超越职能部门和上下级关系。这样的团队能发场一种团队精神。

故事六:信息隐藏起来,会如何?

(华小姐,某进出口贸易公司的海外组经理)

有一家工业公司的管理体系是如此糟糕:采购部的负责人从廉价供应商那儿进货,后来因为供应商破产,导致公司不得不重新寻找供应商并以高于成本很多的价钱进货;生产部从国外进口设备,但新机器总出问题,后来还是使用旧机器;市场部找了一家关系户作为广告代理商,结果由于根本不懂广告规律,自己的促销广告为同行做了免费宣传。而所有这些,就是因为这里的人们喜欢把实际情况隐藏起来做事,导致公司领导不断做出错误判断。

我们应该鼓励员工公开自己的想法,鼓励员工向那些"理所当然"的程序提出异议,鼓励公司把所有的事情都摆在桌面上,让整个公司创造一种公开的气氛。

记住,君子没有什么事情不可以对人说。公开化后,即使你错了,别人可以原谅你。

故事七:读你自己

(董小姐,自由人士)

我记起一家纺织厂,它的CEO是作风强硬派,依靠个人奋斗有了自己的工厂。员工害怕让老板发现他们的错误,因为他们看到因为"勇于"暴露自己的问题而被开除的例子。所以,他们总是试图掩盖问题,即使尽早承认就可以解决问题,但没人说。在这里,犯错误是丢人的事,于是,为了不丢人,员工就故意不犯错误。有一次,CEO当着众人的面,就一些小失误,对一位重要的管理人员进行了严厉、尖刻的批评。最令我吃惊的是在场的所有人,除了我,竟无一人感到尴尬。他们会后告诉我,这种事是"家常便饭"。几年后,这个公司因处于破产边缘被人接管。

我研究过无数的失败案例,发现他们失败的真正原因,既不是投资问题,也不是产品问题,而是管理性格的失败。因为,投资、产品问题,都可以靠别人帮助解决,而管理心理,他人真的跨越不过去。

记住,所有的失败都是管理性格的失败,不论它千姿百态。

管理模式——授权维度与走动管理

现在我们来谈一下管理的技能。在一个团队里,员工的工作效能可以用公式简单表示为:

工作效能=意愿(态度)能力

这个公式所表达的含义是:员工的工作效能来自于意愿和能力的叠加。在企业中进行持续培训的目的就是提升企业员工的整体技能,以便整体提升员工的工作效能以及整个团队的执行力。任何对改进团队工作业绩感兴趣的管理者,都会想方设法确保每一个团队成员能受到恰当的训练。因为只有提高每个员工的能力,才能提高整个团队的绩效。

而整个团队的绩效方程式可以用下面的函数来表达:

绩效=F(知,愿,能,行)

团队的绩效是由知、愿、能、行组成的一个函数关系。分析这个函数,我们能得出如下结论:

(1)团队的绩效与团队成员是否拥有足够的专业知识有关;

(2)团队的绩效与团队成员个人良好的愿望或工作士气有关;

(3)团队的绩效与团队成员个人的能力有关,除了知识之外,还包含技能、经验;

(4)团队的绩效最终需要通过行动得到实现。

不同的员工具有不同的能力和意愿。为了达到最佳的工作绩效,主管必须根据能力与意愿情况对员工进行分类,进而决定授权的程度,如图所示。

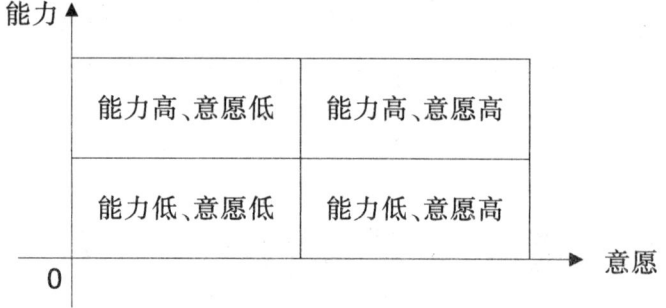

第一类员工能力不够,意愿、态度也不够。对这类员工主管不能进行授权,而要进行严格的说明和督导。

第二类员工没有能力,但有很强的工作意愿和很强的自信心。对于这类员工,主管也不能授权,但要加强示范教导。你不要把热情等同于能力,应该对他进行能力的培训,合格以后才能授权。

第三类员工能力强,但是态度不好,意愿低落。对这类员工主管不能完全的授权,但可以适度的授权。管理者应反复与他沟通,加强他的参与意识,刺激他的责任心,有效提升其效能。

第四类是有意愿而且有能力的员工,这种员工主管可以采用"风筝式"授权。真正的授权如同放风筝,要把风筝线一直牢牢牵在管理者手里,风筝的快慢、高低都是由管理者控制的。

1.知道授权的益处,并辨认出阻碍成功的事物

有效授权是一项重要的管理技巧。为获得最佳成效,你必须先知道授权的益处,并辨认出阻碍成功的事物。

(1)使用授权能使你自己、部属及公司获益。

(2)回顾检视时你应保持正面态度——期待听到好消息。

(3)即使别人对你所委派的人选有所犹疑,你也要对他显露信心。

(4)使用授权管理可以激励员工、建立自信、减轻压力。

(5)每天拨出足够的时间关注长期性的计划。

(6)确信你有培养、引导他人的经验。

(7)若授权不奏效,应自问:"我哪里做错了?"

(8)切莫因你做得比较好就事必躬亲——这是很糟糕的管理方法。

(9)有效的授权可强化你的业务表现。

(10)信任你的部属,他们也必信任你。

(11)期望部属的表现至少能达到你的水准。

(12)鼓励自称工作过量的人记日志。

(13)愈常放手交办工作,你就愈善于放手交办工作。

(14)借交办的工作项目训练下属。

(15)若你常说"我时间不够",这说明你的组织能力差。

(16)务必充分地下放权力而不要紧握不放。

(17)迅速有效地处理没有根据的谣言。

(18)用人不疑,疑人不用。

(19)把感觉资料化,并客观地分析。

2.有效授权,适当监督被授权者

成功的授权者通常是学有专精且自律严谨的管理人,他们能够有效地选出可交办的工作项目,适当地监督被授权者,同时给予正面的回馈。

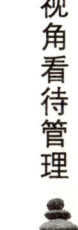

(1)勿让他人给你增添不必要的工作。

(2)每隔三至六个月,检视并修改一次你的时间表。

(3)尽可能只参加与工作有直接关系的会议。

(4)若无法在数周前把会议安排好,这就表示你授权不够。

(5)不要把简单事务列于较繁重工作之前。

(6)不要企图在一天内完成七件以上的工作。

(7)养成挑战长期例行事务的习惯。

(8)时时审慎注意那些绝不能交给部属办理的重要事务。

(9)你的思考时间恰如一场会议,须详加规划,列出议程及时程表。

(10)拨出足够的时间和精力以拟定有机的计划和架构。

(11)培养善于解决难题的人才以备紧急授权之需。

(12)在计划需交办的工作时就开始考虑可委派的人选。

(13)确信每一位被授权者都能得到充裕的支持与后援。

(14)确保你对受任部属能力的评估是有根据的。

(15)不管什么时候发生错误,都要支持你所委任的代表。

(16)若受任者没有你的忠告而能将工作做好,不要给予他忠告。

(17)挑选能坦诚说出不同意见的受任者。

(18)必须使被授权者明了其责任和义务。

(19)以书面形式确认职责范围。

(20)鼓励成员分工合作,形成紧密的合作关系。

(21)培育恭贺成功但不指责失败的公司文化。

(22)确定书面资料能传至所有相关成员面前。

(23)切勿接受职务代表人的自贬自抑。

(24)当被授权人求助你的专业时,务必乐于协助。

(25)切不可让你的职员承担过量工作。

(26)说明时尽可能把目标解释准确。

(27)撰写给予受委任者的说明表时,不要设立太多限制。

(28)将计划报告纳入说明书中。

(29)务必使受任者充分明了并同意该说明书。
(30)说明书定案前先与受委任部属进行沟通。
(31)指派工作责任时不要犹豫——要积极正面。
(32)考量说明书的正负面观点后再定案。
(33)若被指派者在说明会议上持负面态度,这项指派便须重新考虑。
(34)受任者接受任务后,你应不断地给予鼓励。
(35)受任部属报告任务进度时,应询问他的新意见。

3.具备有效且反应迅速的管控系统

成功的授权必须具备有效且反应迅速的管控系统,以此系统监督受任部属及任务的进度。

(1)监督任务时,一定要密切注意经验不足的被授权者。
(2)运作时应假设每个阶段都能做得更好。
(3)切勿让忧心忡忡的受任者独自面对坏消息。
(4)冒险时切勿孤注一掷,要依机率分析你的判断,然后才采取行动。
(5)替受任者预测可能会发生的问题。
(6)设定应变措施以防不慎。
(7)应迅速撤换犯了好几次严重错误的受任者。
(8)称赞受任部属的优越表现。
(9)与其它团队一起开会时,对所有代表应一视同仁。
(10)以行动协助受任者创造新的思维。
(11)须注意,有时助人的态度会被误解为干预。
(12)定期会晤以便双方互给回馈、意见,但次数不可太频繁。
(13)找出以卓越绩效令你印象深刻的部属。
(14)必要时才考虑使用外在资源。
(15)既已把工作交给部属,就不要干预其做法。
(16)若须收回某项已交派的工作,应先着手寻找合适的负责人选。

(17)检讨过程务必简短明晰、结构完整。

(18)不要让受任者因出现问题而丧失信心。

(19)务必使检讨步骤以建设性的模式进行。

(20)管理所有阶层的部属时,使用肯定与客气的语言。

(21)只在绝对需要时才召开临时检讨会。

(22)要亲笔手写称赞部属的字条。

(23)嘉许受任者为工作付出的每一份心血、努力,并予以奖赏。

(24)事情发生差错时,想办法找出解决之道——而非找代罪羔羊。

(25)如果受任者没有处理好任务,试着再给他一次机会。

(26)遭逢麻烦时,分析你自己的做法。

(27)在大幅修改任务交代说明时,考虑所有牵涉到的层面。

(28)与受任者讨论其执行任务时的表现,态度应诚恳公开且具建设性。

(29)部属隐瞒或否认犯错时,管理人的态度须坚定。

(30)以失败为学习工具,增进你的管理技巧。

(31)检讨你的任务说明是否是严重错误的起因。

(32)记载曾犯的错误及吸取的教训供未来参考。

4.增进授权技巧,提升部门职能

授权过程实际上是提升你自己及部属职能的最好机会。你可借此激励、评估各阶层部属的表现。

(1)训练部属成为全方位的职场能手。

(2)让自己受到充分的训练,为员工接受培训树立榜样。

(3)切勿低估受任者的资质。

(4)每周一定要拨出时间用于教导主要的受任者。

(5)若有人对奖励制度不满,查明原因。

(6)设定切合实际的目标,并配合实际状况作弹性调整。

(7)你不在时可请资深员工注意代理人的表现。

(8)你应很有把握地向员工宣告委任代理人这件事。

(9)安排充裕时间用于研究开发新的思维。

(10)替自己安排每周或每月的读书计划并确实执行。

(11)若发觉自己在管理领域有空白,填满它。

(12)取他人之长,增强自身的能力。

(13)培养在任何时候都能与上司坦白沟通的习惯。

(14)自问十年后希望自己在哪里,规划通往目的地的道路。

(15)别隐藏你的野心——让上司知道你想达到的目标。

5.20%的管理模式:信任和放权

有一位技术很出色的副总裁,他在授权方面做得就很不好。例如,他设定了目标后,总是担心下属会因为经验不足而犯错误,于是他总会越过自己属下的经理,直接去找工程师,然后一步一步地告诉工程师该怎么做。甚至有一次,一位工程师在洗手间遇到这位副总裁,就被副总裁在洗手间里念叨了20多分钟。

后来,副总裁属下的经理实在受不了了,向总裁如实反映了情况。经过多次警告却仍然没有改进之后,这位副总裁被解职了。从这个例子我们可以知道,领导的工作是设定目标,而不是事无巨细地控制、管理、指挥和命令。

21世纪的管理需要给员工更多的空间,只有这样才能更加充分地调动员工本人的积极性,从最大程度释放他们的潜力。21世纪是一个平坦的世纪,人人都拥有足够的信息,人人都拥有决策和选择的权利。将选择权、行动权、决策权部分的甚至全部的下放给员工,这样的管理方式将逐渐成为21世纪企业管理的主流。

在21世纪,放权的管理会越来越接近于员工的期望,这是最为聪明的管理方式。因为当企业聚集了一批足够聪明的人才之后,如果只是把这些聪明人当作齿轮来使用,让他们事事听领导指挥,那只会造成如下几个问题:

(1)员工的工作满足感降低。
(2)员工认为自己不受重视,工作的乐趣和意义不明显。
(3)员工很难在工作中不断成长。
(4)员工个人的才智和潜能没有得到充分利用。

为了给员工更多的空间,为了更好地发掘个人的潜力,许多成功的企业都推出了相应的举措。

例如,Google公司允许工程师在20%的时间里从事自己喜欢的项目或技术工作,这一制度一经实施,就收到了意想不到的出色效果。因为有了20%可以自由支配的时间,许多拥有出色创意,但没有时间付诸实施的工程师可以花费这20%的时间,或者说服两三个同事一起在这20%的时间内完成某个出色创意的产品原型,然后发布给公司内部的同事使用。如果这个产品创意确实吸引人,它就有可能成为Google推向世界的下一个"震撼级"产品或服务。

事实上,像GMail和GoogleNews等Google引以为豪的许多产品,都是最先由工程师在20%的时间内创造出来的。因为有了20%这样的管理模式,我们发现:

20%时间内完成的产品成功率很高,因为员工更加投入。

20%的管理模式让员工意识到公司对他们的信任和放权,这营造出了非常好的管理氛围。在员工调查中,员工对公司的满意度总是高于我曾经工作过的其他公司。

SMART原则

很多管理者追求自己对权力的掌控,他们习惯指挥部下,并总是将部下努力换来的成绩大部分归功于自己。这种"大权在握"、"命令为主"的管理方式很容易造成管理者身上的压力过大,员工凡事都要请示领导,等待管理者的命令等现象。

团队过分依赖于管理者,那团队的成功也大半取决于管理者个人能否事无巨细地处理好所有问题——通常说来,没有哪个领导可以事事通晓,也没有哪个领导可以时时正确。

最终,整个团队对于外部变化的应对能力和应对效率大幅降低,因为所有决策和命令都需要由管理者做出,员工在感知到变化时只会习惯性地汇报给领导。

因此,在授权时,我们设定的目标一定要清晰,并要用客观的方法进行衡量。这样,每一位员工才能真正理解哪些属于自己的职责范围,是可以由自己决策、选择并实施的,哪些不属于自己的职责范围,是不能随意决定的。

为了做好授权,我们可以预先设定好工作的目标和框架,但不要做过于细致的限制,以免影响员工的发挥。

推荐大家使用著名的SMART原则。所谓SMART原则就是:

·S——明确(Specific):目标的范围是明确的,而不是宽泛的。

·M——可度量(Measurable):制定目标是为了取得进步,必须把抽象的、无法实施的、不可衡量的大目标简化成实际的、可衡量的小目标。

·A——可实现(Attainable):目标应当是可实现的,而不是理想化的。

·R——结果导向(Result-based):目标应该基于结果而非基于行动或过程。

·T——时效性(Time-based):目标应当有时间限制。时效性的要求可以让你明确这个目标是短期、中期还是长期目标。

领导应该和员工一块儿拟定合适的SMART目标,衡量这些目标的方法,目标分工的模式,并在适当的时候修改目标,领导不应该过度地去告诉员工如何具体地执行。如果一个领导过分地控制在员工权限内执行,他就是在"micro-manage",违背了"授权"最基本的要求。

授权非常重要,但是授权不仅仅代表分摊所有的职责,然后由领导做协调的工作。授权更应当是:

(1)组织一个互信的团队。

(2)制定团队的目标,并且大家都同意把团队的目标作为最重要的目标。

(3)整个团队彼此互相帮助、监督,大家有话直说,看到问题直接提出。

还需要提醒的是,传统的管理是正的金字塔型:上面是总裁,中间是中层管理者,下面是员工,再下面是顾客。现在推崇的倒金字塔模式:顾客在上面,然后是员工,然后是中层管理者,最后是总裁。在企业当中,上级并不是员工要讨好的对象,他们真正要讨好的是为企业带来价值的顾客。

所以,在授权的时候,中层还应该开展有效地走动管理,只有"走一走、看一看、听一听、问一问"整个部门,才能慢慢收集全管理所需的信息。

管理思维——企业的问题是每个人的问题

任何企业都存在着大量的问题,正是不断出现问题,不断解决问题的过程推动了企业的成长。所有成功的企业,包括IBM、惠普、麦当劳、肯德基等,都是经过重重的困境考验而发展壮大的。

中层必须具备这样的观念:企业的问题是每个人的问题。每个部门都清楚企业存在的问题,但由于部门间的利益,每个部门都不愿意承认那是自己的问题。只有真正做到将企业的问题变为企业内部每个人的问题,企业才会有更大的发展余地。因此,中层应转变思维观念,善于发现问题、承担问题,并且解决问题。

中国的中层应该客观地看待企业成长过程中出现的一系列问题,不要害怕出现问题。作为企业的管理者,我们必须对出现的困难有以下基本认识:

1.问题是中层制造出来的?

对。昨天的决定、昨天的政策决定了今天的问题。问题的出现始终处于动态之中。当前的游戏规则决定了企业未来的发展方向和成长动态。因此,中层在制定各项策略的时候,一定要全面、慎重地考虑其可能产生的后果。

2.有问题才需要中层?

对。中层的职责就是发现并解决问题。企业中有三层构架:高层是决策层,承担责任;中层是应变层;基层是操作执行层。应变层应时刻准备面对出现的问题,并迅速给出应对措施,帮助企业解决问题。

3.管理越好,问题越少?

错,这是目前企业中普遍存在的一个误区:很多企业家,包括很多经理人,对企业的发展失去了耐性,认为管理好就能少出问题。实际上,管理越好问题就越多。良好的管理使得工作标准化、流程化,从而会使很多隐藏的问题浮出水面。管理越好,解决问题的人越多,解决问题的速度越快,这样才能避免企业将一般问题变成致命问题。

很多企业的主管面对问题变成了聋子、瞎子,甚至放过问题,从而使企业蒙受巨大损失。因此,看不到问题、放过问题才是企业的最大问题。

主管除了要解决当前问题之外,还需要分析发掘问题背后的问题。这就需要掌握一种有效的分析方法——"深耕法"。"深耕法"是由日本的狩野博士发明的,俗称"打破砂锅问到底"。目前这种方法被广泛用来分析事故原因并提出最终解决方案。

车间有一摊油,为什么有一摊油呢?因为机器漏油。机器为什么会漏油?因为垫圈裂化。垫圈为什么会裂化?因为收购的垫圈为次品。为什么会买次品垫圈?因为它的价格低,采购人员根据相对正常价格的节源来获得提成。这样,经过层层挖掘,最终将事实真相锁定在采购政策上,只有改变采购政策才能从根本上解决问题。因此,"深耕法"能够让问题真相浮出水面,进而提出有效的解决措施。

发生问题时,用"三不放过"的精神对待才是最好的解决之道。所谓"三

不放过",是指发生问题后没有找到责任人不放过,没有找到原因不放过,没有整改措施不放过。

顶尖的管理成就来自于严谨的工作作风,对待任何问题我们都应坚持"三不放过"的精神。如果每个企业都能用这样的理性思维对待出现的问题,迅速找到责任人,找出原因,并进行有效的整改,那么小问题就不会变成大问题,企业的发展内耗就能够进一步降低。

管理艺术——关心所有人,关注几个人

上面说的是中层基本的管理模式,但是在落实的时候,并不仅仅照本宣科就可以了,一个优秀的中层,除了了解员工的能力和意愿,还应该关注员工,了解员工的个性,才能积极有效的开展管理。

二战时,美国某支军队中有一名叫克雷默的中层军官,很有才华,对周围的士兵也很关心。在一次演讲训练中,有位年轻士兵的激情演讲,给克雷默留下了深刻的印象。自此,他就格外关注这位士兵。通过一段时间的接触和了解后,克雷默发现,这位士兵不仅有活力和干劲,而且还非常热爱学习。

由于这位士兵在入美籍之前是个德国难民,因此克雷默就推荐他去欧洲战场,做将军的德语翻译。这位士兵果然没有辜负克雷默,将工作做得非常出色。这位士兵从欧洲战场上回来后,克雷默又推荐他担任几座小镇的管理者。这位士兵将自己的管理才能发挥得淋漓尽致,将小镇管理得有声有色。

几年以后,这位士兵将要退役了。只有中学学历的他想要借退伍军人法案的有关规定到纽约市立学院去读书。当克雷默得知这个消息后,却非常反对。他找到了这位士兵,对他说:"绅士是不进市立学院的,他们都去哈佛。"在克雷默眼中,这位年轻的士兵是不应被一所平庸的大学埋没的,因此他全力说服这位士兵去著名的哈佛大学读书。不仅如此,他还积极地替

这位士兵安排。这位士兵在哈佛读书期间,克雷默不断地给予他鼓励和支持,直到这位士兵获得了博士学位并留校任教。而克雷默对这位士兵的关注,在士兵的人生中起到了不可忽视的作用,并成为他日后事业的奠基石。

对于克雷默,也许你并不知道,但是对于他所关注的这位年轻士兵,你绝不会陌生。他,就是美国前国务卿基辛格。

与其说入伍改变了基辛格的命运,倒不如说克雷默的关注改变了基辛格的命运来得贴切。若没有克雷默的关注、提拔和鼓励,这世上很可能就少了一个了不起的外交家,多了一个平凡的小兵。彼得·德鲁克甚至在他的《旁观者》一书中这样说道:"……基辛格正是克雷默造就出来的,克雷默发掘、训练了他。事实上,克雷默是他的再造恩人。"

由此可见,一位中层管理者对下级的关注是多么重要,合理、恰当的关注,有时候能够将下属激励成为巨人。

1.值得特别关注的几种员工

再从《西游记》里挑一个事件作为我们的案例来分析。这次的案例是白骨精事件。相信大家都知道,三打白骨精事件中,唐僧和孙悟空产生了巨大的分歧,以至于孙悟空一怒之下返回花果山,直到唐僧遇难才再度出山。

唐僧是一种典型的完美型性格,在一般冲突面前,他总是力图避免出现人际关系紧张的状况。完美型的人寡言少语,感情很少外露,在精神紧张的时候他们会变得更加内敛,尽量回避与人接触,尽量避免暴露自己的情绪。从前在观音院、在黄风岭、在流沙河、在五庄观,尽管唐僧对孙悟空多有不满,却始终采取了克制的态度。因此,当唐僧忽然变得强硬专横时,几乎所有的人都大吃一惊。

从正常行为转为冲突性行为,并不是一个人有意识的选择,而是一种本能的防范性反应。由于这种防范性反应,当事人在行为上变得十分僵硬,不再像以前那样,会根据人际关系的需要做出适当的调整。此时,他们通常是不顾别人的愿望和感受,只图自己情绪的宣泄和一时痛快,办事容易走极

端,说话也不顾后果,唯我独尊,不肯退让。

从白骨精事件中,我们发现猪八戒与孙悟空之间也产生了冲突。在正常情况下,活泼型性格的人总是喜欢营造一种轻松幽默的人际氛围。当冲突发生之后,这种以人为中心的社会取向使得他们会冲着对手谩骂、嘲笑,以发泄怒气,肆无忌惮地发动人身攻击。如果他们无法冲着对手发火,他们就会另外寻找一个发火的对象。让人奇怪的是,活泼型的人在大发雷霆之后,会立即感到一切如常,好像从来没有发生什么事情一样。

白骨精事件发生之后,师徒四人之间的冲突可谓是前所未有的激烈。为了一个女人,不仅猪八戒肆意辱骂他的大师兄,就连唐僧也是一反常态,大念"紧箍咒"。我们无法知道沙和尚深藏不露的心理动态,究竟他是支持师父,还是同情大师兄。

公共关系的确不是一个善字可以了得的。与人为善固然不错,但你能确保每次都对吗?人非圣贤,孰能无过,身为一个团队的管理者或成员,有时候你难免会遭遇白骨精的魔法,而不能明辨是非。

白骨精并不可怕,所以没有必要那样紧张。孙悟空三打白骨精的方法也许不合适,但以后可以改。然而,如果他们不能学会彼此理解,如果他们不注意团队伙伴之间的沟通,他们就会因为矛盾重重而闹得四分五裂。

唐僧之错,其实不在于受到迷惑,也不在于是非不分,而是在于他没有能够在团队的管理实务上建立一个有效沟通的平台。

很多中层也普遍面临着这样一个问题:面对自己的团队,他们总无法指挥、协调好每一位下属的工作。中层管理者不但要做好自己的工作,还要花时间和精力去关照每位下属,对此,大多数中层管理者都极为苦恼,感到力不从心,顾得了这个人,就顾不了那个人,总有照顾不周的地方。

每当此时,我就不禁想起我过去的一个上级的做法。我刚刚毕业的时候是在一家报社做记者。和我同一个部门的还有几个刚刚毕业的大学生,由于年轻,他们都个性十足。只要自己认为对的事情,就非得坚持,对什么事情都爱挑刺。

我们这几个人,是报社领导公认的最不好管理的一批。可就是这样几个让人头痛的记者,偏偏在主任的管理下,一个个变得非常出色,并且在工作中获得了很多重要奖项。

主任有一个很特别的习惯,就是每次出差都只带一个下属,而且每次带的人都不一样。有一次,主任带我出差,一路上他不停地夸我,更关键的在于他的夸奖是在"点子"上,比如他对我说:"如果写新闻稿谁都会写,但是写人物稿就非你莫属了。"

后来,我才明白,他不仅仅对我,对所有其他的员工也是一样。他总是可以说出你的一两样长处来,他曾经说过一句话就是:"关心所有人,关注几个人。"我细细玩味这十个字,虽然朴实,但这的确把握了管理的精髓。

关心所有人,顾名思义,就是关心团队中的每个成员。而关注几个人,也就是特别关注几种人。

那么,值得我们特别关注的是哪几种人呢?

第一种:最优秀的员工;第二种:最落后的员工;第三种:想成长但处于瓶颈的员工。

这三种人,是一个团队中最需要给予关注的。作为一名中层管理者,你必须关心团队的所有成员,但是一定要关注几个人。

2.用肯定式管理赢得尊重

这是一种对自己和他人都尊重的管理模式,旨在增强信心,提高职业作风,有效地处理各方面人际关系问题。

以下为这种管理方式的八大要点。

建立自信

要想与人打好交道,就要相信自己是天下头号重要人物。建立健全的自信可减少你在有效管理中的不适感和可能引起的情感混乱。对自己有高评价才能对别人有高评价。

换言之,你要做的第一件事就是热爱自己。如果你讨厌自己,就很难去爱、去关心别人,自我厌恶常常会反射到他人身上。培养自信的方法之一,

是在表现最佳的时候感到满足,看到自己的长处和能力。如果不能看到自己的优秀之处,就很难看到别人的优点。

学会倾听

当员工找你时,你是否沉闷地觉得该由你来解决问题?如果是,那你就是在浪费精力。员工要求你倾听并非都是要求你帮助。所以,你的主要任务是不加评判、充满理解地倾听。

一般来说,以开放、接受的态度来求取信息,表示关注是有效的。也许别人需要的就是你认真倾听而已。积极倾听给员工一个陈述原委,释放感情的机会,从而缓解问题。倾听员工诉说能使他们不感到压抑,这等于告诉他们:"你们的这种情感是情有可原的。"

甘冒风险

自信与冒险往往紧密相联。如果你的自我感觉良好,就会敢于冒风险,因为你对其后果充满自信。

风险分为三类:表达你的想法,提出你的需求,提出你对别人的希望。这些行动会招来风险,因为人们误以为其他人会做出消极反应,或恶意判断。风险还包括划定界限。有了自己的界限,别人就明白你是什么样的人,你要求别人如何对待自己。这是一种获得尊重的方法。如果你不划定界限,别人就会对你评头品足,说三道四。

学会说"不"

会不会说"不"在两个方面非常重要。首先,在同事或上司强加不合理的任务时要说"不",否则,不归你管的任务会堆积如山,使你无暇处理份内之事。

其次,要会对不现实的最后限期说"不"。如果你不去争取一个较为现实可行的限期,而是追赶不太可能的限期,你就可能无法按时完成工作,以致降低你在员工眼中的效率形象。

但有时,即使你想说"不",你也只能不说,以便鼓励和促进员工。接连不断、咄咄逼人的拒绝会吓退那些有创造性的员工,使他们要么离你而去,要么得过且过,不负责任。

学会给予建设性的反馈

肯定式管理者明白,建设性的反馈于己于员工都有好处。以不加评判、解决问题的方式来谈论员工的失误或低质工作,能使他们有机会改正,并受益不少。

对管理者来说,这种好处表现在可把失误和低质工作表现保持在最低的限度。这样,他们对自己的工作更有把握,因此也更加自信。提出现实可靠的工作标准是帮你提出建设性反馈的方法之一。这些标准以工作为要求,而非现有员工的工作表现为基础。这是任何能够合格从事该工作的人都能承受的一种标准。

另一个可以帮你运用建设性反馈的方法叫做平衡法,即对所有员工一视同仁,其目的是为了在员工中营造一种合作气氛,增进共识和问题的解决。

对付批评

批评意见会打击你的自我和自尊。该问题的对应方法之一是充分了解造成这种自我打击行为的本性。这种了解能够减少震惊、伤害和自我防卫。使自己与批评意见分离。你并不等于你的错误。他人不喜欢你的行为,但仍可喜欢你本人。我们不要给自己下定位,而应考虑如何改正和改进自己的行为。

另一方法是取得负面反馈。征求批评意见以改进、完善你的工作表现。从另一个人的角度来听听这个批评意见,并对引起批评意见的材料可以相应地提几个问题,如"在……方面哪些东西我还可以做些改进?"

学会提出和接受正面反馈

如何"安抚"你所管理的人,给他们关心和表彰,极大地影响着员工在一起协同工作。

给予正面反馈时,你可坚持一种评估制度,对个人表现做客观、具体的描述性反馈。根据每个人的表现,对他们进行表彰和安抚。把握时机非常重要,你最好是及时给予安抚才能达到最佳效果。

定期评价各岗位人员,确定其工作是否令人满意。要想创造更大兴趣和

挑战，你可以调换一下工作。尤其对那些任职已久的员工，更应如此，要时刻让员工了解业务的发展。令人泄气的通常是员工要从外人那里才能了解公司业务的最新发展情况。要明白，批评不如正面反馈，你应更加努力，因为你自己希望如此，而且这可以自觉地让你更上一层楼。

明白自己的需要

人们总想坐在那里，等着事态发展变化。然而，这些把精力浪费在"只要……"上面的人没有真正为取得成功而做出相应的努力。肯定式管理的决定因素在于要人们坚持不懈、不屈不挠、面对困难从不轻言放弃。花些时间，诊断一下你工作单位的体制、员工的性格特点，以及你必须面对的组织结构形式。

肯定式管理者不但要有灵活性，是一个多面手，并且深知成功取决于用自己的方式去适应别人，而不是要别人来适应自己。肯定式管理方式使你的人际关系更加明朗、有力，而且坦诚。肯定式管理能够让你赢得尊重，提高自己的领导威望。实行肯定式管理可减少紧张和忧虑，减少你的自我意识和控制欲。

时间——管理者最重要的资源

150年前有个哲学家叫乔纳森·斯威夫特，他说过一句这样的话：如果某人能使只长一根草的地方生长两根草，他就有理由被称为是比沉思默想的哲学家或形而上学体系的缔造者更有用的人。斯威夫特说的究竟是什么人呢？我看，我们的企业家、职业经理——本文所提的管理者就是这一种人。在他们手里，几百元钱就可以长出几十亿、几百亿来；一栋厂棚、十几个员工可以变成拥有一座座城、几万员工的跨国公司来。因此，衡量你是不是好的管理者只有一个标准——能不能使只长一根草的地方，长出两根草来。

要使只长一根草的地方长出两根草，就必须充分利用种子、土壤、阳光、空气、养分、温度和水等资源。企业也一样,要使几万元变成几亿元,就必须充分利用金融、人才、物资、社会环境等资源。这些,早已有许多专门的著作做了详尽的研究,不必赘述。但对管理层来说,有一项重要的资源少有人论述,这就是——时间。管理者的管理,说到底就是管理者对自己时间的管理。

为什么时间是管理者最重要的资源呢?时间作为资源究竟有什么特性?

(1)时间就是生命。对于一个人来说,你的生命多长,你生存的时间就有多长;你的生命多强,你生命的价值就有多大。因此,如果管理者管好了自己的时间,就等于扩大了生命的价值,扩展了生存的空间。管理自己的时间,就是延长自己的生命。

(2)时间是绝对限量的。它不像金钱和物质那样可以把别人的拿来用,或接受别人的投资、赠送。你只能充分利用自己那份,让它尽量提高价值。古今中外,曾有许多帝王将相企图像积聚财富一样来积聚自己的时间。秦始皇曾派出五万童男童女,远涉重洋去取长生不老药;埃塞俄比亚皇帝塞拉西为了延长寿命曾生吃许多童男童女的心脏。他们都失败了,因为时间没有因此凝聚一分一秒。今天的管理者也一样,你可以积聚许许多多财富,但你无法积聚属于你之外的时间。

(3)时间的量和质并不相辅相成。时间的量多并不一定质高。它像石缝间的一块耕地,可以无限提高单独面积的产量,却绝不可能扩大一分一毫的面积。人们在时间的量上束手无策,所以只有把注意力集中在时间的质上。我们说的管理者最重要的资源是时间,主要不是指时间的量,而是指时间的质。时间是谁都需要的,也是谁都无法多得的。

(4)时间是不能以单位计量的。就像传说中的魂魄,只有附着在人的身上才会表现出它的存在。人们对时间几乎毫无感觉。它看不见、摸不着,而且全是上帝赐予的,未花自己丝毫代价。因此,它最容易被人忽略,也最容易被人浪费。俗话说:容易得来的东西不值钱,人们往往浪费了大量的时间还不知道。对管理者来说,时间的存在是显而易见的,但它的性质并没有变,如果你认为它重要,它就"一寸光阴一寸金";如果你认为它不重要,它就一钱不值。你认为它充足,它就有余有剩;你认为它很稀缺,它就紧张得很。

1.换灯管的"时间分割法"

在世界上所有的资源中,唯独对时间的占有绝对是人人平均的。上帝把同样多的时间给了每一个人,而人们却往往为了满足某种莫名其妙的癖好而任意浪费时间。有个换灯管的故事很能说明这个问题。

晚上,灯管忽然不亮了,如果去请电工来换一根灯管,最多只要五分钟。但电工老不在岗位上,去找他至少要两个小时。请理论家来换大约需要半天,因为他要用三个小时的时间来论证灯管的换法。请居委会主任来换的话,需要一天。他会先打发人去找一个人来给他扶凳子,再找一个人来给他打电筒,还要一个人帮他去买新灯管,一切准备好了,最后由他派一个人取下坏灯管换上新灯管。请诗人来换的话,需要半天时间诅咒黑暗,半天时间缅怀光明,还要半天的时间对灯光的奉献精神作出评价,之后才能换上新的灯管。如果请警察来换至少得花两天,因为他们首先要调集警员布置包围封锁现场,然后通知验痕迹的警察检验可疑痕迹,并拍下照片,然后由立案文书详细记录案情,再回公安局开侦破碰头会,由秘书写好侦破报告送分管局长审批,在局长扩大会议上讨论并作出决议后再去换上新灯管。如果请官僚来换灯管的话,给他上述人员所花时间总和也不够,他需要:(1)当事人向主管部门报告;(2)职能部门派人去核实并作出鉴定;(3)需要开三个会议来解决这个问题:领导碰头会,部门负责人分析研讨会,基层人员扩大会;(4)将会议研讨情况写个材料并拟出文件下发;(5)安排甲收回坏灯管,乙办理申请采购单,丙交有关领导签字后下达采购任务,丁去采购,戊验收新灯管,己核实发票,庚将新灯管交仓库验收,辛派电工领出新灯管去装上。

只有有一种人会干得既快又好——那就是丈母娘未来的女婿。

这个故事虽然只是一个滑稽噱头,茶余饭后的笑料。仔细想来,它却告诉了我们世人浪费时间的几种表现。每种人都振振有辞地将时间浪费得痛痛快快,他们都固守自己习以为常的时间分割法。

第一种是电工的时间分割法。故事里,电工是用不坚持职守的行为来浪费时间的。那位电工哪里去了?在干什么?也许他很忙很紧张。但可以肯定的是,他没有在他应该坚守的岗位上,即使他一刻也没有休息,也不能认为他没有浪费时间。我们的管理者很多时候都是电工式的人,不是不知道坚持自己的职守,也不是不清楚自己该作什么。此时,他已是"人在江湖,身不由己"了。比如说参加那些捧场式的会议,出席那些奉承式的宴会,参与那些"劳模活动"、"委员活动"、"理事活动",等等。这些使他至少有三分之一的时间不在自己的岗位上。

第二种是居委会主任的时间分割法。故事里那位居委会主任,官小排场大。他紧抱自己的权杖,凡事得有个官样,并依靠这来浪费时间。我们的管理者倒不一定有"权威癖"、"驱使欲"、"指挥狂",但他陷在事务堆里抽不出身子,对下面非亲自去了解情况、爱听取别人的反映,指使别人去了解,或委托别人去落实,放弃了亲自下去体察的权利,满足于间接的非权威的结论。其结果往往如隔山打野鸡——打着了捡不到。到第一线作巡视管理是根据许多企业家、管理学家肯定的行之有效的管理方法来决定的,这一来可以亲眼看到下属的工作情况,捕捉到处于萌芽状态的对企业至关紧要的新动向,以防患于未然;二来表示对下属的关心和肯定,使员工感到亲切、温暖,激发员工的归属感。这表面看来要花不少时间,但给我们带来的是员工的积极性、企业的兴旺和赢得处理其他事情的时间。

第三种是理论家的时间分割法。理论家什么事情都要找来理论根据,是以追求纯理性化来浪费时间的。这很像同伴就要淹死了,他还要找到水里救人的操作规程后才下水去抢救的故事。唯理论是听,唯规程是从。管理教条化在我们管理者的管理活动中,同样不少。

第四种是诗人的时间分割法。与理论家相反,诗人是用直觉、情感来分割时间的。他们排除理论,对经验只取所需部分。不可否认,在很多情况下管理者是靠直觉来作决策的。直觉是一种情绪,一种感情色彩很浓的心理现象。既然管理没有四海皆准的理论模式,那么管理就是一种艺术,管理决策就是一种灵感的闪光。即使这样,我们也不能说管理没有理论,或管理可

以不要理论指导。画饼能充饥是事实,但并不是所有的饥饿都能靠画饼来充的。望梅止渴,并非凡渴都能望梅而止。在80年代,我们许多企业家确实是靠"跟着感觉走"发财的,因为那时我们的市场机制还不健全。90年代继续"跟着感觉走"就走到万丈深渊里去了。应该说,管理者在管理实践中既要讲理论又不能拘泥于理论,要一切从实际出发,充分发挥情感和情绪的作用,在无理论可遵循或有理论但不适合的情况下大胆靠直觉决策,以赢得时间。纯粹的理性化管理和纯粹的情绪化管理都会浪费宝贵的时间,正确的作法是两者结合。

第五种是警察的时间分割法。他们的职业敏感性特别强、职业嗅觉特别灵,处理任何事情都以他们的职业观为出发点,按他们的职业习惯行事,并形成了一种职业惯性。警察的职业惯性让他们把什么事情都看得很严重,草木皆兵,并神经质般地去对待。结果是该花时间的事没有花时间,不该花时间的事又花很多时间。管理者也常常像警察那样来分割自己的时间。譬如在开发一样新产品时,前怕狼,后怕虎,调查了又调查,评估了又评估,测试了又测试,改进了又改进,把时间拉得很长,待你开发成功时,对手的同类产品已占领市场,你只能分配到残羹剩汤般的市场份额。当今已是速度决定成功的时代,"良好是最佳的大敌"时代,新产品达到良好的水平就应立即抢占市场,由市场逐步把它完善,这样你才能争取到大量对自己有利的时间。

第六种是官僚时间分割法。官僚们最讲究等级,最看重门户,一切活动即所有的时间分割都是按等级和门户展开的。这让所有的工作流程都是固定的、僵化的,容不得半点变化,稍做变动就会触犯某个等级里某个官僚的利益。如果你想革新,定会阻隔重重,许多你原来的垫脚石都会变成你的绊脚石。管理者本来就是靠创新起家的,等这个家有余有剩了就开始想保住既得成果,如是就会制定这样那样的制度和规矩,这是可以理解的。然而有了制度和规矩之后,他们就得在制度和规矩的相关部位安放执行这些制度和规矩的官僚。这些官僚可以成天不动脑筋照章办事,他的职能就是监督人们执行这些制度和规定。这样,现有的制度和规矩就成了他们赖以生存的基础和靠山,如果你要革新,就必须要改变那些制度和规矩,这威胁了官僚们的安稳,他们肯定要反对。如是,现成的制度和规矩就成了永不溶化的喜马拉雅山顶的坚冰。到这个时候,企业凝固了,管理者凝固了,时间也就毫无意义了。因此请注意,当你的企业里办事时间还没有请示审批的时间长时,你的企业也就该动大手术了。

只有第七种时间分割法是正确的、科学的、合理的,它叫"丈母娘未来女婿式"的时间分割法。它的特点不言而喻:(1)有执著追求,能绝对服从;(2)对方的需要就是我的需要,只要是急需的,他马上就干,毫不犹豫;(3)办事的过程中,不必去考虑制度、规矩等条条框框,一切从效益出发,一切从效率出发。这是管理者必须采用的高效时间分割法。

2.管理者的时间根本不属于自己,而属于别人

作为一个卓有成效的管理者,他首先应管理好自己的时间。这是因为他的事务太多了太杂了,他的时间又太难以预算太难以控制了——他已成了百分之百组织的人。经济学家明茨伯格说:"经理要为机构的成功负责,而实际上并无明确的里程标可以说明他能停下来并说:我的工作已经完成。因此,经理永远是一个全神贯注者。"有专家作过调查,大企业的总经理每天平均有36个书面和24个口头联系,还要接30多次电话,几乎每次联系都是全然不同的两回事,而且在处理重要的工作时,其间经常会穿插一些其它的事。这样,管理者必须十分迅速而频繁地转换自己的心境和头脑,精神不得不十分集中,思想不得不高度紧张。因此他必须做到以下四点:

保重自己的身体,休养自己的精神是管理者不浪费时间,提高时间值的前提。

对管理者来说,保重身体的关键是减少工作的烦恼,增加工作的乐趣。许多著名的企业家都毫无例外的有个好秘书,他十分了解主人的工作习惯,知道主人的工作需要。能将主人需要的资料或数据立即提出来,能及时收捡主人办公桌上多余的资料。他几乎成了主人的影子,但又不会对主人

起干扰作用。他还必须提醒主人该休息或该吃点什么,等等。同样,许多著名的企业家都毫无例外有两张记事单。一张记录着这一段时间要处理的要紧事,另一张记录当天必须处理完的事。这样就不会因忘记办哪件重要事而懊恼,也不会因哪件事处理得不及时而悔恨自己健忘。人快乐了,情绪好了,加上适当的休息,人的身体自然会好,精力也自然会旺盛起来,时间值自然很高。

管理学大师德鲁克曾经把管理者定义为"机构的囚徒",所以尽快将"囚徒"解放出来是管理者管理好自己时间的关键。

严格说来,管理者的时间根本不属于自己而属于别人。也许清早一起床脸没洗就有个重要客户来电要你解答完全可由业务员解答的问题,仅仅因为这个客户重要,你半点也不敢怠慢;也许这个客户的电话还没有挂机又有一个管理人员办糟了一件事必须由你亲自出面调解才能缓和;也许你正在着手安排自己下一步工作的时候,市政府一个领导又来了,你不得不去接待。还有许多"小事"本来可以由下级管理人员去办的,为了慎重起见,管理者不得不亲力亲为。因为所谓的小事都是些这样的事:轻视它吧,又怕出问题;重视它吧,管理者又干不了大事。

要真正做到不让别人占用自己的时间,管理者必须授权:(1)管理者只作决策,执行交下属办理;(2)管理者只做主要人物的思想工作,其它事务全交下属办;(3)管理者只抓起决定作用的关键性大事。

管理者要把自己当作管理对象,好好研究自己的时间分割法。很多人能指出别人无效率的时间分割,却不知道自己的时间分割法。

明茨伯格告诉我们:管理者研究自己的工作和时间分割,非正式的研究可由秘书进行,用工作日志的方法,根据需要拟订一个表格,每天填报,定期分析,作出结论。正式的研究工作应聘请一名顾问进行。时时刻刻观察管理者的工作,记下管理者的工作时间,详细记录管理者的言谈、行动、信件和文稿,每天一小结,一周一综合,每月一分析,然后反馈给管理者,并坚持不懈地进行下去,直到找到管理者的时间分割规律,并对其进行改进为止。

集零成整,省出大块时间,解决重大问题。

第二章
执行力的"方与圆"

你的团队的目标是什么？
你希望自己的团队五年后能够发展到什么样的状态？
有多少人能够清楚地说出自己团队发展和工作的目标？
你希望运用什么样的价值观来引导团队的发展？
你如何将你对未来的预测情况传达给你的团队成员？

有文章把中层管理人员划分为三类：

第一类叫"恐龙型"中层经理，这类经理能力很强，但是却常常要和上司"谈一谈"。

第二类叫"奴才型"中层，这类经理满意其忠诚，但不满意其能力。

第三类叫"小媳妇型"中层，这类经理唯唯诺诺，像个受气包。

以上三类，都是对中层负面的看法。除了以上负面看法外，大家还经常提到，有些中层还出现这样一些问题：

第一，"上边想、下边望，中间有个顶梁杠"。意思是公司很多想法、目标、创新的东西一到中层那就顶住了，像个"肠梗阻"。很多中层都有雇佣思想，"拿人钱财，替人消灾"，没有把企业看成是自己的。

第二，忙就是好。很多中层认为"忙就是好"，越忙越好。但他们忙得是不是有效率，忙是不是发挥了中层该有的作用，考虑得不多。

第三，归罪于外。这类中层将很多事情归罪于老板、归结于企业、归结于市场、归结于下属，归结其它部门，等等。他们认为下属现在能力比较差，公司管理跟不上，所以有些事情自己也没有办法。

第四，存在"等、靠、要"思想。很多中层不去创造条件，而是等条件具备了再说。

第五，局限思考。有些中层只考虑部门利益、小集体利益，不从全局利益考虑问题，导致了部门分割，相互不配合，甚至部门之间出现相互推诿扯皮、拆台等现象。

作为一个中层，管理能力固然是重要无比的技能，但是执行力同样重要。管理力和执行力二者缺一不可。但很多中层习惯以管理者的角度去看问题，而不习惯于从执行者的角度去看问题。

执行力的定义——正确地做事和做正确的事

企业的决策方案在执行的过程当中，标准渐渐降低，甚至完全走样，越到后面离原定的标准越远。企业的发展速度要加快、规模要扩大、管理要提升，除了要有好的决策班子、好的发展战略、好的管理体系外，更重要的是要有企业中层的执行力。

执行力，就是企业中间层理解并组织实施的能力。相对于决策层定位于"做正确的事"来说，作为执行层的经理人的定位应该是"正确的做事"；相对于操作层员工"做事正确"的定位来说，作为执行员的经理人的定位应该是"做正确的事"。

有一句话：中层经理人既是执行者，又是领导者。他们的作用发挥得好，是高层联系基层的一座桥梁；发挥得不好，是横在高层与基层之间的一堵墙。企业决策层对各种方案的认可，需要得到中层的严格执行和组织实施。如果企业全体中层队伍的执行力很弱，与决策方案无法相匹配，那么，企业部门的人琢磨事,肯定胜过自己一个脑袋琢磨事,自己又可以放开手脚做重要的事,何乐而不为呢。

第七,判断能力。

判断对于一个经理人来说非常重要,企业经理人要去了解事情的来龙去脉因果关系,从而找到解决方案。这要求你洞察先机,未雨绸缪,最后变成良机。

第八,创新能力。

创新是衡量一个人、一个企业是否有核心竞争力的标志。执行力,除了要具备以上这些能力外,更重要的是要有创新意识。这需要你不断地学习,而这种学习与我们平时说的自主的学习是一样,它要求大家把工作的过程,当作学习的过程,不断地从工作中发现问题、研究问题、解决问题的过程,就是向创新迈进的过程。因此,我们做任何一件事,都要努力用创新的方法使执行的力度更大、速度更快、效果更好。唯有创新,才能生存。

3.执行过程中的方圆艺术

"方"指原则性,包括用人的规范和范围;"圆"指灵活性策略。前者是内在要求,后者是艺术形式。

执行过程中的方圆艺术,即"方"与"圆"的有机结合。

过于求"方",可能有"迂腐"之嫌,会导致执行刻板;过于求"圆",则会有"圆滑"之嫌。结果两者都是没有执行力的。

要想做到"方"与"圆"的辩证统一,必须把握以下几点:

开局:先圆后方

的各种方案是无法实施成功的。

很多管理者都乐于布置任务,作决定,但真正执行有效的管理者,都擅长使布置下去的任务和作出的决定得以执行。要改善执行部门的执行力,就要把工作重点放在这个部门的管理者身上。

可以这样说,一个好的执行部门能够弥补决策方案的不足,而一个再完美的决策方案,也会死在滞后的执行部门手中。从这个意义上说,执行力是企业管理成败的关键。

1.执行力不强的三个"度"

企业中间层执行力不强的表现包括:中层在决策层前说的话拥有相当的分量,使已有决策方案发生"自我取舍"现象;虽然具有足够的工作经验和热情,有令人佩服的企业利益立场,但是中层在执行方案时缺乏应变操控原则的认知和把握;尽量尽心尽力,但由于缺乏实施方案中人事之间清晰的操作界面,中层时有大失水准之处。具体表现在以下三个"度"上:

第一是高度,企业的决策方案在执行的过程当中,标准渐渐降低甚至完全走样,越到后面离原来的标准越远;

第二是速度,企业的计划在执行过程当中,经常延误,有些工作甚至不了了之,严重影响了计划的执行速度;

第三是力度,企业制定的一些政策在执行过程中,力度越来越小,许多工作做得虎头蛇尾,没有成效。

2.卓越执行力"天龙八部"

要做一个优秀的执行者,应该有意识地提高以下八项能力:

第一,领悟能力。

做任何一件事以前,一定要先清楚上司希望你怎么做,然后以此为目标来把握做事的方向。这一点很重要,千万不要一知半解就开始埋头苦干,到

头来力没少出,活没少干,但结果是事倍功[...]
了再做,胜过草率做十件事,并且这会让你[...]

第二,计划能力。

执行任何任务都要制定计划,把各项[...]
表,一一分配部署来承担,自己看头看尾即[...]
展上,不断理清明天、后天、下周、下月,甚至[...]
检验时,你要预先掌握关键性问题,不能因[...]
重要工作。清楚做好20%的重要工作,等于[...]

第三,指挥能力。

指挥部属,首先要考量工作分配,要检[...]
虑指挥的方式,语气不好或是目标不明确,都[...]
以激发部属的意愿,而且能够提升其责任感[...]
术,是部属能够自我指挥。

第四,控制能力。

控制就是追踪考核,确保目标达到、计[...]
舒服的感觉,然而企业的经营有其十分现[...]
控制,就会给企业造成直接与间接的损失。[...]
制力度不足,同样会产生反作用:控制过严[...]
则可能连现场的工作纪律也难以维持。要[...]
通过目标管理方式实现自我控制。

第五,协调能力。

任何工作,如能照上述所说的要求,制[...]
令,采取必要的控制,工作理应顺利完成。但[...]
须花在协调工作上。协调不仅包括内部上下[...]
也包括与外部客户、关系单位、竞争对手之间[...]
都会影响执行计划的完成。你要清楚最好[...]

第六,授权能力。

要赋予下属责、权、利,下属才会有做事[...]

刚开始走马上任的你即使自己有不少抱负,但也要经过熟悉情况进入角色才能付诸实施。正确的开局用人艺术应是先圆后方,着眼于人际沟通,着力于调查研究,增进相互了解,逐步在领导的活动中扩大用人权的使用,由圆而方。

进局:外圆内方

进局是指开局过后,中层要改变或发展前任留下的局面,形成自己执行风格的领导过程。这时的执行艺术是:在继承和模仿中融入己见,在容忍中纠错。亦即对于前任领导的执行弊端既要有宽宏的肚量,又不能循旧而求稳定;对前任领导的成功执行之道,要继承和发扬,并通过兴利除弊来形成自己的用人之道,这就叫做外圆内方。

"关系型"的中层迁就现在的局面,安于现状,不求进取,缺乏原则和个性,属于外圆内圆的用人方式;而"急功型"的中层过分地突出自己,急功近利,立足未稳便一味地创新,属于外方内方的用人方式。

中局:人方我圆

中局是指进局过后,领导可以而且应该站在源头,以开拓和创新的用人气慨作出自己贡献的时期。这个时期讲究人方我圆的用人艺术。这种用人艺术关键之处在于充分调动人的积极性,也就是我们常说的出主意用干部。主意出得好,用人用得好,就可以让别人按照自己的意图主动去开拓和创新,领导只是适当介入,着重从旁观察、支持和制约,并不断地探索,不断地总结经验。

定局:上圆下方

一旦通过中局形成自己的格局之后,整个执行过程就相对稳定,这时候宜以维持自己的执行格局,开拓与创新兼顾为宜,从而把握总体局面,这时是定局时期。

这时期的艺术为上圆下方。因为,你要考虑上级的要求和意图,不能完全自行其是。应该把自己在工作方面的开拓与创新也纳入上级领导的范畴之中,做到原则性与灵活性相统一,这就是"上圆"。所谓"下方",是指中层在这一时期必须坚持原则,排除各种制约因素,只要自己认准了的,就应当坚持到底,而不应畏缩不前。

执行力的操作——中层管人,流程管事

曾经有一个朋友,为我叙述了下面的故事。从这个故事里,我们能看到作为一个中层的执行力在实际操作中会遇见的问题,以及解决的方式。

1.学会倾听才能发现真正的问题

一年前的今天是她一生中最快乐的日子。公司提拔她为项目经理,可如今,美好的日子一去不复返,她的事业已经处于岌岌可危的境地!到底是怎么回事?究竟是哪里出了问题?

老板经常鼓励她每个月抽出些时间和员工们聊聊,必要时做一些工作上的调整。

平时她都很忙,根本没时间去真正尝试老板的这个建议,但今天她决定摆脱一下忙乱的工作,用这种特殊的方式来看看能否处理现在的麻烦事。

她想起部门的小A依然表现不佳,只是比他来的第一个月稍微有些进步。她决定再给他几个月时间观望一下,实在不行的话,只能请他走人了。因此,她决定与小A好好谈谈,看看在随便闲聊的气氛中能够有什么可以帮帮他。

于是,她把小A叫了进来:"有时间和我聊聊吗?"

"当然可以。您想聊些什么呢?"小A的语气似乎有点戒备。

她显然想让他意识到这次话题的正式性:"关于你最近的表现。"

"我知道我表现不好。"小A说。接下来是冷场。平日她可能就没耐心了,但今天,她按捺住自己:"那么,你工作上最大的困难是什么?也许我可以帮你。"

小A惊奇地看了她一眼,长长地叹了口气:"我做每件事都很努力,可不

知道为什么总是弄得一团糟。有时客户告诉我他们所需要的商品之后,我却不能在他们要求的时间和地点拿到手,有时甚至最终收到的货物根本不是他们订购的。"

她听完后,心里完全明白小A的确是在用心的工作,她想了想:"如果你愿意的话,这几天我和你一起工作,看看你的问题具体出在哪些方面。我还可以帮你接几个电话,让你看看我是怎么操作,这样的话可能会对你有所帮助。"

"你不是在开玩笑吧?和我一起工作?"

"只要能够帮助你在工作上取得成功,我愿意做任何我能做到的事。"

听了这话,小A非常高兴,立刻保证自己一定会配合这个安排。而她也决定,以后还要多制造些机会,使用这种倾听的技巧了解更多下属的情况。

在与小A一起工作的日子里,她发现了几个自己的错误,并总结了对策。

错误一:制定过高的目标

她听到她的部下在说一个笑话:"业务代表无法完成销售任务自杀。就在家人准备为他筹办丧事的时候,这位老兄却活了过来。家人惊问何故,他说:我们领导买通了阎王爷,还没到阴间,便被众小鬼轰了出来,并警告道:阎王有旨,完不成销售任务者,死都别想!"

一开始她很生气,但仔细想想,自己确实犯了领导者常见的错误:制定过高的工作目标,给员工过大的任务压力。

很多领导认为,有压力才有动力,所以往往对员工制定过高的工作目标。事实上,如果员工不能完成任务,便会产生失败的心理,而一旦产生了失败的心理,员工便以失败者的姿态出现,进而更加不能很好地完成工作,形成恶性循环。

曾经带领IBM走出困境的前董事长郭士纳深有感触,他说,业绩不是"压"出来的,也不是严管出来的。IBM突出的销售业绩是科学管理的结果,其中最重要的一点就是制定合适的销售目标。

在制定销售目标时,IBM要确保70%到80%的销售人员能完成所规定的数额,这样既可以增加完成任务的人员信心,又可以激励业务较低者,从而提高整个团队的凝聚力。事实上,IBM的这种做法收到了较好的成绩。IBM2005年的第二季度的销售额高达37亿美元,占全球服务器销售额的30.40%。

错误二:从员工身上找问题

当问题产生时,一些领导者往往从员工身上找问题,这是领导的常见病。她觉得以前自己就是这样,现在,在实际的工作中,她了解到很多情况不是自己想的那样,通常投机取巧的人善于做表面工作,而踏实做事的人反而不擅长这些,比如小A。结果—考核,踏实的人反而不合格,而投机取巧的人却合格了,奖励就这样被窃取,这在一定程度上打击了认真工作的员工的积极性。由于考核的偏差,出现该奖励的没奖励,该受惩罚的没受到惩罚,或者平庸的人受到了奖励。其结果是在组织中建立起错误的工作导向。

曾子有这样一句名言:君子要一日三省自身。今天的企业领导者,如果能够做到这点,便能在提高自身素养的同时,避免企业管理中出现的多种问题。

绝非古代圣贤才有这样的远识,现代的管理大师也深谙此道。《从优秀到卓越》的作者柯林斯,"第五级领导人"发现者,认为第五级领导人的重要特征就是"照镜子",在企业出现困难的时候,这些领导人首先要问一下:"是我做错了么?"柯林斯认为,这样的领导人是最具潜力的管理者。

错误三:管理不擅长的领域

她发现小A本是新闻出身,却做了管理,而另一名员工小B写得一手好文案,却被叫去接电话跑发行。当然这是员工的问题,但是,作为中层不也是如此吗?如果管理不擅长的领域,就会卷入领导力的又一个漩涡。她决定以后不再那么事无巨细地插一手了。

奥美广告的发展轨迹也说明了这一道理。

奥美广告初创时期,在大卫·奥格威带领下,以"360品牌管家"服务在业

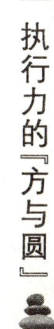

界树立了良好形象。1989年，奥美被马丁·索瑞尔领导的WPP集团恶意收购，持续经营一段时间后，奥美不可避免的走了下坡路。1998年，奥美的经营业绩遭遇滑坡，特别是在2002年，以奥美为主体的WPP广告业务经历了大幅下滑。

这与马丁·索瑞尔的跨领域管理有很大关系。不可否认，索瑞尔在资本运作领域有着过人天赋，但其在广告领域却不够精通，这直接导致了经营奥美的失败。

错误四：喜好溢于言表

这是她下属私下议论的，下属说，她这个人没什么城府，什么事情都露在脸上，所以看她的脸色就知道今天工作顺利不顺利了。

喜好溢于言表是领导者的又一禁忌。"越王勇而民多轻死，楚灵王好细腰而国中多饿人"的史实也说明了这一问题。因此，管理者在听下属的汇报时，要十分谨慎。涉及相关的人和事时，不要轻易地流露自己的喜好。如果领导者喜好十分明显，则可能会导致下属投其所好。在听取汇报时，下属可能会按照管理者的意向去说，而将真实的情况掩盖起来，这不利于管理者做出正确的判断。

2.制定目标是执行的前提

在和老板的对话中，她提到了这些问题。老板表扬了她，并对她说了一个故事："很多年前，所有人都是去自助加油站给汽车加油，我一个朋友却想要创造一种提供全套服务的加油方式，他喜欢开拓新的商业领域。他发现去加油站的人自己并不是很愿意去，只是不得不在那儿加油，接着，他们加完油后就会尽快地离开。于是，这位朋友就着眼于建造加油速度快、让人感觉更有意思的加油站。当你开车到里面加油时，你会感觉他的加油站就像印地安纳波利斯500车赛中的紧急加油维修点一样快捷方便。他雇了一些想要做点兼职赚些小钱的产后主妇和退休人员，让他们穿上红色的连体制服。一旦你在他的加油站门口停好车,工作人员就会迅速地跑过来给你的汽车加满汽油,擦亮你的车窗,然后马上接过你的钱或信用卡——这一切都快得超出想象。在这里,引导员工们工作的价值观是安全、便捷、快乐。在你驾驶汽车离开时,他们还会递给你一张宣传单,上面会有一句话:'我们也在提供加油服务'。"

"这听起来的确很有趣。"

"是啊。我那个朋友有很明确的目标:打造一种全新模式的加油站,他的工作人员和顾客都很清楚这一点。考虑以后的发展前景就是对将来情况做较为准确的把握,这是一名管理者特有的一项任务,也是他最重要的职责。某些情况下,确定企业的目标和走向的确很困难,但这是一个企业运作的必须。构思一个企业未来的目标和发展方向,并把它传达到其他人的心中,就是管理工作的一部分,而且分量很重。"

她明白了,她知道自己以前并没有很好地考虑过团队发展的未来。她唯一针对未来想到的目标就是不断满足销售人员和客户的需求,而这是不够的,肯定还有其它值得关注的重要内容。

执行问题分析:目标不明确。

从这个故事,我们看到,目标是执行的前提,没有目标,执行就无从下手,更不用谈执行力了。每个企业都有自己的远、中、近期规划,但真正落到执行层,执行者对计划的茫然却是普遍的现象。在企业中、基层,甚至是企业高层,也都存在着对企业目标不求甚解的状况。这种目标的不明确或不理解导致了执行的低效。

对策:改进制定目标的方法。

执行力需要一个明确目标。只有当目标明确后,执行力才有了前进的方向。目标明确后,不同的职能部门、不同的员工在工作中才能形成一股合力,更好地发挥出企业团队的力量,表现出知识与技能的聚合作用,从而更好地促进目标的完成。目标的不明确或不理解很大程度上是因为没有解决好企业目标的层次。

企业的目标是全企业员工共同来实现的，不是一两个高层开几个会就可以解决的，企业的目标要体现参与性。因此，企业在拟定发展规划时，应根据企业的经营目标设定科学的组织结构与人员编制，将企业目标按层次分解到每个员工的工作目标。用具体的工作任务来帮助员工明确目标和理解目标。企业把企业共同目标分解为企业目标、部门目标和员工目标，体现了目标的层级关系，使目标有系统，有层次，让执行更具有"可操作性"。目标细分，把这些目标具体化，具有可操作性，使个人与部门的执行方向和执行情况一目了然。这样既有利于目标的实现，也有利于制定考核标准。

3.明确分工，只做最重要的事

正在她思考的时候，她的一名下属来到办公室，要求她帮忙处理一个工作问题。

她的第一反应就是自己要立刻去处理这个问题。不过她又停了下来想了想：这件事真的需要我去插手吗？是不是应该对方自己去解决呢？她心里清楚如果亲自出马，那就没有时间去考虑和把握未来团体及公司的发展方向。她意识到自己总是耗费大量的时间和精力在处理当前的问题上，而没有时间再去多做些"向前看"的工作，这是自己的一个管理问题。

"关于这个问题，你觉得自己应该怎么去做？"她问下属。

对方不知如何回应："啊……我不知道。一般这些事都是你来作决定的。"

"你觉得自己掌握着这个问题的所有情况吗？"

"我认为是的。"

"那午餐时间后回来跟我讲讲你自己觉得我们应该怎么处理这个事吧。如果你需要别的什么资料和提示，那晚点再来找我谈。"

带着些惊讶的表情，下属走了出去。

执行问题：分工不明确

作为一个逐渐发展壮大中的企业领导人，你是否有这样的经历——每天都好像是上紧了发条的陀螺，从开会、交际应酬到计划、协调、控制、指挥部下工作，恨不得一天有48个小时可以利用。尽管如此，你还觉得不够，总有很多不能让人放心的事，于是在凌晨和深夜，你常被急促的电话吵醒，要立即奔赴现场做救火队员。

你认为这样才能展现自己独特的领导才华，创造非凡的经营成果，赢得更多追随者，那么王石、刘永行、亨利·保罗森、松下幸之助却都认为你错了。

他们深深懂得，一个真正能够获得持续发展的组织，必须依靠群体的力量，而非单靠某个人的强势。

他们发现，领导应当学会适当地弱化自己，培养起一批值得信赖的高级管理者，进行有效授权，尽量做到"弱治"，才能使整个团队充满活力，使组织获得持续发展的动力。

对策：学会高明的"弱治"。

要素一：适当"隐形"

有这样一个形象的比喻："企业处在幼稚的起步期时，公司呈现出三角形的状态，总经理充当将军角色，发号施令、呼风唤雨，强有力地推动企业朝前发展；当公司趋向成熟，组织就应该变为一个同心圆形体，总经理隐含在这个圆中，成为'主心骨'，精神上的核心和灵魂，他弱化和隐藏了自己，换得组织的强大。"

王石和他领导的万科就是这样的典型。这位以征服名山大川为人生最大乐趣的企业家，他常被人称作"不务正业"，他自己却这样解释登山运动和企业管理的关系："万科董事长能出国、进山，一次就是三十天、四十天，除了运动本身，还给了外界一个非常重要的信号，就是万科的休假制度已经规范化，这个企业的管理已经走上了正轨。"

要素二：学会"偷懒"

正如隐藏自己是为了凸显别人一样，自己懒，是为了让他人勤，因为管理本身就是指导他人做事的学问。

高明的领导弱化自己的目的,在于有效影响他人,自觉、努力地去做好本来就该做好,甚至可能做不好的事情,充分激发他们的责任心和工作潜力。在这个过程中表现出强烈的工作责任心和工作能力突出的员工,就可以重点培养,并委以重任。

公司越发展,业务越复杂,领导越是要弱化自己,越是要重视自己在整体组织运行中的支持作用,而不是替代作用。

"企业做大了,必须转变凡事亲力亲为的观念。要让职业经理人来做,强调分工合作。我原来一人管十几个企业,整天忙得不得了。后来自己明白了,是权力太集中,所以痛下决心,大胆放权。"希望集团的刘永行在接受记者时曾说过这样一段话,"放权之后,我现在每天有七八个小时的时间在学习。因为对中国企业家而言,企业变得越来越没有国别,全球化竞争的背景下,不学习,是马上就会被淘汰的!"

要素三:做最重要的事

美国高盛公司总裁亨利·保罗森曾指出:"在中国做的每一个项目都要投入两倍或三倍于美国的精力。"究其原因,是因为中国企业受到了"木桶效应"的困扰,最短的一条木板决定了木桶的容量。放到管理中也是同样,最弱的一项职能成为制约企业发展的主要障碍。

因此,学会分清问题主次,把精力放在重要的地方、弱点的地方,才能提高工作效率和工作质量。有些重要的问题如:正确战略的制定和实施;关键员工的培养和重用;组织运行的高效,以及企业文化的培育等方面,都属于主要问题。作为企业的领军人,一定要在这些方面表现出领袖人物独具的强势,才能引导企业走向良性发展的轨道。

4.主动发掘人才,别等着派发人手

办公室士气日渐高涨,她仍然尽可能多地聆听大家的意见,并不断主动地寻找机会为自己的员工服务。她更多地是从事自己的管理工作而不是解决小事,这样她就拥有了更多的时间去考虑公司和团队的发展前景,并不断发掘人才。

这天,她约一名朋友一起吃晚饭。朋友也是一名中层管理者。约好中午12点见的,可是朋友迟到了一会儿。

"对不起,我来晚了!"朋友匆匆赶来,解释说:"我刚才面试完一个应试者,今天是我第四次也是最后一次和他面谈了,是时候确定是否雇佣他了。"

这些话让她难以置信:"你和一个应试者进行四次面谈?"

"是的,这有什么奇怪的吗?"

"我以前面试一个人都只花30分钟啊。"

朋友严肃地说:"团队中招收一名表现糟糕的成员会影响到其他人。团队成员大多数情况下不会直接将这个问题提出来,不过他们的工作和表现的的确确会受到干扰,他们的士气也很容易变得低落。"

"我已经切身感受到这个问题了。"她有同感地说。

朋友点点头:"作为管理者,如果我们不承认自己所做的选人决策是错误的,对当前状况进行调整,那我们就会失信于下属;作为一名领导,承认错误和实施必需的纠正措施不是那么容易。所以,最优秀的管理者在提拔他人时一般都会相当认真和严格,这也是为什么我会与一名应试者进行四次面试的原因。"

和朋友吃完饭后,她开始尝试用不同的眼光来看待这个世界。星期二要跟一名求职者进行面试的她,要求人力资源部门安排与对方进行两次90分钟的会面——不同于以往只有30分钟的时间。根据杰夫先生的教导,她为应试者准备了一份自己的说明资料。她清楚一些求职者不一定会给她完整的个人资料说明,而自己却应该在这方面诚恳主动一些。

第一次面试的最后,她告诉对方:"非常感谢你!如果你对这份工作仍然有兴趣,我希望你还能来与我再次面谈一回,这对我们俩来说都是一个比较重要的决策,因此,我希望下次你能反过来向我发问,任何你想知道的内容都可以提出来。同时,我为你准备了一份我的个人简历,如果需要你可以拿一份回去,当然这不是你必须要做的,但我必须真诚地对待你们——想

加入我们公司的人。这个团队将来一定会做出一番成就,也许你就是其中一名能够帮助我们实现这个目标的人。"

应试者很惊奇地回答:"到现在为止从来没有见过一位老板会给我一份他的个人简历作参考,您的坦率让我很感动。"静下来想了想之后她接着说,"下次我会拿那份资料,并且会准备好一些我想知道的问题向你了解。无论如何,我完全相信我们以后的合作会很愉快。"

TIPS:微软公司优秀员工的"十大标准"

1.对自己所在公司或部门的产品具有最起码的好奇心是极为重要的一点。你必须亲自使用该产品。对于身处计算机行业的人来说,这一点怎么强调都不为过。当然,这一点同样适用于其他知识密集型领域,因为在这些领域内技术与应用发展更新极快,对技术的掌握很难做到一劳永逸。如果你对这些产品没什么兴趣,你将很快落伍,并被淘汰出局。

2.在与客户交谈如何使用产品时,他需要以极大的兴趣和传道士般的热情和执著打动客户,了解他们欣赏什么,不喜欢什么。同时他必须清醒地知道本公司的产品有哪些不足,或哪里可以改进。

3.了解了客户的需求后,必须乐于思考如何让产品更贴近并帮助客户。

4.作为一个独立的员工,他必须与公司制定的长期计划保持步调一致。员工需要关注其终身的努力方向,以及如何提高自身及同事的能力。

5.在对于周遭事物具有高度洞察力的同时,必须掌握某种专业知识和技能。特别是一些大公司,他们要求员工迅速掌握专业技术。没有人能保证他目前拥有的技能仍适用于将来的工作,所以,好学精神是非常关键的。

6.非常灵活地利用那些有利于发展的机会。在微软,我们通过一系列方法为每一个人提供许多不同的工作机会。任何热衷参与微软管理的员工,都将被鼓励在不同客户服务部门工作。

7.一个好的员工会尽量去了解公司业务运作的经济原理,为什么公司的业务会这样运作？公司的业务模式是什么？如何才能盈利？员工必须了解导致本行业中企业盈利或亏损的原因，才能对自己所从事的工作价值有更深入的理解。

8.关注竞争对手的动态。微软非常欣赏那些随时注意整个市场动态的员工，他们会分析我们的竞争对手的可借鉴之处，并注意总结，避免重复竞争对手的错误。

9.好的员工善于动脑子。他分析问题，但并不局限于分析。他们知道如何寻找潜在的平衡点，如何寻找最佳的行动时机。思考还要与实践相结合。好的员工会合理、高效地利用时间，并会为其他部门清楚地提出建议。

10.不要忽略了一些必须具备的美德，如诚实、有道德和刻苦，这些都是很重要的，在此无需赘言。

执行力的提升——营造积极互动的氛围

执行力，不意味着职务地位，也不是少数人具有的特权专利，而是一种积极互动的目的明确的动力。中层要提升自己的执行能力，需要一步一个脚印地走过一段挑战的旅程。具体的步骤有以下几点：

1.掌握自我领导的艺术

自我领导包括一系列为提供个人目标和自我奖励而设计的涉及行为和认识两大方面的战略内容。注重行为的战略内容包括：自我建立目标、自我监督、自我奖励及积极的自我批评，有了这些，自己还需加以实践或练习。注重认识的战略内容包括通过各种具个人激励特色的方法去履行职责的自我工作设计方案。完成一件事，方法有多种，其中有些方法需要个人的自觉性，因此也更有效。这些方法适应每一个具有个性的人，并能使这些人变

得比他人更好。其他有关认识的战略内容包括：树立个人的信心与责任心，树立个人的形象，经常进行"自我交谈"。

员工会看着那些身居要职的领导人员的一举一动。所以，领导者重要的是通过实际行动向员工表明其所作所为是符合他们愿望的。在处理事务的过程中，最重要的是当事人的信誉与积极性。那些被大家认为信誉良好、待人真诚、业务能力强，而且能够通过行动公开、明确表达工作热情、富有革新精神及具自我领导能力的领导者，往往拥有与其品质相同的员工。毕竟，百说不如一干。那些能够制定有效的自律战略计划、能够在本职工作中体现自己的志趣与特长而且养成积极思考习惯的自我导向和自我激励的领导者，也应该能够成为其员工学习的光辉榜样。

2.取得成效的关键是做对事

将事做好是不够的。取得成效的关键是做对事。中层执行的目的，是帮助员工制定他们自己的目标，以使他们获取更大的业绩，进而完成团队的目标，要善于提拔那些努力使自己的目标令他人满意的目标导向型员工。这些目标既包括立竿见影的短期目标，也包括相当长期的工作与职业目标。一般地说，自定的目标对那些在完成任务之余还想挑战自己的人来说将产生更大的帮助作用。

3.协调众多独立的创造性力量

作为中层，你要帮助组织协调众多独立的创造性力量，其中有些协调是通过团队的努力得以完成的。你要鼓励员工在完成任务和充分促进个人成长、发展的过程中一起工作，相互帮助；鼓励员工不把自己看作是个体，而看作是整个组织的基本组成元素。通过鼓舞、奖励及引导等方法，你可以帮助许多成长中的员工找到力量的源泉，并成为相互鼓励与相互鞭策的对象。

4.打破三种障碍

自我

自我这一障碍使我们相信我们完全了解自己,它使我们不愿或懒得向别人学习,甚至不愿或懒得从自己的错误中吸取教训。自我是我们性格的一部分,它使我们动辄责备他人,而不去检查自己在解决具体问题的过程中究竟做了什么工作。它让我们以缺乏某种能力为借口而原谅自己,而这种宽容自己的态度会降低我们对学习,以及对改变自己生活和周围环境质量的信心,并使我们由此而养成遇事推卸责任的不良习性。具有积极影响力的领导者懂得如何管束自我,并懂得如何去追求自己的目标而不为狭隘的自我所支配。这些领导者对如何管理他人的自我也有一定的心得。

恐惧

恐惧是一种胆怯、麻木的心态。它迫使我们谨小慎微,畏缩不前,只等别人付之行动。恐惧使得我们无力行动,任凭一生的时光如水流逝。由于胆小怕事,我们缩手缩脚,不敢实施自己的宿愿,只能做些不值得我们去做的琐事。真正的领导者也会有"害怕"之感,但他们敢于实现自己的抱负;他们常常将害怕当作一种使自己保持谦虚和不放纵自己的原动力。对这些领导者而言,"害怕"是一种积极有效的因素,而不是一种消极束缚的因素。

焦躁

焦躁意味着我们不愿意致力于各种事项的进展过程,不愿意为推进这些事项的发展而创造各种条件,而只想急于求成。但要想取得成果你就必须付出时间和努力。急于求成只能毁掉或损害我们想要获取的成果。由于各种成果并非一蹴而就,所以焦躁往往会使各种正在实施的项目中途夭折。

TIPS:管理者十训

专业十训

成为管理者后,必须有强烈的专业意识。一个名副其实的管理者,应该谨记下列的"专业十训"。经常浏览并暗诵"专业十训",你的行动才会具有专家的风范。

(1)所谓的专业是指把生命赌注于工作的人。

(2)所谓的专业是指对自己的工作觉得自豪的人。

(3)所谓的专业是指工作时能掌握先机的人。

(4)所谓的专业是指工作稳重的人。

(5)所谓的专业是指工作时以目标为中心,而不是以时间为中心的人。

(6)所谓的专业是指朝高目标迈进的人。

(7)所谓的专业是指对结果负责任的人。

(8)所谓的专业是指所得的报酬依成果而定的人。

(9)所谓的专业是指认真工作的人。

(10)所谓的专业是指经常提高自我能力的人。

自我勉励十训

当我们遇到挫折或气馁时,如果有金玉良言在旁鼓励,一定能挺直腰杆,重新出发。一句话可以振奋人心,也可以使干劲消失,它的威力比麻药还要可怕。希望各位认真地去体会下列的训言,并亲身实践。

(1)工作要自己去开创,不应等别人来指示。

(2)工作要主动去推动,不应等上司来催促。

(3)规模小的工作只会使自己退步,要积极从事规模大的工作。

(4)要勇于面对棘手的工作并设法克服,如此才能得到进步。

(5)要不达目的绝不罢休,即使困难重重也不轻言放弃。

(6)引导周围的人及被周围的人诱导,是事物的均衡之理。

(7)面对长期计划,唯有付出忍耐、智慧及努力,才能获得成功。

(8)对工作没信心,则成绩必定不可观。

(9)脑筋要转得快,处理任何事情应小心谨慎,不可有任何的疏忽。

(10)摩擦是进步之母,积极处事之原动力,千万别逃避它。

敬业精神十训

这是一个愈来愈重视服务的时代。所谓的"服务"是指"付出特别的努力,以提高工作本身的价值"。下列的服务十训便是以此为前提拟定出来的,希望各位好好地加强自己的工作,以便争取更大的价值。

(1)所谓的服务是指,查知对方真正的需求,并提供给对方。

(2)服务的基本条件是,无微不至的关心与照顾。

(3)要以真诚的行动来表示并确实地实践。

(4)要贡献比工资高上好几倍的力量来回报公司。

(5)以"迅速、正确、节约、方便"为理念,来提高工作的质量。

(6)工作时不但要确实、谨慎,同时也应付出100%的努力。

(7)平时努力收集信息,以便在必要时能提供必要的信息。

(8)提高本身的技能及技术,工作成果才能有所提高。

(9)努力进修,使自己成为值得托负重任的人。

(10)只要自己存在,就能带给周围的人喜悦的心情。

品质管理十训

有些公司采取质量管理制度后,因成果不佳而中止这项行动。下表是质量管理活动十训,各位不防参考一下:

(1)这个工作的目的是什么?有没有更好的办法?

(2)工作进度快不快?有没有更快速的方法?

(3)有没有失误?是否有更正确的方法?

(4)实现目的的手段是否适当?有没有更经济的方法?

(5)会不会发生浪费的现象?是否有更具效率的方法?

(6)作业会不会复杂?是否有更简单的方法?

(7)有没有人为的疏忽?是否有更标准化的方法?

(8)生产量如何?能不能发挥更大的成果?

(9)公司内的气氛如何?能不能营造更和谐的气氛?

(10)是否轻易妥协?有没有更具创意的构思?

第三章
"超级领导力"面面观

你有统御力吗?

你跋扈吗?

你会像一只狮子般咆哮,或像一只老鼠般吱吱叫,或制造任何不适宜的声音吗?

让我们先来做一个关于领导能力的测试。

(1)你大声说话吗?

经常□

有时□

从不□

(2)当会议主席征求意见或评论时,你第一个发言吗?

总是□

偶尔□

从不□

(3)当发现愚蠢的错误时,你会大发脾气吗?

经常□

有时□

从不□

(4)关于你的同事或下属能否胜任的问题,你会表达强烈的意见吗?

经常□

偶尔□

从不□

(5)你曾经用讥讽的话去批评别人吗?

经常□

偶尔□

从不□

(6)在平时的谈话中,你会使用极不恭敬的语言吗?

经常□

偶尔□

从不□

(7)当你的下属企图向你解释某个事情时,你会打断他吗?

经常□

有时□

从不□

(8)你曾经利用职位或身份上的优势去压迫职位比你低的人吗?

经常□

偶尔□

从不□

(9)当某一同事做了一件困扰你的事,你曾经冲到他的办公室将对他的看法告诉他吗?

经常□

偶然□

从不□

(10)代表身份地位的宽大办公室、高级轿车等对你的重要性如何?

很重要□

重要□

不重要□

(11)你是否相信"攻击是最好的防御",特别是在受到责难时?

是的□

偶尔——但我宁可倾听与保持沉默□

从不——那不是我的风格□

(12)你喜欢对下属展示你的权威?例如发号施令、惩戒、考核绩效、决定加薪

是的——那是工作满足的重要因素□

也不尽然——我可以从良好的工作团队中获得更多的满足□

不——我觉得这种事令人讨厌□

(13)当你有困难待解决时,你曾听取有经验的同事或干部的忠告吗?

很少——那是弱者的表现□

经常——他们常有不错的策略□

总是如此——他们的构想常比我的好□

(14)当你在会议中或与人晤谈时觉得乏味,你会明显地表达出来吗?例如不时打哈欠、胡写乱画,或者敲击桌子?

经常——我不高兴时间被浪费掉□

很少□

未曾——我会做白日梦□

(15)你会对人失去耐心吗?

经常□

偶尔□

从不□

(16)你曾经在与同事争论后走出房间砰然关门吗?

经常□

很少□

从不□

(17)你曾经愤然挂电话以终止争论吗?

经常□

很少□

从不□

(18)你认为一个表现极差的演说者应该公开受辱吗？

是的——这样下次他才会更加注意□

只有在他故意误导听众时才如此□

不□

(19)你曾因下属穿了一件你认为不适合的衣服,或者顶着你不能接受的发型而惩戒他吗？

经常□

很少□

从不□

回答"是的"、"总是"、"经常"等答案给3分,而回答"偶尔"、"有时"的给2分。

分数51~55分

你极具侵略性而且准备踩别人的肩膀出头,这样的无情只会妨碍你的前途——现今的人希望有一个能够受人信任与尊重的人来领导他们,而不是一个圆滑的老油条。

分数36~50分

有时在严重的压力下,你能够"超越巅峰",或者表现出马上会后悔的样子。总体而言,你被认为是一个"坚毅的人"。

分数15~35分

你有点散漫,常常无法在必要时表现出自己的权威与自信。你可以接受一些领导技巧训练,这说不定能解决对你现在一直逃避的那些状况。

分数15分以下者

你就像是门前的"擦鞋垫",愿意让人们踏着你而过。除非你把自己整合起来,做出领导者的样子,否则你的生存希望也是很渺茫。

中层不仅仅是管理者、执行者,更是领导者。而要成为优秀的领导者,你需要培养自己的领导力,包括引导、授权、关系管理、战略制定,和执行管理、领导创新和组织变革的能力……领导力,可以被形容为一系列行为的组合,而这些行为将会激励人们跟随领导去要去的地方,而不是简单的服从。

根据领导力的定义,我们会看到它存在于我们周围,在管理层,在课堂,在球场,在政府,在军队,在上市跨国公司,在小公司直到一个小家庭,我们可以在各个层次,各个领域看到领导力,它是我们做好每一件事的核心。

领导力解析——成为领导他人的人

某董事长正坐在他那张硕大的办公椅上,不停地变换坐姿,显得非常局促不安,他那足以掩饰实际已逾半百岁数的脸庞上,布满了焦虑。他的公司是各家商情杂志经常争相报道,并大加赞美的对象;公司的股票价格收益比率呈稳定上升,而他本身又出身于常春藤名校,在美国企业界中更算是一言九鼎的人物。

但此刻,他的信心却已消逝远去。

他起身缓缓走到窗口,凝望着窗外恬静的田园景色说:"这不是我所预测的情况。"他对着外头的一株橡树喃喃自语:"这不可能发生在我身上啊!"在永无止境的死寂中,他来回踱步,两手不断放松紧握,最后他转过身来,"我距离退休还有五年之久,要怎样做才能使这五年过得有意义?"

这样的挑战令人胆颤心惊。对这家企业而言,虽然他风评极佳,但却每况愈下。不论哪一种交易,他们都已失去市场占有率,而新产品的推出行动也遥遥落后于竞争对手。他们原有的财源早已被其他商人攻城掠地。虽然该公司资本雄厚,在市场中拥有主导地位,但却正处于风雨飘摇之中。

董事长已经洞悉,如果再不彻底求变求新,潜在危险可能随时而至。在他的观察之中,许多不可预期的事情都会陆续发生,而他却束手无策——

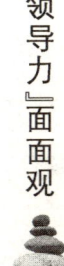

过去的经验或训练没有一项能使他足以应对如此困境。

董事长的难题说来司空见惯,他虽然高居宝座,看清了要做出哪些改变,但却无法致力完成。管理魔咒我们都耳熟能详:团队合作、追求品质、改善服务、迅速进入市场。这些理论身为董事长的他都懂,并广为告诫任何愿意聆听的人,但是上述的老生常谈,他在企业之中一样也做不到。

其实他已经勇敢尝试进行有效的变革。过去几年中,他针对提高质量、顾客服务与团队合作,已设计出好几个计划。不但调整整个组织,也重组功能性团队,使其成为针对产品及消费者运作的单位,他还进行管理阶层的精简化。但是到目前为止,他继续失去市场上的占有率,而竞争对手仍然在市场上先发制人,自己产品的市场价格已降至原有的一半——但是他却还是不能让他的人马动起来,去执行那些他认为非做不可的事。

董事长觉得勇气一点一滴的消失,他真想拿起一把椅子把窗子砸破。要说出如何变革的方法很简单,但难就难在怎样才能付诸实行。其他许多董事长也可同样对此感到无可奈何,受挫无助。

所有的领导者都面临着领导能力的挑战,所有古老的方法与典范早已失效,领导者如何去发展甚至实践一种崭新的领导模式——不管在现在或是将来——在每个企业中都会是成功的决定性因素。

1.野牛群中的领导者

1954年,管理学之父彼得·杜拉克(Peter Drucker)是这样描述经理人的基本任务的:

决定目标,分配工作——经理人需要决定目标应该是什么,分析达成目标所需的活动、决策和关系,将工作分门别类,并分割为可以管理的职务,然后将这些单位和职务组织成适当的结构,选择合适的人来管理这些单位以及需要完成的工作。

分层管理,制定衡量标准——经理人必须保证组织中每个人都有适用的衡量标准、衡量标准既把重心放在整个组织的绩效,也关注个人的工作绩效,并协助个人达到绩效目标。同时,经理人需要与部属和上司沟通这些衡量标准的意义和结果。

评估员工,奖罚分明——经理人透过管理,透过与部属的关系,透过奖惩措施和升迁政策,激励员工努力工作。同时,经理人透过管理方式,激发他们的潜能,强化他们的操守,训练部属以正直负责的精神完成任务。

应当说,彼得·杜拉克的观点是我们在上世纪的管理工作中非常熟悉的。这种普遍的,在今天仍有广泛影响的观点将领导力视作某种方法或技能,将领导者与被领导者的关系视作井然有序的层级关系,将经理人对员工的领导等同于一台工业机器的设计者对于每一个齿轮和螺丝钉的安排……

我们不能说彼得·杜拉克的观点是错误的,但是,如果我们一成不变地、简单而僵硬地使用这个理论,那么我们就无法也不可能适应今天这个多变的、平坦的、信息化的世纪。举例说来,如果每一家企业的每一个新产品研发的决定都来自少数的管理者,那么,在用户需求越来越多样化,需求变更也越来越快的今天,恐怕很少有企业能长期得到用户的青睐;如果每一位员工都在严密的组织结构和严格的考评制度中按部就班地完成分配给自己的工作,那这个世界上就不会出现像iPod,GMail,Wii这些充满创意的产品。

新的世纪需要新的领导力,新的世纪需要我们使用一种更加平等、均衡,更加富有创造力的心态来认识、理解和实践领导力。

长久以来,人们总是相信那些古老的领导典范,它让你知道工作需要计划、组织、指挥、协调以及控制,使你把组织运作得像一群野牛。野牛这种动物,对他们的惟一首领绝对忠诚,不论那头位居领导地位的野牛,要其他同伴做什么或去哪里,他们都会亦步亦趋。

在许多公司中,领导的角色就像是那头位居领导地位的野牛首领。谁都喜欢在组织中运筹帷幄、决胜千里,毕竟应用后才能建构这个组织。多数领导者希望人们完全都照着他告诉给下属的方式去执行,并且忠心耿耿、全心奉献。

但是企业并非如你所期望的那般运作,因为野牛群只会效忠于一个首

领,它们会围在首领四周,等候他表现出该行之事。一旦首领不在,其他牛群就会等到他出现为止。这就是为什么早期的移民能轻而易举的大量猎杀野牛群。只要先杀死那头野牛首领,而其他站在原地等着首领指示的野牛们,也难逃被屠杀的命运。

在许多类似野牛群的组织中,有许多只会静待其变的员工。最糟的是人们只会去做首领所交代的事情,其他一概不动,继续等着下一步的指示。

的确,身为领导是件棘手的工作。他必须做出所有的命令,一天花上十二至十四小时负责最重要的工作。在这期间,如果领导者对各种变局无法迅速应变,会使得公司在市场竞争中被对手杀得片甲不留。所有领导者对于这些责任需要一肩担负,他们在令人深感沮丧的工作中渐渐落伍,甚至陷于其中未老先衰。

2.学雁群飞翔

作为一名管理者,李开复曾先后在苹果、SGI、微软和Google等四家富有激情和创造力的IT企业任职。在他从事领导工作的时候,他很少会按照彼得·杜拉克1954年的思路,用一种自上而下的方式为其所领导的每一名员工安排工作。反之,他更习惯于将自己与员工放在一个平等的位置上,把自己视作激励者、协调人或沟通桥梁,而非传统意义上的领导者、督促者或命令中心。

李开复认为:"今天的经理人仍然需要具备彼得·杜拉克所说的那些有关决策、组织、评价、奖罚等任务的基本技能,但21世纪为经理人提出了更高、更全面的要求。"

为了从一个传统的"管理者"转变为一名成功的"领导",我们最需要做的不是完成既定的任务,不是设计好团队的组织结构,也不是熟练地发号施令,而是为所有员工营造一种充满激情和创新的环境——其实我们真正希望在组织中看到的,是一群既负责任又能相互依赖的员工。

正如同雁群一般,在以V字形编队飞行时,它们的领导权时有更替,不同的雁轮流掌握领航权。每只雁不论同伴们飞往何处,都能负责行动中的某一部分,依情势所需而变换的角色:可能是带头者、跟随者。当任务转换时,雁群们即调整整个任务结构以适应新情况,就像是他们以V字型飞行,但是以波浪型方式着陆。每只雁都会担任领袖之职。

在此之后我们应清楚地看出,想成功的最大阻碍,就是那如同野牛群领袖般的化身。我们必须改变形象,做一个全然不同的领导者,如此每个人才都能够胜任领袖的角色。

3.推陈出新,胜负立现

领导者必须放弃古老的"野牛领导"典范,而发展出一种新的"雁群领导"典范。以十分严格的同步领导经验所制定的新典范,建构于下列的领导原则之中:

(1)领导者应把工作责任归属权,转移给那些实际执行者。
(2)领导者应创造出一个每个人都能各尽其职的环境,共享责任归属权。
(3)领导者应指导员工开发个人能力。
(4)领导者应自我鞭策加紧学习,并且鼓励他人一起求得进步。

领导力圣经——打破平衡,不同凡响

史蒂芬·柯维是美国当代较有影响力的领导行为科学专家,由他提出的领导准则已产生了广泛的社会影响,下面是被誉为"领导圣则"的柯维理论:

1.即知即行,要有战略家的风采

形成一项决议,或接受一个正确的意见,这很容易。困难点在于,把这些

建议变成实践,这就需要足够的勇气。

M公司的业务逐渐扩大,市场却无法容纳。如不开发出新的领域,一年内公司产品将要积压三成。这对公司构成了极大的威胁。某分公司的经理决意同三家电子公司联手,开发一项高新电子项目,但进行这项开发,需要极为昂贵的科研费用,风险极大,如若失利,M公司将陷于毁灭境地。由于对这个计划缺乏足够的信心,经理也不敢独立坚持,最终决定放弃。这显然是公司的损失,因为另一家分公司的经理迅速取代M公司,与那三家公司签订了开发合同。

从公司由于勇气的缺乏而造成迟疑不决,最终导致失去了极好的机遇。身为领导者,要有战略家的风采:能预知事物的发展前景,能控制其发展过程,并及时地将计划付于实施。

2.知己知彼,方能百战不殆

你必须十分熟知自己的实力,并最大程度地获知准确的信息加以科学的分析,从而形成正确的判断,这是决策者所必须经历的过程。有自知之明,更要有知人之明。你需要建立庞大的信息网络,收集来自各个方面的信息。

美国一家公司曾开发了一个小产品,准备在西雅图市场销售。这时,公司信息网传来当地的一家公司开发了同类型的商品并定于当月28日举行一个商品展览会的消息。

公司老板道尔立即收集这家公司的大量材料加以研究。他对比两种产品在性能、质量、预定价格等方面的差异,做出了26日在西雅图提前上市的决定,并且加大宣传力度,下调价格,完善售后服务。

这些措施取得显著成效。道尔公司的产品快速占领了市场。那家公司不得不取消展览会,不在西雅图市与道尔展开竞争。而其他一些城市,情况照样如此。

所以说,领导者只有在熟知自己实力的基础上,最大限度地获知对方的信息才能达到事半功倍的效果。

3.妥善准备,拥有明天

世界上不乏雄心勃勃的人,但成就一番大业的人,只是少数。有雄心是好事,但若无周密的准备,切实的行动,终会落个一场空。

人们常说要开家私人企业,或做个成功的企业策划人,或表现更好而升迁。但他们缺少条件:开办企业缺乏足够的资金,当企划人缺少聪明灵活的头脑,想工作出色却不去学习技术,无法受到加薪或提升。

提出一个目标很容易,但实现它必须有足够的准备。行动是最有力的声明。当然,假若你不是想要成就大业的人,有一些愿望,想想也是好的。

在你行动之前,你必须解决的问题是:我为何而做?我的想法是正确的吗?名不正则言不顺,动机错误,肯定不能引导正确的行动。你可以找到足够理由为自己的行动做解释,但真正站住脚的理由只有一个:这种行动是正确的,我必须如此。

正确的行动理由可去除你行事过程的担忧。史蒂芬·柯维说:"每当我有所行动时,我总是让所有的职员都明白,我为何要这么做。而通常,我总是获得他们的理解和支持。"

让职员随着你确定的方向前进,而且心甘情愿,坚定不移,最可行的不是靠你的权力、你的命令,而是让职员明白,他们是为了正确的理由而行动。这将使他们获取战胜困难,不断前进的力量之源。

4.自信,是向未来进军的资本

某大型超级市场的主管接到任务,第二年的销售额要增长40%,在年初的计划会上,他对员工说:"去年我们的销售额增长了50%,这有赖于大家的共同努力,今年我们的目标是,在去年的基础上,实现销售额翻一番。"

员工们听完之后,个个目瞪口呆,在他们的预测中,今年的目标应是增

长20~30%,这会是非常不错的成就。许多超级市场的营业额甚至在出现负增长,在这种状况下,提出这么高的目标,无非是天方夜谭。

看了职员们的反应,主管的信心也有些动摇。但他仍以充满自信、坚定的口吻说:"没错,照我说的去做,我们肯定会取得成功。"

职员们以为他有致胜秘方,也都开始自信地工作,他们朝着翻一番的方向努力。

而令全体上下惊喜的是,头五个月,他们已完成了相当于去年全年的营业额。这鼓舞了他们,年终评审会上,他们实现了翻一番还超出甚多销售额。

在庆祝筵席上,主管向员工们敬酒,笑着说:"我说的没错吧?"

的确,很多部门所取得的成绩同他所拥有的实力不相符合。甚至,这种背离仍在扩大。但重要的是,他们积聚了更大的潜力。这使他们可以把希望寄托于将来。无论怎么说,这种潜力领导着团体在走上坡路,而且,仍然有维持继续前进的动力。

领导力的造就——一种优雅而精妙的艺术

在21世纪,当社会变革、国际交流、信息技术、个性发展等诸多挑战与机遇降临到社会分工的每一位参与者面前时,无论我们是否身处领导者的职位,都应该或多或少地具备某些领导力。

这是因为,领导力意味着我们总能从宏观和大局出发分析问题,在从事具体工作时保持自己的既定目标和使命不变;领导力也意味着我们可以容易地跳出一人、一事的层面,用一种整体化的、均衡的思路应对更加复杂、多变的世界;领导力还意味着我们可以在关心自我需求的同时,对自己与他人的关系给予更多的重视,并试图在不断的沟通中寻求一种更加平等、更加坦诚也更加有效率的解决方案……

领导力不是天生的,而是后天造就的。领导不是神秘之物,而是科学与艺术的结晶。

李开复曾经提到:"如果非要给领导力下一个定义的话,我更愿意用比较简明的语句把领导力描述成一种有关前瞻与规划、沟通与协调、真诚与均衡的艺术。"

没错,21世纪的领导力不仅仅是领导的方法和技能,也不仅仅适用于领导者,它是我们每个人都应该具备或实践的一种优雅而精妙的艺术。就让我们结合李开复的经验,跟着他来读一读有关领导艺术的最新诠释。

1.愿景比管控更重要,信念比指标更重要

吉姆·柯林斯著名的《基业长青》一书中指出,那些真正能够留名千古的宏伟基业都有一个共同点:有令人振奋、并可以帮助员工作重要决定的"愿景"。

愿景就是公司对自身长远发展和终极目标的规划和描述。缺乏理想与愿景指引的企业或团队会在风险和挑战面前畏缩不前,它们不可能对自己所从事的事业拥有坚定的、持久的信心,也不可能在复杂的情况下,从大局、从长远出发,果断决策,从容应对。

一些人错误地认为,企业管理者的工作就是将100%的精力放在对企业组织结构、运营和人员的管理和控制上。这种依赖于自上而下的指挥、组织和监管的模式虽然可以在某些时候起到一定效果,但它会极大地限制员工和企业的创造力,并容易使企业丧失前进的目标,使员工对企业未来的认同感大大降低。相比之下,制定一个明确的、振奋人心的、可实现的愿景,对于一家企业的长远发展来说,其重要性更为显著。处于成长和发展阶段的小企业可能会将更多精力放在求生存、抓运营等方面,但即便如此,管理者也不能轻视愿景对于凝聚人心和指引方向的重要性;对于已经发展、壮大的成功企业而言,是否拥有一个美好的愿景,成为了该企业能否从优秀迈向卓越的重中之重。

优秀的领导者会与员工分享企业的愿景,如果可能,他还会让员工参与愿景的规划。如果能让员工充分理解管理者对企业长期发展方向的思路,让与自己一同工作的所有人拥有相同的努力目标,那么,一家企业就会拥有无穷的源动力。

李开复自述:"以前我在苹果公司工作的时候,曾向公司领导建议,从不同部门调集多媒体及相关技术的精英,组成一个新的团队,研发一系列极有潜力的多媒体产品。当时,公司的资深副总裁批准了我的请求,并要求我的主管副总裁帮助我抽调人员,组建这个团队。但主管副总裁担心新产品的风险较大,他一方面要求相关人员必须亲自表达意愿才可以加入我的新团队,另一方面又告诫大家我要研发的新产品有不小的风险,希望大家慎重选择。照他的意思,我们只要做一个问卷调查,看看60多位技术人员中有多少甘冒风险的就可以了。而当时在公司年年裁员的压力下,如果采用他的方法,这个新团队的计划就可能无法实现了。

"在这样的情形下,我决定利用愿景来激励这些工程师与科学家。我找来这60多位技术人员开会。在会上,我描述了未来互联网与多媒体相结合后,相关新技术和新应用的巨大发展空间,与他们分享了我关于新产品的规划和设计,以及我为新的产品部门制定的愿景。然后,我鼓励他们分成小组,讨论这个愿景的可行性,以及自己的潜力将会如何因这样的愿景而得到更充分的发挥。最后,我给所有人念了美国诗人罗伯特·弗罗斯特的一首诗《未选择的路》(Robert Frost,The Road Not Taken)。全诗的最后几句深深打动了大家(这里使用的是顾子欣的译文):

一片树林里分出两条路,

而我选了人迹更少的一条,

从此决定了我一生的道路。

"我对他们说:'这条路没有人走过,但是我们恰恰应该为了这个理由踏上这条路,创立一个网络多媒体的美好未来。'会后,90%的人都决定冒这个风险,离开相对稳定的研究部门,随我加入全新的互动多媒体部门,而这个部门也正是苹果公司后来的许多著名网络多媒体产品(Quick Time,iTunes

等)的诞生地。"

这表明,制定并与员工分享美好的愿景,可以充分激发员工的参与感和积极性,可以让整个团队保持激昂的斗志和坚定的方向,是领导艺术的重要组成部分。

就像每个人都离不开正确的价值观指引一样,每个企业也需要拥有正确的、符合公司的价值观。在这里,价值观其实就是企业长期坚守的,影响企业行为,判断是非对错的根本信念。拥有正确的价值观是成功企业能够保持基业长青的秘诀。

每一个企业的领导者都应当把坚持正确的信念,恪守以诚信为本的价值观放在所有工作的第一位,不能只片面地追求某些数字上的指标或成绩,或一切决策都从短期利益出发,放弃了最基本的企业行为准则。相比之下,正确的信念可以带给企业可持续发展的机会;反之,如果把全部精力放在追求短期指标上;虽然有机会获得一时的成绩,却可能导致企业发展方向的偏差,使企业很快丧失继续发展的动力。

成功的企业总是能坚持自己的核心价值观。例如,Google公司的核心价值观之一是"永不满足,力求最佳"。Google创始人之一拉里·佩奇指出:"完美的搜索引擎需要做到确解用户之意,切返用户之需"。对于搜索技术,Google通过不断地研究、开发和革新来实现长远的发展,并致力于成为这一技术领域的开拓者。尽管已是全球公认、业界领先的搜索技术公司,Google仍然矢志不移地坚持"永不满足"的信念,不断实现对自己的超越,奉献给用户越来越好的搜索产品。

公司整体的信念或价值观也必须在员工身上体现出来。毕竟,任何一家企业都是由该企业的所有员工组成和推动的。

通用电气公司董事长兼CEO杰克·韦尔奇在论述员工评价标准的时候指出,对员工绩效的考察必须与对其价值观的考察结合起来,并着重看该员工的价值观与公司的价值观(尤其是坚持诚信的信念)是否吻合。这其中一共有四种可能:

绩效达标,价值观与公司吻合——很简单,公司将毫不犹豫地为他提供

奖励和晋升的机会。

绩效没达标，价值观与公司不吻合——也很简单，马上请他走人。

绩效没达标，但与公司的价值观吻合——再给他一个机会，考虑为他重新分配工作。

绩效达标，但价值观与公司不吻合——这是那种足以杀死一家公司的人。现实证明，很多公司就是因为雇用了这些工作能力出色，但品格很差，或个人信念与公司背道而驰的人，才走向崩溃的。

因此，无论是公司还是个人，坚定的信念，正确的价值观在任何时候都是不可或缺的。

2.人才比战略更重要，团队比个人更重要

在21世纪，怎样渲染甚至夸大人才的重要性都不为过。21世纪是人才的世纪，21世纪的主流经济模式是人才密集型和智力密集型的经济。拥有杰出的人才可以改变一种产品、一家企业、一个市场，甚至一个产业的面貌。例如在Google，公司最顶尖的编程高手JeffDean曾发明过一种先进的方法，该方法可以让一个程序员在几分钟内完成以前需要一个团队做几个月的项目。他还发明了一种神奇的计算机语言，让程序员可以同时在上万台机器上用最短的时间完成极为复杂的计算任务。毫无疑问，这样的人才对公司来说是有非常特殊的意义的。

对于21世纪的企业管理者而言，人才甚至比企业战略本身更为重要。因为有了杰出的人才，企业才能在市场上有所作为，管理者才能真正拥有一个管理者应有的价值。没有人才的支持，无论怎样宏伟的蓝图，无论怎样引人注目的企业战略，都无法得以真正实施，无法取得最终的成功。

因此，企业管理者应当把"以人为本"视作自己最重要的使命之一，并不遗余力地发掘、发现人才，将适合企业特点的优秀人才吸引到自己身边。通常，一名经理人如果不能将10%~50%的工作时间投入到招聘人才的工作中，那么，他就无法让自己的团队获得持久的动力，他就不是一名合格的经

理人。当然,这里所说的"招聘"并不仅仅限于直接的面试和聘用行为,它也包括结识更多的业内朋友,建立自己的人际关系网络,以便从中发现更多、更好的人才。

好的管理者重视员工的成长,给予人才最大的发展空间,为人才提供足够的培训和学习机会。

李开复开始创立微软中国研究院和Google中国工程研究院时,雇用的人才中有很大一部分都是刚刚走出校门的毕业生。这些毕业生都非常聪明,拥有很好的发展潜力,都是来自中国各名校的顶尖人才。但是,他们普遍缺乏工作经验。于是,李开复对他们采取的是"指导培养"的原则。每一位新员工加入后都会经历3个月的培训,李开复使用自己亲自为他们设计的课程,一节课一节课地为他们讲解各种相关的知识、经验。而在Google中国工程研究院,培训的时间更长,这包括各种课程、到总部3个月的培训,甚至公司还愿意出学费让员工到斯坦福大学读硕士。

当然,公司安排的培训并不是纯粹的课程学习,它同时也要求员工很快投入到具体的项目工作中。在员工刚加入的初期,优秀的领导者会尽量分配给新员工一些不是特别紧急的项目,并允许他们在项目中犯错误、积累经验。经过这种实践与学习紧密结合的培训,每一位新员工几乎都得到了长足的进步,很快就适应了实际工作的需要。

很不幸,今天有不少企业对人才的思维方式仍然保持在上个世纪的水平,他们认为员工只是企业这台"大机器"中的零件或劳动力,他们不愿意花大力气培训员工,生怕员工接受培训后就"跳槽"、"走人"。这是非常短视的看法,这种不重视员工成长的做法只会让更多的员工选择"跳槽"、"走人"。

只要拥有人才,企业就可以实践任何宏伟的战略。反之,如果没有人才,再壮丽的企划也只能是一纸空文。

人才固然重要,但在任何一家成功的企业中团队利益总要高过个人。企业中的任何一级管理者都应当将全公司的利益放在第一位,部门利益其次,个人利益放在最后。

这样的道理说起来非常明白，但放到实际工作中，就不那么好把握了。例如，许多部门管理者总是习惯性地把自己和自己的团队作为优先考虑的对象，在不知不觉中忽视了公司的整体战略方向和整体利益。这种做法是非常错误的，因为如果公司无法在整体战略方向上取得成功，公司内部的任何一个部门，任何一个团队就无法获得真正的成功，而团队无法成功的话，团队中的任何个人也不可能取得哪怕是一丁点儿的成功。

好的管理者善于根据公司目标的优先级顺序决定自己和自己部门的工作目标以及目标的优先级。例如，出于部门利益的考虑，也许某个产品的研发无法在短期内获得足够的市场收益，部门管理者似乎应该果断放弃对该产品研发的投入，否则，部门在该年度的绩效数据（如果仅以市场收益衡量的话）就有可能不是那么出色。但是，如果从公司整体的角度出发，假设该产品是帮助公司在未来二到三年内赢得潜在市场的关键因素，或者该产品的推广对于提高公司的企业形象有重要的帮助，那么，对于该产品的投入是符合公司整体利益的，部门对于该产品研发目标及其优先级的设定就应该符合公司的整体安排。

团队利益高于个人利益。作为管理者，还应该勇于做出一些有利于公司整体利益的抉择，就算这对自己的部门甚至对自己来说是一种损失。

李开复在苹果公司工作的时候，曾经管理着一个实际效果非常糟糕的项目。该项目的项目经理是他当时老板的朋友，而这个项目也是他的老板最为看好的一个项目。当时，李开复清楚地知道这个项目有多么糟糕，该项目的项目经理也不是一名好经理，但因为他的老板重视该项目，李开复始终没有勇气来处理这个问题。此外，他还担心，如果解散了这个项目团队，对自己的工作其实是一种否定，因为他已经管理这个团队一年多的时间了。

终于有一天，李开复决定在一段时间后离开公司。那时，李开复觉得公司多年来对自己不错，应该在离开前对公司负责，做一件对公司有益，但他一直为了自己而犹豫不决。于是，他决定把这个项目和该项目的项目经理裁掉——大不了，这种做法会让他的老板不满，但它的确对公司是有好处的。

可当李开复真正裁掉这个项目后,出乎他意料的是,公司内部的绝大多数员工并没有表示不满,反而告诉他,他们是多么认可这个决定,他们认为他有勇气,有魄力。公司领导也没有责备李开复,反而认为他勇于承认并改正错误的做法非常值得赞赏。

也就是说,当公司利益、部门利益或个人利益发生矛盾的时候,管理者要有勇气作出有利于公司利益的决定,而不能患得患失。如果你的决定是正确、负责任的,你就一定会得到公司员工和领导者的赞许。

此外,管理者应该主动扮演"团队合作协调者"的角色,不能只顾突出自己或某个人的才干,而忽视了团队合作。

公司里的一个团队和篮球场上的一支篮球队其实是一样的。打篮球时,后卫不能脱离整个团队独来独往,不同位置的队员需要按照战术安排紧密配合,互相支持,这样才能赢得比赛。在我们的工作中,市场人员需要帮助产品部门寻找产品的合适定位,要为销售部门提供潜在的客户信息,而管理者应承担起教练的角色,为整个团队制定合适的战术。你们能够想象,篮球教练在布置战术时只是一对一地与每个队员单独讨论吗?那样的话,后卫不知道前锋在想什么,前锋不知道后卫的助攻策略,球队不输球才怪!

最后,公司的中层管理者要善于把握自己的角色定位,让自己成为老板和员工之间沟通、协调的桥梁,而不让自己与老板或员工对立起来。例如,有一些管理者很容易陷入对自身角色的误解,他们要么把自己和"雇主"等同起来,与"雇员"做利益上的对抗,或者把自己视作普通员工,与老板对立。这两种极端的做法都是不可取的

其实,中层管理者既代表公司利益,也代表员工利益,他们应该:

(1)认识到自己的中间角色,不要和员工一起盲目、片面地指责公司,也不要成为高高在上的监管者,对员工指手画脚。

(2)以公司的整体利益为先,主动扮演协调人的角色,既考虑公司发展的需要,也为员工的个人需求着想,解决好二者之间可能存在的矛盾,让公司的整体协作效率达到最高点。

(3)自己做了决定后,要勇于承担相关的责任,不要把责任推到员工、老板或公司身上。

3.平等比权威更重要,均衡比魄力更重要

在企业管理的过程中,尽管分工不同,但管理者和员工应该处于平等的地位,只有这样才能营造出积极向上、同心协力的工作氛围。

(1)平等的第一个要求是重视和鼓励员工的参与,与员工共同制定团队的工作目标。

这里所说的共同制定目标是指,在制定目标的过程中,让员工尽量多地参与进来,允许他们提出不同的意见和建议,但最终仍然由管理者做出选择和决定。

这种鼓励员工参与的做法可以让员工对公司的事务更加支持和投入,对管理者也更加信任。虽然这不代表每一位员工的意见都会被采纳,但当他们亲身参与到决策过程中,当他们的想法被聆听和讨论,那么,即使意见最终没有采纳,他们也会有强烈的参与感和认同感,会因为被尊重而拥有更多的责任心。

多年以前,李开复接管一个部门时,为了提高效率,在一个星期内定下了团队的工作目标,并召开会议宣布了所有决定。但没想到,会议进行得很不顺利,有的员工一片茫然,有的人无精打采,有的人则对计划百般挑剔。李开复一下子明白过来:自己选择目标时过于武断和草率了。于是他对员工们说:"很显然,我对未来太天真了。现在,让我们重新来过,一起制定出大多数人认可的团队目标。"

李开复当场撕掉计划,然后宣布成立三个员工小组,分别解决部门面临的三大问题。一个月后,这三个小组各自呈上他们的报告,然后李开复和三个组长一起定下最后的目标。这次,全体员工欣然地接受了新的目标。

有趣的是,新的目标与旧的目标之间,除了存在措辞方面的差异外,几乎一模一样。李开复的助理因此抱怨说:"我们浪费了一个月的时间,又回

到了原地。"但李开复对他说:"不是的,此前我是靠直觉选择了目标,没有调查数据的支持,无法令员工信服;现在,经过一个月的工作,大家都有了信心。更重要的是,旧的目标因为没有经过员工参与,即使实施起来,他们也很难全身心投入。"

(2)平等的第二个要求是管理者要真心地聆听员工的意见。

作为管理者,不要认为自己高人一等,事事都认为自己是对的,我们应该平等地听取员工的想法和意见。在复杂情况面前,管理者要在综合、权衡的基础上果断地作出正确的决定。

不善于聆听的领导无法获得员工的支持和信任。例如,李开复在苹果公司工作时,公司一度面临经营上的困难,需要调整方向。当时,董事会新请来了一位以有战略眼光著称的首席执行官(CEO)。这位CEO刚来公司时,就告诉所有员工:"不必担心,这家公司的境况比我以前从鬼门关里救回的那些公司好多了。给我一百天,我会告诉你们公司的出路在哪里。"

但是,这一百天里,他只和自己带来的核心团队一起设计公司的"战略计划",却从不倾听广大员工的心声。一百天后,他果然推出了新的战略计划,但是,公司员工对该计划既不理解也不支持,他自己的声望也开始走下坡路——因为员工觉得他虽然能干,但是很自大,不在乎员工的想法,所以员工们并不真正信服他,自然没有动力去执行他提出的战略计划。

半年后,公司业绩继续下滑,这位CEO召开了一次全体员工大会。他不但不从自身找原因,反而在台上指着所有员工说:"你们让我很失望,大家没有努力执行我的计划,今后,我绝不允许你们再犯类似的错误。"结果,这次大会后,他失去了大多数员工的支持,不久就被董事会解雇了。后来,有人这样评价他:"他以为他可以用智慧和经验改变公司的一切,他做了战略决定后就直接开始执行,却没有花时间寻求所有员工的支持。其实,他的战略方案不无道理,但他做事的方法是完全错误的——他不是一位懂得倾听、懂得理解的好领导。"

(3)平等也意味着管理者和员工在平等的环境里顺畅地沟通。

李开复在2000年被调回微软总部出任全球副总裁,管理一个拥有600多

名员工的部门。当时，作为一个从未在总部从事领导工作的人，李开复更需要倾听和理解员工的心声。为了达到这样的目标，他选择了独特的沟通方法——"午餐会"沟通法。

他每周选出十名员工，与他们共进午餐。在进餐时，他详细了解每一个人的姓名、履历、工作情况，以及他们对部门工作的建议。为了让每位员工都能畅所欲言，他尽量避免与一个小组或一间办公室里的两个员工同时进餐。另外，李开复会要求每个人说出他在工作中遇到的一件最让他兴奋的事情和一件最让他苦恼的事情。

进餐时，李开复一般会先跟对方谈一谈自己最兴奋和最苦恼的事，鼓励对方发言。然后还会引导大家探讨一下所有部门员工近来普遍感到苦恼或普遍比较关心的事情是什么，一起寻找最好的解决方案。午餐会后，李开复一般会立即发一封电子邮件给大家，总结一下"我听到了什么"、"哪些是我现在就可以解决的问题"、"何时可以看到成效"，等等。

使用这样的方法，在不长的时间里，李开复就认识并了解了部门中的每一位员工。最重要的是，他可以在充分听取员工意见的基础上，尽量从员工的角度出发，合理地安排工作——只有这样才能使公司上下一心，才能更加顺利地开展工作。

很多人错误地认为，做领导就必须高调，有魄力，像一个精力充沛、一呼百应的将军一样。其实，这样的领导也许适于一个19世纪的工厂，但他不是一个21世纪的好领导。

在著名企业管理学家吉姆·柯林斯《从优秀到卓越》一书中，作者通过大量的案例调查和统计，讨论并分析了一家企业或一位企业的领导者是如何从优秀(Good)上升到卓越(Great)的层次。该书的重要结论之一就是：最好的领导不是那种最有魄力的领导，而是那种具备了很好的情商，能够在不同的个性层面达到理想均衡状态的"多元化"管理者。

柯林斯指出，优秀的公司和优秀的领导者很多，许多公司都可以在各自的行业里取得不俗的业绩。但如果以卓越的标准来衡量公司和个人的成绩，那么，能够保持持续健康增长的企业和能够不断取得事业成功的领导者非常少。一位企业的领导者在成功的基础上,要想进一步提高自己,使自己的企业保持持续增长,使自己的个人能力从优秀向卓越迈进,就必须努力培养自己的"谦虚"、"执著"和"勇气"这三个品质。

谦虚使人进步。许多领导者在工作中唯我独尊,不能听取他人的规谏,不能容忍他人和自己意见相左,这些不懂得谦虚谨慎的领导者也许可以取得暂时的成功,但却无法在事业上不断进步,达到卓越的境界。

执著是指我们坚持正确的方向,保持矢志不移的决心和意志。无论是公司也好,个人也好,一旦认明了工作的方向,就必须在该方向的指引下锲而不舍地努力工作。在工作中轻言放弃或者朝三暮四的做法都不能取得真正的成功。

成功者需要有足够的勇气来面对挑战。任何事业上的成就都不是轻易就可以取得的。一个人想要在工作中出类拔萃,就必须面对各种各样的艰难险阻,必须正视事业上的挫折和失败。只有那些有勇气正视现实,有勇气迎接挑战的人才能真正实现超越自我的目标,以达到卓越的境界。正如马克·吐温所说:"勇气不是缺少恐惧心理,而是对恐惧心理的抵御和控制能力。"

此外,均衡的、多元化的管理者尤为重视对自己的情商培养。在领导力方面,情商远远比智商更重要。许多人可能认为领导力最重要的是战略、运营、技术等,其实,这些"硬技能"固然重要,以情商为核心的"软技能"更加重要。在这里,我们可以把以"情商"为中心的"软技能"定义为一种艺术,它包括了与人相处、团队合作、以诚待人、以身作则、同理心等等至关重要的组成元素。

均衡的、多元化的管理者善于用理智的、全方位的思维分析复杂的情景,并针对不同类型的团队,或团队的不同发展阶段灵活选择管理方式。例如,当员工表现不佳或是新手时,企业碰到重大危机时,管理者可以更多地亲身参与管理,更多地使用命令的方式;当企业改变方向时,或员工因不理解方向而士气不高时,管理者可以多与员工分享企业的愿景;当员工对工作能得心应手时,或发现部门协调有问题时,管理者可以更多地强调和鼓

励团队合作；当员工懂得较多，或没有危机时，管理者可以更多地让员工以民主讨论或投票方式来做出选择；当员工能力很高又是专家，且员工积极自主时，管理者可以尽量授权给员工；当员工有动力但是能力和经验不足时，管理者应当尽量考虑员工的长期发展，安排有启发性的工作，慷慨地做员工的"教练"。

4.理智比激情更重要，真诚比体面更重要

管理者应该对自己的能力有充分的认识和理解，清醒地知道自己的长处和不足，明白哪些事情是自己擅长的，哪些事情是自己办不到的。只有充分地自省，管理者才能在各种复杂情况面前做出正确的判断，才能在与同事或下属合作时，得到他人充分的信任。

在发生危机或面临挫折的时候，管理者要能够充分自控，并在理智、冷静的基础上做出审慎的选择。这里所说的自控包括：

第一，在高压的环境中，能够控制自己的反应，并且让自己和自己的团队镇定下来，冷静处理问题。

第二，理解自己的位置和影响力，懂得自己随时都在被他人（上级、下属、其他部门乃至客户）关注。

第三，利用各种机会，通过自己的一言一行影响团队。

除了自省和自控，管理者也应当时刻保持自律，无论在什么时候，都要以身作则，不能有特权阶级的作风。例如，Google聘请的CEO施密特刚刚加入公司时，Google所有员工都没有自己独立的办公室，但员工们觉得有必要给他一个相对安静的办公场所，就给他安排了一个比较小的独立办公室。有一天，一个工程师来到施密特的办公室说："别人都是共享办公室，我那边太挤了，所以我想坐到你这儿来。"施密特很惊讶，问他："你有没有问你的老板？"那位员工去问了老板后回来说："老板也觉得我该坐在这儿。"于是，他们就共享一个办公室，直到公司后来购买了更大的一栋楼。即便是在新的大楼，施密特还特别要求"我的办公室应该尽量小"，以避免被误解成"特

权阶级"。

真诚是所有卓越的管理者共同的品质。管理者应当学会以诚待人,尊重员工,让员工知道你理解并且感谢他们的工作。一些领导为了"面子",处处维护自己所谓的"权威",不愿将自己的真实一面暴露给员工。殊不知,这种遮遮掩掩的领导是很难得到员工的真正信任和支持的。

(1)真诚意味着管理者善于从他人的角度出发考虑问题。

管理者应该多给员工回馈,在人前多感谢,在私下有建设性地批评,并多和员工沟通。这并不是你说在人前就不可以批评。如果是对事,还是应该坦诚地在人前讨论,但如果是对人,那就不要当众伤了他的自尊。

对管理者来说,体现同理心的最重要一点就是要体谅和重视员工的想法,要让员工们觉得你是一个非常在乎他们的领导。拿我自己来说,我在工作中不会盲目地褒奖下属,不会动不动就给员工一些"非常好"、"不错"、"棒极了"等泛泛的评价,但是我会在员工确实做出了成绩的时候及时并具体地指出他对公司的贡献,并将他的业绩公之于众。这种激励员工的方式能够真正赢得员工的信任和支持,能够对企业的凝聚力产生巨大的影响。

(2)真诚意味着管理者需要对员工充分信任。

不要对员工指手画脚,也不要任意干涉员工的行为方式。你既要坦诚地面对自己,也要坦诚面对他人,努力赢得同事或下属的信任。信任是一切合作、沟通的基础。如果一个团队缺乏合作,或者欠缺效率,最重要的原因很可能是团队成员之间缺乏信任。

有一次,李开复发现自己的团队彼此不够坦诚,他就把他们带到了郊区,开了两天的会议。让他们首先解释了信任和坦诚的重要,然后表示自己希望每个人轮流谈谈自己对团队最大的贡献和自己最大的不足,以及自己想从哪些地方弥补不足。

为了打开僵局,李开复自己先坦率地讲出了自己的贡献与不足,而且暴露了我自认为最大的缺点。然后要求他的团队对他提出自己的看法和补充。大家看到李开复的真诚,也就开诚布公地做了非常好的讨论。会后,不但大家都更愿意敞开心扉,也都愿意信任他人,为团队互信建立起了非常

好的基础。

在互相信任的基础上，团队也需要有建设性的冲突。中国人传统上喜欢避免冲突，息事宁人。但是，一个好的团队必须坦诚地面对各种问题。如果大家都能够对事不对人，那么，公开的辩论会更有效率。只有把所有的信息放到桌面上，一个团队才能够更快、更有效地做出最好的决定。一个领导在带领团队的过程中，应该鼓励每一个人开放地听取并接纳别人的正确意见，鼓励建设性的冲突和辩论，引导团队达到共识。当共识无法达成的时候，则引导团队做一个智慧的选择，而不是为了安抚大家而做简单的折衷。

从本质上说，信任就是相信别人的出发点是好的。在充满信任的环境里，我们不必隐藏真面目，要敞开自己的心扉，坦然承认自己的缺点和失败，或者声明自己需要帮助。一个领导者需要创立一个充满信任的环境，不但自己坦诚面对员工，同时鼓励员工坦诚地面对其他人。

(3)真诚意味着管理者和员工之间可以在平等的环境中，直接了当地沟通。

21世纪的步伐非常快，如果你犯了错还不知道，结果会非常严重。在企业内部沟通的过程中，如果什么事都要打太极拳、猜测别人的想法，不直接沟通的话，那么，整个公司就会丧失效率，并最终走向失败。

在直接沟通这方面，管理者不但要以身作则，而且必须反复向员工灌输直接沟通的优越性，用实际行动鼓励员工直接了当地表达自己的观点。领导对员工的直接反馈也一样重要。发生问题时，管理者要及时地给员工以清晰的反馈信息。对自己的员工，管理者应直接说出自己的想法，而不要通过第三者传话。当与下属沟通不顺畅时，管理者应当多改进自己的沟通方式，使用不同的方法，在信任的基础上与下属交流。

TIPS：十个经典故事教你做好领导

员工管理是一个复杂的事情，它有时让领导摸不着头脑，甚至感到头疼。轻松一下，看看以下的十个经典故事，也许你会领略到另一种意境。

故事一：分工

一位年轻的炮兵军官上任后，到下属部队视察操练情况时，发现有几个部队操练有一个共同的情况：在操练中，总有一个士兵自始至终站在大炮的炮筒下，纹丝不动。经过询问，他得到的答案是：操练条例就是这样规定的。原来，条例因循的是用马拉大炮时代的规则，当时站在炮筒下的士兵的任务是拉住马的缰绳，防止大炮发射后因后座力产生的距离偏差，从而减少再次瞄准的时间。现在大炮不再需要这一角色了。但条例没有及时调整，出现了不拉马的士兵。这位军官的发现使他受到了国防部的表彰。

[分析]：管理的首要工作就是科学分工。只有每个员工都明确自己的岗位职责，才不会产生推诿、扯皮等不良现象。如果公司像一个庞大的机器，那么每个员工就是一个个零件，只有他们爱岗敬业，公司的机器才能得以良性运转。公司是发展的，管理者应当根据实际动态情况对人员数量和分工及时做出相应调整。否则，队伍中就会出现"不拉马的士兵"。如果队伍中有人滥竽充数，给企业带来的不仅仅是工资的损失，还会导致其他人员的心理不平衡，最终导致公司工作效率整体下降。

故事二：标准

有一个小和尚担任撞钟一职，半年下来，他觉得无聊之极。有一天，主持宣布调他到后院劈柴挑水，原因是他不能胜任撞钟一职。小和尚很不服气地问："我撞的钟难道不准时、不响亮？"老主持耐心地告诉他："你撞的钟虽然很准时、也很响亮，但钟声空泛、疲软，没有感召力。钟声是要唤醒沉迷的众生，因此，撞出的钟声不仅要洪亮，而且要圆润、浑厚、深沉、悠远。"

[分析]：本故事中的主持犯了一个常识性管理错误，"做一天和尚撞一天钟"是由于主持没有提前公布工作标准造成的。如果小和尚进入寺院的当天就明白撞钟的标准和重要性，我想他也不会因怠工而被撤职。工作标准是员工的行为指南和考核依据。缺乏工作标准，往往导致员工的努力方向与公司整体发展方向不统一，造成大量的人力和物力资源浪费。因为缺乏参照物，时间久了员工容易形成自满情绪，导致工作懈怠。制定工作标准要尽量做到数字化，要与考核联系起来，注意可操作性。

故事三：体制

有七个人住在一起，每天共喝一桶粥，粥每天都不够。一开始，他们抓阄决定谁来分粥，每天轮一个。于是每周下来，他们只有一天是饱的，就是自己分粥的那一天。后来他们开始推选出一个道德高尚的人出来分粥。强权就会产生腐败，大家开始挖空心思去讨好他，贿赂他，搞得整个小团体乌烟瘴气。然后大家开始组成三人的分粥委员会及四人的评选委员会，互相攻击扯皮下来，粥吃到嘴里全是凉的。最后他们想出来一个方法：轮流分粥，但分粥的人要等其它人都挑完后拿剩下的最后一碗。为了不让自己吃到最少的，他们每人都尽量分得平均，就算不平，也只能认了。大家快快乐乐，和和气气，日子越过越好。

[分析]：管理的真谛在"理"不在"管"。管理者的主要职责就是建立一个像"轮流分粥，分者后取"那样合理的游戏规则，让每个员工按照游戏规则自我管理。游戏规则要兼顾公司利益和个人利益，并且要让个人利益与公司整体利益统一起来。责任、权利和利益是管理平台的三根支柱，缺一不可。缺乏责任，公司就会产生腐败，进而衰退；缺乏权利，管理者的执行就变成废纸；缺乏利益，员工就会积极性下降，消极怠工。只有管理者把"责、权、利"的平台搭建好，员工才能"八仙过海，各显其能"。

故事四：表率

春秋晋国有一名叫李离的狱官，他在审理一件案子时，由于听从了下属的一面之辞，致使一个人冤死。真相大白后，李离准备以死赎罪，晋文公说，官有贵贱，罚有轻重，况且这件案子主要错在下面的办事人员，又不是你的罪过。李离说："我平常没有跟下面的人说我们一起来当这个官，拿的俸禄也没有与下面的人一起分享。现在犯了错误，如果将责任推到下面的办事人员身上，我又怎么做得出来。"他拒绝听从晋文公的劝说，伏剑而死。

[分析]：正人先正己，做事先做人。管理者要想管好下属必须以身作则。示范的力量是惊人的。我们不但要像先人李离那样勇于替下属承担责任，而且要事事为先、严格要求自己，做到"己所不欲，勿施于人"。一旦通过表率树立起在员工中的威望，企业将会上下同心，大大提高团队的整体战斗力。得人心者得天下，做下属敬佩的领导将使管理事半功倍。

故事五：竞争

国外一家森林公园曾养殖几百只梅花鹿，尽管环境幽静，水草丰美，又没有天敌，但几年以后，鹿群非但没有发展，反而病的病，死的死，出现了负增长。后来他们买回几只狼放置在公园里，在狼的追赶捕食下，鹿群只得紧张地奔跑以逃命。这样一来，除了那些老弱病残者被狼捕食外，其它鹿的体质日益增强，数量也迅速地增长着。

[分析]：流水不腐，户枢不蠹。人天生有种惰性，没有竞争就会固步自封，躺在功劳簿上睡大觉。竞争对手就是追赶梅花鹿的狼，这让梅花鹿时刻清楚狼的位置和同伴的位置。跑在前面的梅花鹿可以得到更好的食物，跑在最后的梅花鹿就成了狼的食物。按照市场规则，你应给予"头鹿"奖励，让"末鹿"被市场淘汰。

故事六：沟通

美国知名主持人林克莱特一天访问一名小朋友时问他说："你长大后想要当什么呀？"小朋友天真地回答："我要当飞机的驾驶员！"林克莱特接着

问:"如果有一天,你的飞机飞到太平洋上空所有引擎熄火了,你会怎么办?"小朋友想了说:"我会先告诉坐在飞机上的人绑好安全带,然后我挂上我的降落伞跳出去。"

现场的观众笑得东倒西歪,孩子的两行热泪夺眶而出,林克莱特发觉这孩子的悲悯之情远非笔墨所能形容。于是林克莱特问他说:"为什么要这么做?"小孩的答案透露出一个孩子真挚的想法:"我要去拿燃料,我还要回来!"。

[分析]:你真的听懂了手下的话了吗?你是不是也习惯性地用自己的权威打断手下的语言?我们经常犯这样的错误:在手下还没有来得及讲完自己的事情前,我们就按照自己的经验大加评论和指挥。反过头来想一下,如果你不是领导,你还会这么做吗?打断手下的语言,一方面容易做出片面的决策,另一方面会使员工缺乏被尊重的感觉。时间久了,手下将再也没有兴趣向上级反馈真实的信息。反馈信息系统被切断,领导就成了"孤家寡人",在决策上就成了"睁眼瞎"。与手下保持畅通的信息交流,将会使你的管理如鱼得水,能及时纠正管理中的错误,让你制定更加切实可行的方案和制度。

故事七:指导

有一回,日本歌舞伎大师勘弥扮演一位古代徒步旅行的百姓,他要上场之前故意解开自己的鞋带,试图表现这个百姓长途旅行的疲态。正巧那天有位记者到后台采访,看见了这一幕。等演完戏后,记者问勘弥:"你为什么不当时教导学生呢,他们并没有松散自己的鞋带呀。"勘弥回答说:"要教导学生演戏的技能,机会多的是,在今天的场合,最重要的是要让他们保持热情。"

[分析]:提高员工素质和能力是提高管理水准的有效方式。学习有利于提高团队执行力,便于增强团队凝聚力。手把手的现场指导可以及时纠正员工的错误,是提高员工素质的重要形式之一。但是指导必须注重技巧,就像勘弥大师那样要保护员工的热情。管理者必须避免教训式指导,应当语

重心长的激励员工提高自身业务素质。除了现场指导外,你还可以运用综合培训、交流会、内部刊物、业务竞赛等多种形式,激发员工不断提高自身素质和业务水平,形成一个积极向上的学习型团队。

故事八:锻炼

一个人在高山之巅的鹰巢里,抓到了一只幼鹰,他把幼鹰带回家,养在鸡笼里。这只幼鹰和鸡一起啄食、嬉闹和休息。它以为自己是一只鸡。这只鹰渐渐长大,羽翼丰满了,主人想把它训练成猎鹰,可是由于终日和鸡混在一起,它已经变得和鸡完全一样,根本没有飞的愿望了。主人试了各种办法,都毫无效果,最后他把它带到山顶上,将它扔了出去。这只鹰像块石头似的,直掉下去,慌乱之中它拼命地扑打翅膀,就这样,它终于飞了起来!

[分析]:每个人都希望用自己的能力来证明自身价值,手下也不例外。给他们更大的空间去施展自己的才华,是对他们最大的尊重和支持。不要害怕他们失败,给予适当的扶持和指点,放开你手中的"雄鹰",让他们翱翔于更宽阔的天空。是个猴子就给他们座山折腾折腾,是条龙就给他们条大江大河扑腾扑腾。他们的成长,将为你的工作带来更大的贡献。他们的成长,将促使你更进一步。

故事九:发挥

一位著名企业家在做报告。当听众咨询他最成功的做法时,他拿起粉笔在黑板上画了一个圈,只是并没有画圆满,留下一个缺口。他反问道:"这是什么?""零"、"圈"、"未完成的事业"、"成功",台下的听众七嘴八舌地答道。他对这些回答未置可否:"其实,这只是一个未画完整的句号。你们问我为什么会取得辉煌的业绩,道理很简单:我不会把事情做得很圆满,就像画个句号,一定要留个缺口,让我的下属去填满它。"

[分析]:事必躬亲,是对员工智慧的扼杀,结果往往事与愿违。长此以往,员工容易形成惰性,责任心大大降低,把责任全推给管理者。情况严重者,会导致员工产生逆反心理,即便工作出现错误也不情愿向管理者提出。何

况人无完人，个人的智慧毕竟是有限而且片面的。为员工画好蓝图，给员工留下空间，发挥他们的智慧，他们会画得更好。多让员工参与公司的决策事务，是对他们的肯定，也是满足员工自我价值实现的精神需要。赋予员工更多的责任和权利，他们会取得让你意想不到的成绩。

故事十：鞭策

拿破仑一次打猎的时候，看到一个落水男孩，一边拼命挣扎，一边高呼救命。这河面并不宽，拿破仑不但没有跳水救人，反而端起猎枪，对准落水者，大声喊到："你若不自己爬上来，我就把你打死在水中。"那男孩见求救无用，反而增添了一层危险，便更加拼命地奋力自救，终于游上岸。

[分析]：对待自觉性比较差的员工，一味的为他创造良好的软环境、去帮助他，并不一定让他感受到"萝卜"的重要，有时他们离不开"大棒"的威胁。偶尔利用你的权威对他们进行威胁，会及时制止他们消极散漫的心态，激发他们发挥出自身的潜力。

第四章
人脉，中层的金钥匙

我与上级沟通缺"胆量"，总是唯唯诺诺；
我与平级沟通缺"能量"，总是藏藏躲躲；
我与下属沟通缺"度量"，总是碰碰撞撞；
……
同样的，在生活中，我与异性沟通缺"热量"，总是无话可说。

所以，很多中层缺乏的是人脉和对象，很多大龄剩男剩女遭遇的是职场上和爱情上的"瓶颈"。这都可以归结到"沟通能力不足"——管理老板、激励下属、团队建设、和同级沟通、和客户沟通等，工作每时每刻都需要良好的沟通。

因此，中层管理人员沟通能力的改善至关重要。具有良好的沟通能力可以使你很好地表达自己的思想和情感，获得别人的理解和支持，从而和客户、亲朋好友、单位同事的上级、下级、平级都能保持良好的关系。

曾经有人这样比喻：一把坚实的大锁挂在铁门上，一根铁杆费了九牛二虎之力，还是无法将它撬开。钥匙来了，它瘦小的身子钻进锁孔，只轻轻一转，那大锁就"啪"地一声打开了。铁杆奇怪地问："为什么我费了那么大力气都打不开，而你却轻而易举地就把它打开了呢？"钥匙说："因为我最了解他的心。"

是的，深入内心的沟通，才能赢得人心。人脉就是职场人成功的金钥匙。

沟通策略——方式不对,努力白费

贝聿铭是著名的华裔建筑设计师。在一次正式的宴会中,他遇到这样一件事:当时的宴会嘉宾云集,在他邻桌坐着一位美国百万富翁。在宴会中,这个百万富翁一直在喋喋不休地抱怨:"现在的建筑师不行,都是蒙钱的,他们老骗我,根本没有水准。我只不过要建一个正方形的房子,很简单嘛,可是他们都做不出来,都是骗钱的!"

贝聿铭听到后,风度非常好,他没有直接地反驳这位百万富翁,他问:"那你提出的是什么要求呢?"百万富翁回答:"我要求这个房子是正方形的,房子的四面墙全都朝南!"贝聿铭面带微笑地说:"我就是一个建筑设计师,你提出的这个要求我可以满足,但是我建出来这个房子你不一定敢住。"这个百万富翁说:"不可能,只要你能建出来,我肯定住。"

贝聿铭说:"好,那我告诉你我的建筑方案,我将在北极的极点上建这座房子,因为在北极点上,各方向都是朝南的。"

在这种正规的商务场合,贝聿铭并没有使矛盾冲突升级,而是很好的、很委婉地反击了这位百万富翁。

人与人关系的改善离不开有效的沟通,任何组织的内求团结和外求发展更离不开有效的沟通。而高质量的沟通在很大程度上取决于沟通方式的选择及其科学组合。

因此,我们必须根据具体的沟通、内容、情境、对象、文化等选择不同的沟通方式,并且根据实际情况灵活进行各种沟通方式的组合。

沟通一般分为信息、情感和行为层次三个层次。信息层次是沟通的最基本层次。在这个层次上,沟通双方完成了信息传递和信息反馈的任务,使信息得以交流。在此基础上,彼此产生一定的认识,形成一定的印象。

情感层次是指在信息交流中,双方对所交流信息的译码和对对方的动机、需求、兴趣、性格、世界观的感知,都伴随着情感体验。这种情感体验不外乎情感共鸣和情感排斥两种状态。如果情感共鸣,双方相互吸引,就能建立起良好的互动关系;如果情感排斥,就会形成疏远或紧张的关系。

行为层次是沟通的最高层次,它是以信息层次和情感层次为基础进行的,是沟通双方的行为互动层次。由于沟通的最终目的是为了引起对方的行为,因此,人们要根据沟通对象对自己的评价期望调整自己的行为,只有这样,双方才能建立心理相容的良好关系。

1.当面说还是网上说?

我们都知道有些话必须当面才能说清楚,而有些话我们又不好意思当面说。这说明一个简单的道理,应根据不同的沟通内容选择沟通方式。

以大家熟悉的人际沟通与网络沟通来说,人际沟通可用丰富的肢体语言来表达情感,而网络沟通只能用语言或图画进行有限的情感表达;人际沟通可通过人格魅力进行气氛笼罩式的劝服,而网络沟通只能在相对平等的交谈中进行有限的劝服;人际沟通可以进行模糊沟通,而网络沟通的模糊沟通有限;人际沟通具有面对面的无法选择性,而网络沟通则信息选择性较强,等等。

所以,我们可以根据所沟通的内容是否侧重于情感,是否属于模糊沟通,是否有信息选择性等来具体地选择不同的沟通方式。

2.在办公室说还是在休闲场合说?

人的心情会随着四周环境的不同而大有改变的事实是众所周知的,不同的环境氛围会影响人们的心理接受定势,我们应根据不同的沟通情境选择沟通方式。例如,在有格局布置的场所,往往较适合处理任何事都讲求效率的人,此时一般选择正式沟通、浅层沟通等方式,并可保持适度的紧张气氛来提高说服力;在不受拘束的场所,如桑拿浴室等,适合较坦率、干脆型

的人,在这里一般选择非正式沟通、深层沟通等方式,开诚布公,促膝交谈;在有气氛的场所,如酒吧、卡拉OK等地方为沟通双方创造了一种融洽的氛围,你可选择比较随意的沟通方式,大家边喝边聊、边唱边谈,不宜过于拘束。特别要注意的是,你要分清楚是在喜庆的情境还是在悲伤的场合,其非语言沟通方式应与环境相对应。

3.含蓄温和还是清晰明白?

我们中国人见面时常问:"吃饭了吗?""到哪儿去?"这是一种表示友好的招呼语,跟"你好"类似。然而,碰到欧美人,这样打招呼,对方就会不愉快,认为这是干涉他的私事。还有一个例子,我国曾派过一支医疗队在非洲某部落用幻灯片放映虱子的危害,当地人看了后说,我们这儿的虱子没有你们电影上的大,所以没关系。由此可见,不同文化对沟通的影响。

在跨文化沟通中,在特殊文化及各民族独特表达方式中,语言不仅是一种沟通工具,它还形成了沟通中表达信仰的规则及期待。跨文化沟通中的双方,如果对期待无所了解,坚持本位,容易使讯息意图混淆不清,良性沟通将无从谈起,甚至产生冲突。大体而言,由于东西方文化不同,沟通方式也有其根本差异,简单比较如下:

东方沟通方式——有含蓄温和的特点:若有不同意见,我们不要试图反对,以免对方失面子,下不了台;我们不会对主管提出困难的问题,以免对方难堪,遭记恨;我们不会公开询问自己不明白之处,以免被耻笑,我们以间接、温和方式表达负面的意见,会议或交谈顺畅;我们不使用强烈的话或态度,不使别人当众难堪;当你所提出的事、说的话会造成"问题"时,算了!不说也罢!多一事不如少一事。"有礼貌"最为重要,毋影响到各谐气氛。

西方沟通方式——有清晰明白的特点:他们尽可能给予丰富、真实的讯息,并提出确切之数据与来源;以简明扼要之语言陈述重点、表达意见;他们以简洁、有规律、合逻辑之方式,达到诉求重点;他们避免语焉不详,以防他人误解或猜测你的意思、意图;他们即使不同意,仍旧陈述不同意的意见,并为自己极力辩护;如果遇到不明白时,他立即发问,绝不等待或保留;他们会确保沟言辞或书面资料清晰明了。

不同的沟通方式有不同的沟通功能,所以,即使同一沟通主体面对同一沟通对象,沟通中的内容也要灵活以进行各种沟通方式的组合,以期达到良好的沟通效果。

在此我们可以借鉴英特尔公司的内部沟通体系。在英特尔总部,专门设有一个"全球员工沟通部",促进英特尔沟通体系与团队发展。英特尔在内部推崇并采取开放式的沟通模式,英特尔内部的沟通是双向的,包括许多沟通的渠道。

(1)网上直播、网上聊天。英特尔为电脑制造了"奔腾的心",推动世界进入网络信息时代,其自身也成为网络科技的受惠者。公司的高层管理人员会经常通过英特尔内部网络,向全球员工介绍公司最新的业务发展,以及某个专门问题的情况。英特尔的管理层还通过网上聊天,和员工进行互动的沟通,回答员工现场提出的各种问题。

(2)季度业务报告会。季度业务报告会是英特尔公司进行员工沟通的重要方式,这是一种一对多或多对多的沟通,是一种面对面的沟通。在季度业务报告会上,不单公司向员工通报公司最新的业务发展情况,现场对员工所提出的问题进行回答,员工也通过现场提问直接、面对面地与公司管理层进行交流。

(3)员工问答。在英特尔季度业务报告会之前,为了了解员工所关注的问题与所顾虑的事情,各部门内部会通过员工问答的方法,预先了解员工的心声。这成为英特尔公司内部一种有效的沟通渠道。

(4)员工简报。在英特尔公司,每个季度会出版定期的员工简报,这成为一种员工内部沟通的重要方式。在英特尔的工厂里,每个星期都会定期出版一期员工快报,让员工自由取阅,把公司及工厂里发生的最新重要事情、消息,通过简报的形式告知员工。

(5)一对一面谈。一对一的面谈是自下而上的沟通形成中比较常用的重要方式,公司与每一名员工之间就工作期望与要求进行沟通。一对一面谈

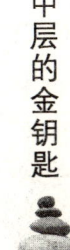

通常通过员工会议的形式进行,这要求员工制定会议的议程,由员工决定在会议上想谈的内容,包括员工对自己职业发展的想法,对经理人员的看法和反馈。

(6)定期的部门会议。英特尔各业务与职能部门会定期召开会议,经理人会定期和所有的下属进行及时沟通,听取员工的建议与想法,传达公司的政策与各项业务决策。

(7)全球员工关系调查。在英特尔,每年都进行一年一度的全球员工关系调查,英特尔总部会派人到全球各个国家与地区的分公司,对员工关系与沟通情况进行调查。

(8)OpenDoor。英特尔同许多著名全球500强公司一样,采取门户开放式的沟通。很多时候,员工的顾虑与意见不愿意直接与其上司面谈。英特尔的人力资源部就专门设置一名员工关系顾问,员工可以去与人力资源部的员工关系顾问进行面谈。员工关系顾问会对所了解的信息进行独立的调查,了解员工反映的情况,然后将调查结果通知公司有关部门,包括员工的经理。在这种沟通方式中,英特尔制定了一系列的规则来避免经理人员对员工采取一些不适当的方式,从而保护员工的权利。

由此可见,英特尔通过这些不同沟通方式的综合运用来获得消息或者听取反馈与建议,构建起一个完整的内部沟通系统,从而取得了良好的沟通效果,这值得我们借鉴。

4."七加一法则":情绪等频,认识同步

有效的沟通应根据不同的沟通对象选择沟通方式。

有一个著名的"七加一法则",是指如果你通过提问引导对方,使对方一直说:是的、我赞成、我了解、我同意及类似的肯定语句。如果你让他连续同意了七次,通常在第八次问他时,他也会习惯性地同意。当然,提问时你必须注意两点:一是问话要引至你的目的中,如果问题与你的目的风马牛不相及就丝毫无用;二是问话必须很自然地进行,不要问得很别扭,不要有多

种答案或很难回答。

但不管如何,这都告诉我们一个道理,就是我们在进行沟通时一定要考虑与对方情绪同步。

假如跟一个循规蹈矩、不苟言笑的人相处,你应该表现的严肃点、认真点;而和一个比较随和、爱开玩笑的人相处,你不妨表现得轻松一点,开朗一点。这样,你和对方的情绪就是同步的,会让对方产生一种被理解、被接受和被尊重的感觉。否则,你就会让对方产生反感,因为你的情绪是对对方的否定。情绪不同步,将使交流双方的心理距离拉大。

例如,有人在安慰因遭遇不幸而伤心的人时,故意说一些开心事,以为这样能冲淡对方的情绪。其实安慰者不知道,这样反而会加重对方的伤心。与其这样,还不如讲一件自己遭遇过的类似的伤心事。这样,情绪一同步,对方便会感到宽慰,就会对你产生比较亲切和靠近的感觉。

人与人之间的沟通有不同的方式,根据调查,人与人之间沟通的影响比例,文字只占了7%,语气与音调占38%,而肢体语言占了55%。可见,肢体语言——表情、手势、姿势、呼吸等是最重要的沟通方式。在这些方面与对方同步,沟通将产生意想不到的效果。当你与他人沟通时,你模仿他的站姿或坐姿、他的手和肩的摆放姿势,他的其他举止,将让他产生一种认同感。例如,许多人在交谈时惯用某些手势,你也不妨时常用这些手势来做表达。当然,要切忌云模仿他人生理上的缺陷。

沟通艺术——爱人者人恒爱之,敬人者人恒敬之

作为领导者,你每天都会跟自己的员工打交道。你真心待人,人家也就会真心待你,你所"取"如何,就看你所"予"如何。"爱人者人恒爱之,敬人者人恒敬之"。别人不爱你不敬你,你不要责怪别人,请先问问自己是否爱别人敬别人。

我们常说的"将心比心",其实就是要我们在某些特定的时候进行换位思考。尤其是作为团队领导者在教导、批判团队成员时,一定要注意分寸,不可太重,太重了别人承受不了,但也不能太轻,太轻了起不到警醒作用。

我曾经研究过美学上的欣赏与创造这个问题,得到了一个不同寻常的结论:欣赏与创造根本就是难以区分甚至无法区分的,每个人所欣赏的世界同时也是每个人所创造的世界,世界是他自己的情趣和性格的写照。你在世界中能"取"多少,就看你在你的灵性中能"予"多少。物我之中有一种生命的交流,有思想的人所见于物者深,没思想的人所见于物者浅。

现在当我思索这比较实际的团队管理问题时,就会觉得它与欣赏艺术的道理暗合默契。你自己是什么样的人,就会得到什么样的跟随者。

1.换位式:领导真正欣赏的是比他早几个时区的人

在生活中,我们在一起,但是每个人所处的时区却好像不一样。有的人做事情总比别人慢半拍,有的更好像在比别人晚几个小时的时区里,后知后觉,总在问题出现甚至很严重之后才慢慢地去寻求解决问题的办法,而领导真正欣赏的是比他早几个时区的人。

我曾到新加坡出席一个重要的会议,主办方在休会期间组织部分参会人员去看比赛。他们在赛场包了一个高级贵宾包厢,只邀请了全球顶级的50名客户,我也在其中。

第一天的比赛晚上6点半开始,对方代表和我约于比赛前在赛场门口见面。我当时想新加坡城市不大,到赛场应该用不了太多时间,于是就5点出门。不料新加坡的道路很拥堵,我到赛场时已经是6点35分了。老远就看见对方代表站在那里,我感到很不好意思,走上前说:"不好意思,路上堵车来晚了,你已经来了很久了吧。"

结果对方代表告诉我他4点半就来了,这让我大吃一惊。我连忙问他为什么来这么早,他笑笑说之前还有一场排位赛。

我当时没有留意,只是感叹自己对比赛不够了解。第二天的比赛仍旧是晚上6点半,我心说这次绝不能再迟到了,回去还特意查了下比赛赛程,发现次日的下午并没有比赛安排。

于是,第二天我提早半个小时出门,6点就到了赛场门口,结果发现对方代表还是比我先到,我问他什么时候到的。结果,他又告诉我是4点半到的。

我再次大吃一惊,再一次问他为什么这么早到,他说:"陈总,你是我们的贵宾,也是我们最大的客户,我要是迟到了就不好了,我得提前到为你安排好观看比赛的一切事宜。"一瞬间我就知道了,什么叫做职业素养。

我很感动,真的很感动,回来后我给很多朋友讲述我的这份感动,而这位代表所做的其实只不过是换位思考,懂得客户罢了。守时是一种良好的品德,在很多情况下,超前是一种内在的规矩。当今的社会强调服务,强调体验,只有多站在对方的角度考虑,才有可能建立起真正有效的服务体系。

2.留白式:给下属留有余地

记得以前看过一则小故事,说的是一个小画家受到了人们的推崇,因为他的画只画在画布的下半部分,而上半部分则是空的,人们对他的"半边画"产生了浓厚的兴趣。人们甚至猜测这个孩子在画画时刻意留白是为了给予他们更多的想象空间和意境去体会,尽管后来大家发现这是因为孩子个子太矮,够不到画布的上面而已,但是人们还是愿意购买他的画。等到这个孩子长大了,个子也足够高了,开始满画布地画时,他的作品反而无人问津了。

团队之中也需要"留白",需要给予他人更多的空间去思考,去体会,去消除误会。中国有句老话,叫"一切尽在不言中",这很好地反映了其中的真谛。

孙犁是一家公司的副总,做起事来雷厉风行,绝不拖泥带水,手下人都很怕他,背地里叫他"孙老虎"。

一次,孙犁给下属小李打了一个电话,布置了一项重要且复杂的任务,并要求小李三天后给出结果。对于孙犁的指示,小李自然是唯唯诺诺,满口

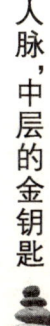

答应了下来,可一挂电话,他就开始嘟囔起来:"孙犁还真是个孙扒皮,这个任务怎么可能三天就做完,真不是人做的,简直是个神经病。"

刚嘟囔完,小李一转头突然发现孙犁就站在自己背后看着自己。原来孙犁刚才布置完任务之后,觉得有些细节说得不够清楚,于是就想直接过来当面给小李嘱咐几句,结果刚好碰上小李抱怨。

小李心里顿时感觉像腊月里被浇了一桶冰水,呆呆地看着孙犁。不料,孙犁只是对他笑了笑:"小李,我刚才电话里没法讲得特别细,这里刚好有我以前研究过的一些材料,你拿去看看,有什么问题再来找我。"

说完,孙犁转身进了办公室。

小李并未对孙犁的"不表示"感到庆幸,他担心孙犁记恨在心,不由得忧心忡忡。

三天后,小李因为整体处在担忧的状态,并没能很好地完成任务。而孙犁并没有像他想象中那样给他找点麻烦,只是指出了其中的几个问题,让他继续完善。

一段时间后,小李明白孙犁并不打算计较那次背后的咒骂,才恢复了状态。

在这个案例中,孙犁表现出郑板桥所言的"难得糊涂"。小李的这个过失实为无心,对于团队而言并没有大的伤害,但也不能姑息,否则让团队内一直流传着不一样的声音对团队的凝聚力是一种伤害。对于小李这样的行为,优秀的团队领导者可以表现出适度的宽容,这容易得到下属的敬佩。而对于小李而言,这次是一个教训。作为团队跟随者,非常忌讳这种"无心"的多言。

3.刺猬式:"距离产生美"

寒冷的时候,刺猬们就会开始聚集取暖。但因为它们浑身都长满了尖刺,如果靠得太近,反而会伤了彼此;离得太远,又达不到相互取暖的效果。于是,刺猬们就微妙地保持着"安全距离",有了这个距离的存在,它们既不会扎到对方,又能达到取暖的目的,非常神奇。

这就好像是我们彼此之间的相处,当我们彼此依靠的时候,能够凝结出有益的能量;但是当人与人之间走得太近时,性格、个体的差异就会带来许多矛盾和冲突。所以人与人之间,不能太远,也不能太近,需要有"安全距离"的存在。

马明明是一家公司的年轻主管,刚从大学毕业三年,因为部门里大多是刚毕业的小姑娘,平时大家都把她当大姐姐对待,有什么心里话都会私底下和马明明说。不知不觉地,马明明手下的女孩都习惯在下班后找马明明诉说自己的不开心,从和男朋友吵架到是否买车买房,每个女孩在马明明面前都敞开了心扉。

马明明开始很开心,觉得这是一个融洽的团队,底下的女孩能这样和自己推心置腹,说明她们对自己绝对信任。可是时间一长,马明明发现自己开始头疼,每个女孩都告诉了自己一些他人不可能知道的隐秘。自己虽然在处理她们个中关系的时候比较得心应手,但是一旦批评起来总会得到这样的反馈:"马姐,你是不是因为知道我的秘密开始疏远我了。"底下人亲热地叫出来的"马姐"也开始有些刺耳,马明明仿佛成了一个"知心姐姐"。

团队内的关系融洽,并不意味着团队领导者和团队成员要走得非常近,领导与下属之间"亲密无间"也并不是一件好事。团队成员间最根本的关系还是工作关系,如果突破了正常的同事关系,反而容易给工作带来障碍。我调研的不少失败团队,很多都是因为在团队组建初期有一位"知心姐姐"式的领导,没有区分清楚工作和生活,没有厘清团队融洽的真谛,导致后来团队文化和精神面貌就出了大的问题。

王猛最近被公司委以重任,调到一个地方城市打头阵。得到上级领导如此信任,王猛自然干劲十足。

王猛做事,人如其名,非常的刚猛,事事冲在前线,每天都是早早到了公司,晚上总是忙到深夜,对此,下属们都十分敬佩。李芳芳是王猛的副手,她十分认同王猛的做事风格,并也是一个"拼命三娘",所以她十分庆幸有这样一个领导。

时间一长,王猛由于缺少休息,经常做事颠三倒四,顾不上很多细节,同事们开始有些微词,但是李芳芳还是很坚定地站在王猛一边,支持他的每个决定。一次,晚上加班后,王猛与李芳芳出去吃消夜,也许是最近太过疲倦,王猛开始"倒苦水",而恰巧李芳芳又是一个很好的聆听者,王猛不禁打开了话匣:"芳芳,你不知道我最近多苦,我现在实在太忙,连内衣都没时间洗,现在身上这件都已经有几天没洗了。"

李芳芳开始还在很有耐心地听王猛倾诉,感慨领导的不易,不料王猛突然说到这种话题,不禁一阵脸红,感到恶心,仿佛心口里堵了一只苍蝇。随后,她就找借口终止了这次谈话。

从这次夜宵之后,王猛明显感觉到李芳芳和自己疏远了很多。

作为领导者,与下属之间应该保留一定的距离,尤其是存在性别差异时,领导者更需注意自己的言辞,有时在无意中随口说出的一句话,很可能就会伤害到自己的忠实跟随者。作为领导者,你永远要明白,你是团队的领路人,方向正确了,大家才能齐行。在面对团队成员时,等距离化是一个非常重要的方向性法则,否则你的管理方式会伤害人,疏远人,离间人,分化团队,搞垮团队。

何其,人如其名,在办公室里,从来都是和气一团,没有人看到过他和谁红过脸。何其的性格比较内向,做事也慢吞吞的,他的人生信条就是做一杯温开水,不冷不热,平静无波。

每次办公室里评先进时,他总是人云亦云随大流。而每当办公室里发生争论时,他又总是三缄其口,两不相帮,在一边慢条斯理地做自己的事,仿佛什么都没发生。

但是,有的时候,我们越是躲麻烦,麻烦就越会找上门来。

何其手下有一个实习生小刚,不小心损坏了市场部的一台相机。市场部主管汪涛立刻来找何其,要求小刚赔偿。

这台相机是国外进口的,损坏虽然不算太严重,但是维修起来要一笔不小的费用。小刚向何其寻求帮助。

这下,何其犯难了,不赔要得罪汪涛,而如果让小刚赔了,这个数目又有点大,传出去会损害自己的形象。思前想后,何其决定,索性自己出了这笔费用,两边都得好处。

何其本以为这次算是破财消灾了,但没几天,没有得到足够教训的小刚又把市场部的DV给摔坏了,这下何其真的傻眼了。

何其这个好好先生当得有点过了,之前帮小刚垫钱,可以认为那是一种对员工的变相关爱,但他应该跟小刚好好谈谈,告诉他应该从此事中吸取教训,避免以后再犯,如果仅仅是为了"两边不得罪"这么可笑的目的他的做法就太肤浅了,这样的工作方式是无法解决问题的。

沟通技巧——做完蛋糕要记得裱花

在信息社会,光会做事已经远远不够,如果不注意人脉沟通,纵使你累得半死,也很难获得加薪、升迁的机会。

对此,台湾作家黄明坚有一个形象的比喻:"做完蛋糕要记得裱花。有很多做好的蛋糕,因为看起来不够漂亮,所以卖不出去。但是在上面涂满奶油,裱上美丽的花朵,人们自然就会喜欢来买。"

做完蛋糕要想到挤花,有了美丽的奶油花朵,蛋糕就自然赢得了人们的青睐。沟通,就是在自己做的蛋糕上裱花。

1.与上司沟通——让上司看到你的价值

下面我们来做个测试。做法与打勾项相吻合即得1分。
(1)即使正确看法被否定,我仍然认真工作,找适当时机向领导陈述。
是□否□√
(2)接到任务或命令,我会回复"马上处理",而不是做完手头工作之后再回复

是☐✓否☐

(3)我总是先汇报结果,再简述过程,而不是事无巨细地向领导汇报
是☐否☐✓

(4)面对不切实际的安排,我不会直接说"不可以",而说"试试看"
是☐✓否☐

(5)我提出问题时,不仅有建议,还会提出解决方案供领导参考
是☐否☐✓

(6)突然被指派重大任务时,我会欣然接受并全力以赴完成任务。
是☐否☐✓

(7)受无端批评后我不会暗自发泄不满,更不会萌生去意
是☐✓否☐

(8)我会定期把我的情况、想法与领导交流,让他了解我的动态
是☐✓否☐

(9)如果我提出的建议不被采纳,我不会直接找更高级别的领导去建议
是☐否☐✓

(10)不管怎样得罪领导,我先承认自己不足,再找机会寻求谅解
是☐否☐✓

(总计10分。6分以上则说明基本符合本测评的能力要求。)

你工作的目的不就是为了发展自己,为自己创造财富吗?怎样才能发展自己,增加财富?答案是:显示你的能力,让上司看到你的价值。

每个中层都有上司。相信参加工作后,我们每个人都有一个美丽的梦想,那就是遇到一个欣赏自己的"伯乐"上司,可以让我们这些"千里马"能够青云直上,事业成功。可现实是不可能这样完美的,我们不可避免地会遇到一些不欣赏自己的上司,他们不欣赏我们,或许是因为我们的能力,或者是因为我们的性格,有时甚至什么也不是,就是看我们不顺眼。

如果你的工作完成得很好,你的业绩也不错,你的下属也很爱你,但你的上司不喜欢你,因为你只知道做自己的工作,只知道怎么管理你的下属,

不注意上司怎么看你。

所以,不管你是主管也好,普通职员也好,你都要懂得怎么当下属,怎样让你的上司喜欢你,器重你,提拔你。这就需要我们学习与上司沟通的技巧,主要有六点:

不要怕和上司多说话

当你刚开始与上司相处时——不论你是新手或这位上司刚走马上任,不要怕和上司多说话、问问题,以及交给他相关工作资料。但也千万别喋喋不休地说个不停,除非你确定你的上司喜欢听你说这么多话。

因为,上司希望得到对工作有热忱的员工,所以表现你对工作的热爱,以及适时指出公司需要改进的地方,是与上司沟通的好方式。如何做才能到呢?我想,首先,自己的本份要顾好,对公司业务要有深刻的认识。因为当上司在考虑提拔的人选时,对公司越有深入认知的员工,和上司沟通越多的员工,越有被升迁的机会。

我有一个在500强企业做高管的老同学,他告诉我,公司曾有个下属,喜欢在会上提意见,只摆问题,很少有解决方案,老同学有时听起来很恼火,因为那个下属话语很尖刻,这样一来,下属的人际关系出现问题,一是由于他的方式,很难让人冷静接受,更别提采纳了,二是由于他不注重建言献策的场合,导致上下级之间关系产生磨擦与矛盾。因此,如何向领导建言献策,有一个方法和技巧问题。这个"技巧"就是第二点:场景语言。

讲究场景语言

下属向上司建言献策,要讲究场景语言。一般来说,下属向上司建言献策,最好选择个别交流或在专门工作会议上反映。上司能否采纳,是上司的事情,上司会站在企业发展全局的高度,审视建议或方案的科学性、系统性和可操作性,如果领导最终未能采纳下属提出的建议,作为下属也要对上司给予理解和宽容。

学会欣赏上司

有的下属看不起上司,他们抱着"你当年如没有我帮助,哪会有今天"这种不切实际的想法,其实这是自不量力的表现。因为不论上司是靠什么人

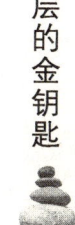

成功,好歹他今天是在管你,而不是你在领导他。所以,能够脚踏实地地跟着领导干事的作风,是一个人通向成功的门票。

撇开人格不谈,单就公事而论,上司必有值得下属学习的地方。例如,他沉着、遇事冷静、富有冒险精神或公私分明等,总会有你不及之处,问题是你能否放下不满之心去欣赏别人。在上司身上找寻一些能令自己欣赏的地方,可以把许多怨气消除,更重要的是这样你可以学到自己没有的长处。

努力学习,充实自己

既然我们认识到上司必有过人之处,那你要不要去努力的学习?肯定要的。做下属的,脑筋要转得快,要跟得上上司的思维。

因此,你不仅要努力地学习知识技能,还要向你的上司学习,这样你才会听得懂上司的言语。他说出一句话,你要能知道他的下一句话讲什么,也就是要跟得上他的思维。如果你不去努力的学习,你的上司想到20公里了,你才想到5公里的地方,你跟他的差距就会越来越大,他是没法提拔你的。很多人都想超越他的上司,这是非常可贵的精神,但要超越你的老板,先要学会他那一套,然后再谈超越他。你连他那一套都没有学会,更谈不上超越了。因此,做下属的,要不断的学习,学习你的上司,并不断充实自己,才能提升自己,获得上司的赏识和提拔。

变压力为动力

有时候,即使你努力了,学习了,进步了,但还是会有不公平待遇,那么,胡一夫老师建议你将自己受到的不公平待遇,作为自己离开那份工作谋求更大发展的巨大动力,当然,这个方法适合那些对现有工作不十分依恋的人。我有一个学生,虽然他只有大专文凭,人却十分聪明能干。可惜他的上司却不这么认为,所以他在那个单位工作了很久,却一直没有得到提拔。前段时间,与他电话联系时,我得知,他已经顺利的成了一所重点大学的研究生。后来,他告诉我,每当他受到不公平的待遇时,他不再像别人那样愤愤不平,而是将其转换为离开那个单位、实现自己远大理想的巨大动力。

分享与谦卑

将一元钱平均分给两个人,则每个人分到的钱会减半;如果将一份快乐与喜悦分给两个人,那么这份快乐便会加倍。人类本为群居,你中有我,我中有你,无论是快乐与痛苦都会相互影响,因此,职场得意的你,请真诚地与团队其他人员分享你的快乐,这样你会得到更为愉悦的回报。

人往往有了荣耀,便开始自我膨胀,但个人的涵养与底蕴不足以支撑你的那份荣耀。慢慢的,你自会招人非议,同事们会在工作中处处与你作对,使你碰钉子。对于刚刚踏入职场的大学生,获得荣耀固然可贵,但保持谦卑则更为重要。

要不卑不亢不容易,但"卑"的力量要胜过"亢"的力量:对人要更客气、更尊重,荣耀越高,头就要越低。成绩面前总提自己的荣耀,就会变成"吹嘘",事实上,你的荣耀大家早已知道,何必再提呢?如果你独享那份荣耀,就是在威胁别人的生存空间,因为你的荣耀会让别人变得黯淡,让人产生一种不安全感,而你的感谢、分享、谦卑,却可以换来上司同事们的尊重。

职场中,你会遇到许多不同类型的上司:有的性格温和,为人谨慎;有的脾气暴躁,做事草率……总之,每个人都有与众不同的习惯。对待不同的上司有不同的沟通技巧与相处之道。

对懒散的上司要巧妙周旋

你的上司经常迟到、早退,一则令你有不公平之感;二则他不在影响了工作进度,因为好多决策未能及时由他批示;三则遇上公事出错,你会被逼"背黑锅"苦不堪言。

不妨试试以下方法:上司不在时,请来一个见证者,当然不是公然地找,而是有意无意,例如在秘书小姐面前进行,目的是要有人知晓整件事情的来龙去脉,使公司里人晓得真相。一传十,十传百,你的目的就可达到。

对爱发脾气的上司要沉住气

上司也是人,也会情绪不好,也许是他的家庭发生了问题,或者工作出了意外,他的上司批评了他。这时他也许找茬发一通脾气或摆出一副难看的脸色。

应对该类上司技巧:这时候你要沉住气,不必马上和他闹情绪,这样会

刺激他。等他情绪平定之后,你再找他解释。这样更明智,效果也会更好。说不定他冷静以后会主动同你交流,这是一种良好的工作态度。

对公私不分的上司送他一枚软钉子

有些上司公私不分,常常要你替他做私事,你可以送给上司一枚软钉子。你要做的事就是巧妙的拒绝他,但不影响你的前程为前提。要在第一时间说"不"!

例如上司要你替他的女儿写读书报告,你一万个不愿意,就告诉他说:"对不起,我帮不上忙。"如果他在下班后让你去做,事情就更好办了,搬出这样的理由:"因为我今天晚上有约会,不能迟到!"翌日,他再次请你做,你可以找相宜的理由,他就会知难而退,又奈何不得。若这样的事情发生在工作期间,你的理由更多,说:"我手头上有三个报告要书写,老板说今天一定要。"由于上司本身就理亏,只会闷在心底,但只要你工作认真,从没有犯错,他便"敢怒不敢言"了。

对讨厌的上司尽量避免正面冲突

讨厌的上司,不是指因为工作能力不好而让人讨厌或困扰。在这里单纯地指个人的好恶,也许是个性不合、脾气不好,或是你无法认同他的行为。假如你碰到了这样的上司,苦恼之余,又该用什么态度和他相处呢?不论多讨厌对方,你都要尽量避免与他正面冲突。尤其当对方正好又是公司内部掌握大权,有能力、地位的人时,你更要特别注意,千万不要采取太过激烈的行动,要避免正面交锋,因为这些冲突,可能会让你对他的厌恶感加重,反而造成你的心理负担。所以,为了以后的工作能更加顺利地进行,唯一的保身之道就是"保持距离,以策安全"。

对情感脆弱的上司奉上杯热茶

上司通常会在别人都下班后,独自坐在办公室发一会呆,上司面对工作一样会感到心情压抑,家庭生活也一样有这样那样的矛盾问题。上司的情感有时也很脆弱,需要抚慰。但如果为此你就毫不客气的探问其隐私,甚至为此出谋划策,那就大错特错了。上司最脆弱的时候,他只需要适度的关心,一杯热茶已足以让上司送给你一个淡淡的微笑。如果方便,你随意讲个笑话,开解他郁闷的心情,他会非常感激。要明白,真正关心上司,出发点应是爱戴而不是利用。

对变色龙式的上司应牢记他曾说过的话

有一些上司是变色龙,今天他可以让你这么做,明天就要那样做,今天他这么说,明天又那么说。可怜的打工族,一方面,随时提心吊胆,另一方面,总是在工作上不知所措,精神上精疲力竭。另外,还有可能他被老板抓住了把柄,搞不好有下岗的危机。变色龙老板之所以善变,主要是因为他不愿意承担责任,这是他信心不足的表现。

所以,作为打工族,应"督促"他改正,他在任何情景下说过的话、交代过的事情,一定要记清楚,如有必要,你可以记载在纸上或电脑之中,以备及时之需,实际上,这种习惯也是一种良好的工作态度。

对"霸道型"的上司不要被他吓倒

这类的上司认为只要不断的威胁雇员,就能让他们服服帖帖地干活。

对付这样的恶老板,你必须让他感觉到你存在的价值。尤其当你预见到他将会对你恶语相向时,你必须事先想好回敬他的措辞。更重要的是,你不要被吓倒,而是坚持下去,往往最后退缩的是对方。

对喜欢追女性的上司找个合适的挡箭牌

好些拥有一定权利的男上司,虽然家中已经有个好老婆,但他仍会利用有地位,去追求女同事。有些女同事会立刻辞职,避免烦恼,但这只是消极的办法。如果你在公司争取到了一定的地位,一下子全部放弃,太不值得了吧!

所以,上上之策是,既不坠入对方的圈套,也不得罪他,更不影响你的工作。例如,当上司借故约你,你可以装傻,问他:"你太太也一起来吗?"或者表示高兴"好的,顺便介绍一下你的太太给我认识吧!"有些上司不会避嫌疑,直接邀请你,你也不妨大方的答应下来,但只是赴一些小的约会,如下午茶,午饭之类;另一方面,你要借故取得上司家中的电话号码,找他的太太,与她交朋友,让别有用心的上司不能得逞。

对疑神疑鬼的上司每晚给他一份报告

有些老板成天怀疑员工偷懒。一名女士这样形容自己的老板："她总是偷偷地站在员工后面,每隔5分钟便会问上一句'工作进行的怎么样了?'令人防不胜防也不胜其烦。"

不偷懒工作,这当然是好,但对付这类老板最好的办法是,每天给他一份报告,明白告诉他今天做了什么工作,以打消他的疑心,从此他放心你也安心。

2.与下属沟通:诚心做表率

下面我们来做个测试,你的表现若符合"√"选项,即得1分。

(1)我总会征询下属的建议,一旦采纳,及时称赞。

是□√否□

(2)总结工作时我先把问题归于自己,把成绩归于下属。

是□否□√

(3)讲话时我能一针见血地陈述问题,但从不给人咄咄逼人的感觉。

是□√否□

(4)当别人和我说话时,即使很忙,我也会先把手中的事情放下。

是□否□√

(5)对初次见面的人,我能很快记住他们的名字和特征。

是□否□√

(6)下属提出的建议不尽合理,我会指出不足并给予鼓励。

是□√否□

(7)当着领导我总会表扬下属,批评下属我会选择只有两个人时。

是□√否□

(8)下达命令之后,我总会告诉下属这件工作的重要性和完成要求。

是□√否□

(9)发布一项新措施,我会召开专门会议,向每位下属解释目的。

是□否□√

(10)下属未获晋升,我会帮他分析原因,教他改进的方法。
是□否□√

(总计10分。6分以上则说明基本符合本测评的能力要求。)

一位30多岁的研究生被提拔任命为一个课题组的组长,第一天他走马上任,便烧了"三把火"。早上到了办公室就组织开会,他对着曾经比他年长的同事,安排一通儿工作。他对老王说:"你管采购,把你的工作梳理一下,该付款的赶紧完结了。"老王一下子没回过神来,丈二和尚摸不到头脑,因为之前工作的流程并不是这样安排的,很灵活。

他接着对老唐说:"你管销售,七天以上的合同赶紧去催。"老唐盯了新领导一会儿,扭过头,他对新员工小李说:"把你的工作整理一下,向我汇报。"小李心说:"哼,我才来了五天,上周才进行的新员工培训,我还不知道从哪里入手呢,我怎么向你汇报?"小李也没吱声,去做自己的事情了。

新官上任的第一天,大家就在沉闷、压抑的氛围之中度过了。久而久之,曾经的同事和他的关系大不如以前,关系越来越疏远。同事变成了下属,变得判若两人,每天早上上班的时候,要不就耷拉个脸,一脸不情愿,要不就是踩着九点上班的铃声进来,一个个就像霜打的茄子。

正如美国心理学家马斯洛的需求理论会一样,职场多数人会追求自我价值的实现,深信自己通过辛勤工作和卓越表现能成为企业提升的最佳人选。即使不得不承认主管比自己强,可感情上下属难以接受,并往往莫名其妙地产生敌视和不予合作的态度。更有甚者在嫉妒心的驱使下会出难题、找麻烦,不服从主管的工作指令甚至处处拆台。

我们建议,作为中层,和下属沟通要做到以下几点:

让下属感受到你恰如其分的关心

作为一名主管,要让下属心甘情愿地为你赴汤蹈火,首先要让下属感受到你恰如其分的关心,这比送任何礼物都重要。

关心下属的家庭和生活。幸福的家庭生活是干好工作的基本保证,如果员工因家庭生活而分心就无法高效地完成任务,会影响他工作的心情。

关心下属的健康。身体是革命的本钱,下属身体的健康状况直接影响工作任务的完成情况。同时,在下属住院期间上级的探望可以树立上级在下属心中的地位,这样更有利于工作的开展。

记住下属的生日,给予祝福。下属过生日时,上级的祝贺不仅让他感觉到上级的关心,同时可以提高下级以后工作的热情。

下属犯错误的时候不要一味责骂与批评。要先安抚再批评,找出原因,积极解决问题。

站在下属的角度思考他们的需求。恰当的关心可以使我们与下属建立友好的关系,更好地开展工作。

与下属开诚布公地交流

当"官"不要像"官"。要学学美国人的坦诚,和昔日同事开诚布公地谈谈,征求对此次人事变动的意见。让他们把心中所有的感受全部讲清,即使双方不能达成共识,不能彻底消除他心中的不愉快,至少他宣泄了感情,不会总在背后嘀咕。至少双方能用一种公平、坦诚的态度彼此相待,为进一步沟通迈出了第一步,即使他不讲心里话,起码他知道了新主管的友好态度和对他的尊重。

你需要淡化"当领导"的意识,处处不摆官架子,以求取得昔日同事的认可。要与下属保持以前那种和谐良好的关系,一起吃饭,一起打扫卫生,自己能做到的事尽量自己做,不要呎五喝六。

安排工作用商量语气。你说"你有时间吗?有空你去一趟……"时,如下属拒绝接受指派的工作,用平和语气询问他们理由所在,不必煞有介事地大叫大嚷;如果要批评,你要注意场合、分寸,措辞不可太激烈。做了主管后讲话的分量就重多了,需谨言慎行。

与下属沟通应用征询语气。不管昔日同事表现得多么不友好,新主管都要一笑了之,不追根究底,用你的热情和诚恳去融化同事们的心。俗话说,"宰相肚里能撑船",退一步海阔天空,何必意气用事。

季婷婷刚提升为科室主任,平日最要好的朋友小马总是对她冷嘲热讽。婷婷在工作上仍然征询小马的意见,生活中对小马也十分关心。渐渐地,小马感到季婷婷提升以后还是那样热情助人,再也不好意思耍脾气了。

批评下属要一对一。当下属在工作中出现失误,不要当众对其批评,而应争取用一对一的方式,语气不要太激烈,要使用建议、和缓的语气,这样的批评方式更容易让下属接受。

下属不友好,一笑了之。你要以德报怨,以诚待人。有些人是很难改变的,甚至可称铁石心肠,但大多数人通情达理,他们会逐渐被你的大度感化的。要相信,心诚则灵。

做身先士卒的好上级

付出真心和行动。《论语》中说:"其身正,不令而行;其身不正,虽令不从。"能力得人心。选择好突破口,旗开得胜,树立威信,以后的仗就好打了;如果这火没烧好,可能会烧着自己,以后就可能步步被动。

20世纪50年代,日本索尼公司在经营上出现了问题,为了让下属了解实情共渡难关,社长盛田昭夫在室外召开了全体职工大会。盛田昭夫讲话的过程中下起了大雨,秘书赶紧找到一把伞给盛田昭夫打开,盛田昭夫接过来走到台下把伞给了一位老工人,并在雨中坚持把话讲完。这件事感动了所有在场的下属,讲话结束后,下属们热烈鼓掌,久久不愿离去,并大声说:"社长,您放心吧,我们一定会加倍工作,共渡难关。"

言必信,行必果。下属服从管理者的指导,其理由不外乎以下两点:一是因管理者地位高,权力大,不服从则将遭受制裁;二是因管理者对事情的想法、看法、知识、经验较自己更胜一筹。"人不能被改变,只能被影响!优秀的领导只会身先士卒,用行动影响团队伙伴,而不是指手画脚,试图去改变他们!"下属信任你,仰慕你,愿意听从你的指挥,那你就是他们的领导。

某卷烟厂一度管理混乱,风气不正,最突出的是"偷烟天天有,打架三六九"的问题,这两个问题不解决,便什么事也办不下去。于是,新到任的厂长决心先刹这两股歪风。他明确宣布:以后无论谁,再偷5盒烟就开除。许多人议论纷纷:"小题大做!""口气倒不小!"新厂长就当没听见,很快他就抓到一个私拿散烟的人,他偷的107支散烟折合5盒零7支,没说的,开除!谁来求情也没用。这一下,全厂的"偷烟者"都傻眼了。接着,新厂长在不长的时间内,

对敢于以身试法的人又开除了四五个,屡禁无效的偷烟风终于被刹住了。接着,打架风也被刹住了,厂里风貌大变。

抓主要矛盾。拿妨碍工作的主要问题开刀,把可供选择的"突破口"排排队,看看哪个问题自己最有把握解决,就先动哪一个。一炮打响,再放第二炮,炮炮不空,逐步扩大战果。有些问题,虽然应当解决,但自己从来没有接触和研究过,或自己目前还没有这个能力,或客观条件不成熟,没有把握时,就不要盲目行事,留待下一步解决好些。这也符合"慎重初战,务求必胜"的原则。

3.与同级沟通:平等协商没成见

下面我们来做个测试,您的举动和打"√"的选项相符,即得1分。

(1)与同事发生不快,我先找自己的问题,再主动接近对方消除矛盾。
是□否□√

(2)不管喜欢或不喜欢某人,见面时我总会面带笑容地主动打招呼。
是□否□√

(3)中午就餐或下班后进行集体娱乐活动,我总是名单上的"常客"。
是□否□√

(4)办公室新来的人总爱向我询问,总是首先熟悉我。
是□√否□

(5)同事有困难时,经常会向我求助。
是□√否□

(6)受到表扬,我会说"这是共同努力的结果""XX付出更多"之类的话。
是□√否□

(7)即使有正当理由导致工作进度延误,我也会在第一时间承认自己的不足。
是□√否□

(8)即使遭到别人背后非议,我也能够保持原有的精神状态和工作热情。

是□否□√

(9)我在任何场合下都不隐瞒自己的观点,想说就说。

是□否□√

(10)我很直率,对原则问题总是据理力争。

是□否□√

(总计10分。6分以上则说明基本符合本测评的能力要求。)

中层与上司、下属沟通很重要,与同级之间沟通也十分必要。人是一种不能脱离群体的高智商动物,"独木不成林""孤掌难鸣""一个巴掌拍不响"等说的就是这个道理。比如某单位有一个"小头头",他与别的部门主管关系非常紧张,人家责怪他太自以为是,太锋芒毕露,这因为他缺乏沟通,使单位的正常工作近于瘫痪。

在一个以群体为主流的社会里,每个人的一生中至少有一半以上的时间必须跟各种各样的同事待在一起。学些与同事相处的方法,比如说,当你很不幸地沦入一群虎视眈眈的同事当中,你又不得不在这个群体中待下去的时候,你不妨学一学鲁迅"破帽遮颜过闹市",把自己做人的姿态放低一点,保证这样以后你有一大群每天都冲着你乐、冲着你笑的好同事。

古时候,一个丞相的管家准备修一个后花园,希望花园外留一条三尺之巷,可邻居是一个员外,他说那是他的地盘,坚决反对修巷。管家立即修书京城,看到丞相回信后的管家放弃了原计划,员外颇感意外,执意要看丞相的回信。原来丞相写的是一首诗:千里家书只为墙,让他三尺又何妨。万里长城今犹在,不见当年秦始皇。员外深受感动,主动让地三尺,最后三尺之巷变成了六尺之巷。

宽容是甘露,是美德。它能化干戈为玉帛,如果同事之间多一些宽容和理解,同事关系也就不会那么难处了。一位名人曾经说过这样一句话:其实,人一辈子活的就是周围那么几个人。想想看,世界上有几十亿人,但你认识的有多少?你经常打交道的人又有多少?

一般来说,领导者在与同级做深入交流的时候,还要注意以下几个

问题:

(1)同事之间有摩擦是难免的,对一件事情有不同的想法,我们应具有"对事不对人"的原则。

我们要用成绩说话,真正令同事刮目相看,即使有人对你有些非议,此时也会"偃旗息鼓"。当然有了成绩,也不应滋生骄傲的情绪,好像觉得"高人一等"。美国著名的成人教育家代尔·卡耐基认为:"在多数情况下,同事间争论的结果只会使双方比以前更相信自己是绝对正确的,你赢不了争论。要是输了,当然你就输了;如果你赢了,还是输了。为什么?如果你的胜利,使同事的论点被攻击得千疮百孔,一无是处,那又怎样?你会觉得洋洋自得。但他呢?你使他自惭。你伤了他的自尊,他会怨恨你的胜利。而且一个人即使口服,他的心里并不服。最糟糕的是,转过身来,你们还要不得不同在一个屋檐下共事。"

(2)领导者要做好与同级的沟通,必须克服锋芒毕露的坏毛病。

本杰明·富兰克林是美国历史上最伟大的人物之一,他在美国人心目中的威望甚至超过华盛顿。至今美国人民仍认为他是美国历史上最能干、最和善、最圆滑的政治家、外交家。谈到如何与同事沟通,以柔克刚,富兰克林是这样说的。

"我立下了一条规矩,"富兰克林说,"决不正面反对别人的意见,也不准自己太武断。我甚至不准许自己在文字或语言上措辞太肯定。我不说'当然'、'无疑'等,而改用'我想'、'我假设'或'我想象'一件事该这样或那样,或者'目前在我看来是如此'。当别人陈述一件我不以不然的事时,我决不立刻驳斥他,或立即指出他的错误。我会在回答的时候,表示在某些条件和情况下,他的意见没有错,但在目前这件事上,看来好象稍有不同,等等。我很快就领会到改变态度的收获,凡是我参与的谈话,气氛都融洽得多了。我以谦虚的态度来表达自己的意见,不但容易被接受,更减少一些冲突;我发现自己有错时,也没有什么难堪的场面,而我碰巧是对的时候,更能使对方不固执己见而赞同我。"

"我一开始采用这套方法时,确实觉得和我的本性相冲突,但久而久之就愈变愈容易,成为我的习惯了。也许50年以来,没有人听我讲过些什么太武断的话。在正直品性支持下的这个习惯,使我在提出新法案或修改旧条文时,能得到同胞重视,并且在成为民众协会的一员后,能具有相当影响力的重要原因。因为我并不善于辞令,更谈不上雄辩,谴词用字也很迟疑,还会说错话。但一般说来,我的意见还是得到了广泛的支持了。"

(3)领导者与同级沟通的时候,一定要紧睁眼睛慢张嘴。

千万不要在不适宜的场合,随便议论同级分管的工作。不仅自己要做到这一点,你还应教育下属做到这一点。只有这样,你才能让同级之间,形成相互信任,互相友好的和谐气氛。有的同事的生活方式和思想观念都比较前卫,许多的私事不喜欢让人知道,哪怕是最要好的朋友。他们比其他的群体更注意捍卫自己的隐私权,所以你别轻易侵入对方的这个"领地",除非对方自己主动向你说起。在他们看来,过分关心别人的隐私是没有修养的低素质行为。这就意味着你与这类同事在一起时,得掌握交友的尺度。工作或是信息上的交流、生活上的互助,一起游玩都是让双方感到高兴的事,可别介入他们的隐私,不然对方会把你看作是无聊之辈,轻视了你。

记得有一副对联,上联为:闲谈莫论人非;下联为:静坐常思己过。在和同事沟通相处的过程中,这是一条准则。俗话说:"病从口入,祸从口出。"因此,上班工作时间,尽量多做事少说话。这样做既可以让自己多积累工作经验,又可以让繁忙的工作填充多余的时间,避免无聊时闲谈别人的是非。即使在工作之外,亦不要对同事评头论足,但谁是谁非,心中自然明了。

同事之间相处久了,难免磕磕碰碰,诸如此类的鸡毛蒜皮的小事,不要去计较。即使有时遇到同事的造谣、诬蔑、陷害,也要把这种不愉快当成蛛丝一样轻轻地抹去。你要坚信,身正不怕影子歪,事情终归有水落石出之日。对于那些曾经伤害过你的同事,只要风波已过,就绝不要再耿耿于怀,因为"金无足赤,人无完人"。得饶人处且饶人是最明智的抉择。更何况扪心自问,自己有没有过错呢?多一点反省,与人快乐,自己方便。

C
【好中层·职场保卫战】

"先做人,后做事,偶尔做做秀。"

——唐骏

第一章
当中层遭遇"瓶颈期"

老板是不是在针对自己？

新来的下属频频抢风头怎么办？

在这个职位上没多大发展了,应不应该跳槽？

自己已经过了三十,跳槽又能跳去哪里？

……

以上是中层主管最容易遭遇的职场困境,即"职场瓶颈期"。

中层管理人员大多数工作年限在5~8年左右,积累了比较丰富的工作经验,在工作技能、职业素养、人生阅历上均已达到了一定的高度。但是,其中有相当一部分人由于缺乏职业生涯规划,虽然取得了一定成绩,但却尚未形成自己系统的竞争力模块,在进一步的上升通道中遇到了瓶颈,不能上也不能下,处境尴尬。

他们主要的职业盲点在于:

(1)与上司沟通不畅。中层主管的职责之一就是与上司共同商议公司、部门发展计划以及执行策略,这时主管与老板取得一致非常重要,这直接关涉到工作的进展状况。可是由于主管与老板各自有各自的立场,各自有各自的管理理念,因此很容易出现意见相悖的情况。

(2)新环境适应缓慢。管理无定型,企业的运作也各有特色。能在一个环

境里如鱼得水的白领,在另外一个环境里有可能水土不服。特别是对于那些通过跳槽来谋求升职的白领,更应该在做出选择之前了解一下企业的氛围,以及将来上司的管理方式和性格。另外,中层主管常常被烦杂的事务,很容易把学习充电抛在脑后。另一方面他们的优越感使他们轻视这个问题。长此以往容易导致管理理念和某些技能的落后。

(3)做事瞻前顾后,举棋不定。这个阶段的人人生经历丰富,也有了社会地位和经济基础,乃至家庭,因此他们考虑问题总是想求"稳"。所以做事优柔寡断是他们的特点。

过去,闯荡江湖的武林"大侠"几乎都掌握了一门独门秘技,以在竞争中立于不败之地。现如今,身在职场的中层也要具备他人所不能及的独特能力,才能打破这个"瓶颈期"。

中层危机——"程咬金"和"七年之痒"

先来看两个中层的故事:

Jeff,男,29岁,国际贸易专业毕业,公司业务部主管。2005年起就职于上海一家贸易公司。如今,他加入公司已整整5年时间。5年的刻苦努力让他得到了回报,现在他已经是公司业务部的主管,一些重大项目的运作他能独当一面,深得上司青睐。

丰富的行业经验加上稳固的客户关系,Jeff顺风顺水,去年由他负责的一个大客户为公司创造了可观的利润。原本,凭着自己的优异表现,晋升部门经理应该没问题,但是,Jeff却遇到了一些麻烦。

业务部在与大客户接洽的过程中,一个入司不到两年的新人出尽了风头。他的业务能力很强,而且在人际关系处理上得心应手,部门的工作在他的协调下效率非常高,而且与客户的合作更加融洽和紧密。新人的上佳表现,引起了公司总经理的特别注意。在派发年终奖金时,他也拿到了很高的奖励。而且,此后,老板突然对Jeff的升职问题闭口不提。据说,这个新人平时跟总经理走得很近。

尴尬的局面让Jeff不知所措。显然,管理层正在重新评估两个人的实力。虽然,把新人直接提拔为经理可能性不大,但新人的超强实力动摇了管理层对Jeff的倚重。Jeff心里很是郁闷:"我进公司5年,辛辛苦苦才打拼到现在的职位,关键时刻却被一个新人挡了道。"

Jeff对自己不再那么自信。毕业后到现在,一直忙于手头的工作,让他疏忽了知识的更新,在创新、学历能力方面有点力不从心。公司越来越注重培养新人,如果这一次他不能胜出,等待自己的恐怕真的是无法突破的职业瓶颈,甚至是被淘汰出局的厄运。

而身为一著名外企生产运营总监的Shirley最近总为跳槽心烦不已。说来,Shirley能做到今天这个位置是经过长期艰苦努力的。化工专业的Shirley本科毕业后到一家大型国企做技术,工作比较轻闲。但是危机感也随之而来。不甘平庸的Shirley利用业余时间自学英语,两年后有了较好的英文听说读写能力。并且凭着自己灵敏的反映她成功应聘到一家欧美企业做销售工程师,她为自己打破了铁饭碗,迎来了职业生涯的第一个春天。

这期间,Shirley从电脑报价系统,做到售后服务支持。在这家公司做了6年之后,为了支付女儿逐年升高的教育费用,Shirley考虑谋求一个高薪的工作。这时猎头找上门来。她就顺水推舟地进了现在这家老牌欧洲上市公司的中国分支企业做商务经理,专门抓销售。由于表现出色,短短四年,Shirley一路做到了运营总监这一要职,成了人人羡慕的高管。

可是上任高管之后,Shirley渐渐觉得工作不对劲。身处要职的Shirley如今有很多事情需要与外籍上司直接沟通,但是Shirley发现她自己的意见总是和上司向左,搞得双方关系不尴不尬,工作难以展开。前不久,她的老板更是因为一件小事硬是把她的一名得力助手炒掉了,让她觉得非常郁闷……

1.职场保卫：寻找并确立核心竞争优势

先来分析Jeff的情况。Jeff入司5年来，工作表现一贯优秀、稳定，且有带团队的经验，员工们也都很服他。此时的他，应该从同事间一般的业务竞争中跳出来，进一步确立在团队管理与协调、攻克大客户方面的核心优势，在部门里明确建立一个"团队领导者"的角色。而虽然新人在业务能力上表现出色，但他毕竟在团队激励、人际沟通方面难与Jeff比肩，这样，Jeff的优势自然就会显现出来。

大多数中层管理层是从基层成长起来，并经过辛苦打拼后获得了来之不易的职位，但是时间一长，他们难免会忽略一些潜在的职场危机。所谓"生于忧患，死于安乐"，就是这个道理。如果一个人太满足于现状，原地踏步，徘徊不前，那么等待他的也将会是"逆水行舟，不进则退"的命运。相比之下，职场新人们虽然没有足够的行业经验，但其创新精神和学习能力十分活跃，加之良好的个人资质，职业竞争力提升迅速，对中层管理者的冲击不可小觑。

Jeff作为中层管理者，入职初期，会想法不断，创新点子层出不穷，而一旦在公司里稳定下来，他就逐渐被组织稀释同化，工作模式的僵化、思维定势的形成在所难免。他每天的工作大多是机械性的重复，创新的空间越来越小，而且，因为忙于应付手头的工作，充电和提升的机会缺少。这时，Jeff最需要的是保持空杯心态，及时更新知识结构，加强充电，保持知识、能力、思维方式的与时俱进，方为上策。

"你工作的动力是什么？"对于这个问题，一百个人可能会有一百种不同的答案。有人是为了养家糊口，有人是出于兴趣，有人期望获得成就感，有人是为了让自己生活得更有质量。陷入危机的中层此时不妨再次好好问自己：我究竟为了什么而工作？

在贸易行业，工作经验丰富的"熟手"向来十分抢手，有很多人在干到了经理或积累到一定的资源后选择单干。由此，Jeff不一定非要把自己的事业发展平台和通道仅仅局限在目前的公司。换个角度,Jeff可以把这当成积累资源、锻炼能力的平台,为今后跳槽或自己单干做准备。如此一想,Jeff便可以将原来偏向于关注"升职加薪"这种外生涯,转为更多的关注"观念、能力"等内生涯因素。这样,他才能使自己的职业生涯得到快速、良好的发展。

俗话说,"人脉即财脉"。在当代社会,人人都希望拥有一个良好的人际关系圈,这不仅能在发展业务时助自己一臂之力,也能预防自己在遭遇突发事件时,有路可退。公司内部的人际关系对于一个人的晋升起着举足轻重的作用,但要让自己真正立于职场不败之地,还得学会均衡职场内外的人际圈。有的人把客户当成了朋友,有的人将朋友变成了客户,身处职场的中层管理者更应该维持好自己的人际圈。

Jeff与同事的人际关系不错,平时的工作能力突出,有机会接触到各种大客户,在平时的工作中,如果他能够有意识地加强自己人际圈的培育和扩展,说不定会有意想不到的新机会。

Jeff正处在职业生涯的黄金阶段,此时,他应深刻了解行业及公司的发展,评估自己的能力,积极争取晋升机会。如果能在公司内部寻找良好的晋升机会最好,倘若遇到了难以突破的天花板,他则需要尽快确定自己的职业定位,做好理性职业规划,寻找新的、更合适的发展平台。

仔细分析可以发现,Jeff其实没有明确的职业规划,5年来他只是按公司的需要而努力工作,对于个人的职业生涯缺乏主动规划的意识和能力。一般来说,结合自己的专业学识和个人的职业气质确定好发展方向,随着工龄的增长和经验的积累,在该领域的专业竞争力才会随之增强,遇到危机时也能根据自身发展需要及时转换平台。Jeff可以利用这次的危机,认真梳理自己的职业经历,明确职业定位及中长远生涯发展规划。在清晰的职业规划基础之上,提高核心竞争力,这是中层管理人员保值增值的方法,也是突破瓶颈、迈向高层的必由之路。

2.思维转换:寻找最合适的,还是成为最合适的?

再来看看Shirley,她对自己所处的环境不是很满意,特别是在组织文化气氛方面,如"人际关系"、"团队合作",这可能影响了她在本公司的发展。但公司提供的条件很不错,而且薪金福利方面也很满意。

Shirley可谓是到了"七年之痒",刚进入职场时的激情澎湃,不知从何时起消失殆尽,工作则成了她眼中的"鸡肋"——食之无味,弃之可惜。

入职犹如联姻,一桩成功的婚姻取决于两件事情:一是寻找最合适的人,二是成为最合适的人,二者缺一不可。

而我们会发现,中层在与企业"联姻"后,大多数的情况是,中层慢慢发现对方并非原先想象中的"最适合(自己)的人",如同婚姻中的'七年之痒',职业发展到7年便面临再发展、再选择的过程,中层,会在内心权衡去留的问题。

"丈母娘看女婿,越看越喜欢"、"十对婆媳九不和",这些都是很老很俗的话。而在这世界上,往往正是越老越俗的话,就越有道理。

中层多抱怨老板对自己授权有限、信任不足。因为他们仅仅被看作一个受雇前来专司"生子(创造业绩、发挥价值)"职能的外来人,而且他们还被先入为主地臆测为有"夺权"、"析产"嫌疑之时,工作自然处处被动,无论如何都快乐不起来;尤其是当他们在被迎进门后,一时半载都没能如愿"怀胎"、"产子",或是意外地生下了"女儿",作风老派的"婆婆"就无法容忍。

世上没有"媳妇是婆婆半个女儿"的说法,却有"女婿是丈母娘半个儿子"的谚语。很多卓越的高层都是把中层当做了"半子"。以广东美的电器为例,公司创始人何享健先生,将"美的电器董事局主席兼总裁、美的制冷家电集团CEO、小天鹅董事长"等但凡数得上来的最高职务,一股脑儿地"禅让"给了职业经理人方洪波先生,这样的授权力度可谓充分、彻底。

同为职业经理人的董明珠女士,也"混"得不赖。作为广东格力电器总裁,她持股1410万股,身价超约3.36亿。仅在2008年,就有媒体披露其全年"入账3700余万元"。回过头来,再看看美的电器职业经理人的报酬,据称其"二级集团的总裁身价至少在千万量级以上,事业部层面的则不低于百万级"。此外,鉴于何享健先生曾授予高管5000万份股票期权,兑现之日,部分持有者身家将过亿。"打工也能暴富"的案例,屡屡在广东演绎。

美的、格力并非孤例。当公司在职业经理人团队的治理下进入发展稳态阶段后,创始人逐渐淡出公司日常管理……眼下,强劲的经济增长、宏伟的企业目标,以及数量有限的职业经理人和专业人才,这一系列因素使浙、粤等地卷入了一场争夺高级人才的大战,从正在扩张生意的民营企业,到迫切希望吸引高端人才"助阵"经济转型升级的地方政府,莫不如此。

其实,与调整产业结构、产品优化升级同样紧迫的,是中层的"心态"需要完成一次"转型"——第一时间把自己看作"女婿"而非"媳妇"。而在中层们恪守信托责任之时,高层也应洞悉他们的需求,予以理解、宽容、信任和尊重,像接纳"女婿"一样展示开放的胸襟和释放最大的善意,通过增加企业透明度、优化企业管理机制、创造职业经理人的工作环境,并以具备竞争力的薪酬体系来吸引和保留管理人才和科研人才。

当然,我还要提醒大家:7年前的第一份工作是谋求生存,那么7年后的选择就是谋求自身发展。一个人能够在一家企业中生存7年,那么他(她)已经在行业中有独特的见解,积累了丰富的从业经验,这时再发展无外乎两种情况,一种是寻求内部提升,另一种是以管理者的身份空降到其他企业。

同7年前的生存不同,7年后跳槽着眼更多的是企业文化。

因为作为中层管理者出现,而不是执行者,你的管理风格是否同企业文化相融合,是非常重要的。面临职场"七年之痒",Shirley去留决定前应先做道选择题,问问自己:"去,我想要的究竟是什么?留,为什么留?"然后把理由一一列出,是去是留,最终答案不言而喻。

3.心态调整:自我激励和自我超越

哈佛经理人之所以誉满全球,是因为其在不断地自我激励自我超越,在世界管理艺术上独占鳌头。在处于"七年之痒"的时候,中层们,不如来看一看哈佛经理人自我激励自我超越的艺术。你会对自己的过去、现在、未来有

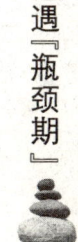

一个全面而理智的认识,这有助你做出一个良好的决策。

自我观察篇

一般人都喜欢把目标定得很高,目标是个人的愿望,也是梦想。所以为了让它具体化,自己就必须不断的付出努力与接受挑战,而这也就是对自己的极限挑战。在此之前,不妨先看看自己现在是处于怎样的状况下。

(1)体力与气力都十分强的状态;

(2)体力已经到了极限,但气力还很强;

(3)气力已经到了极限,但体力还很强;

(4)体力与气力都已到了极限。

你大致的情况是以上四种状态中的一种,但是大多数的人会呈现第四种状态,要如何才能使"气力充实"呢?首先,请检查你是否有下列三种状况。

(1)很渴望;

(2)有竞争意识;

(3)人生目标定得太高。

其次,再检查"体力充实"的评分。

(1)是否以自我为中心?

(2)是否感觉到自己已有迟钝的地方?

(3)成功的经验是否浮现在脑海里?

不知你个人的情况如何?根据实际经验显示,大部分的情形是渴望度不够,而且常常在不知不觉中,出现了迟钝现象却没发觉到。

(1)意欲——渴望、希望、愿望;

(2)能力——达成力、持续力、创造发展力;

(3)运气——所谓一提拔二运气三能力,只要有能力,好运一定跟着来。

这三项的组合,是决定事情成功的要素。此外还必须加上气力与体力,这样才能达到人生的目标。每个人都有其幸运或倒霉的事,虽然我们有与生俱来的幸运,但是命运终是掌握在自己的手中。神话中有一位专门为人们带来幸运的"幸运女神",虽然她是位女神,但是她的头发只长在前额,后脑勺是不长头发的。所以只要她一从你眼前经过,你再怎样想尽法子把她拉回来,那都不可能的事,因此幸运是一种机遇。

由此得知,你必须养精蓄锐地等待幸运、机遇,当好运经过你身边时,就应该一把抓住它。所以你必须经常保持充裕的气力与体力。而且必须要有确确实实的时间管理与健康管理。"是否已决定在某些时间里,做点有益身体的事?""一天二十四小时是否一晃就过了?""是否一天一天地愈接近自己的梦想或愿望?"该做的事如果确实去做,好运一定会跟着来,而且你可以肯定地说:"你的人生必定是个充满着'GOOD LUCK'的人生!"

自我解脱篇

当我们觉得自己是个无辜的牺牲者时,我们就无法运用自身所拥有的资源来处理生活中的问题,因为我们所谓的"牺牲"意味着自己毫无自主权,只是被动受控于别人。

"自己负责,自我挑战",是一项值得倡导的价值观。人们逃避责任,无法真正面对问题的情况时,至少有下列三种反应形态。

(1)过度顺从型。

有些人对任何问题或情境不做反应也不做抉择,只是等待别人的指示,依赖他人,对于别人所提出的解决方式毫不考虑地接受,觉得自己能力不如别人,自信心不强,担心自己犯错,而无法提出主见。

(2)自灭威风型。

每个人都有程度不等的无助感,但如果你彻头彻尾觉得无助,整个生命将被各种困扰所击溃而跌入万丈深渊,并很难自拔于复杂困境。许多人经常使自己陷入被动的情绪中,他们常对自己说"我办不到"、"我无法应付"、"这行不通的"、"我试过,没有用的"、"太难了,毫无希望"、"不可能的事"等,这种自灭威风的内在谈话,可能来自过去失败的经验,也可能由于观察别人的挫折而阻碍自己的勇气,这种打击自信心的"台词"使我们在开始时便陷入困境,并无法自我突破。

(3)火山爆发型。

还有一部分人遇到问题或面临困境时,总认为那是别人的过错。他们经常不分青红皂白,便漫无节制地指责甚至攻击他人,毫无效率又缺乏理性。

刚开始时或许想应该抑制自己的情绪,但往往情绪随即像洪水决堤般地爆发出来,无法自我控制,最后事情不但没有获得解决反而更加恶化。

自我挑战篇

有一种反应方式是"自我挑战型",透过它我们可以发挥"自我效能"。自我挑战的生活态度具有以下的一些重要假设:

(1)如我愿意选择,事情就能够改变。

(2)我在生活中处理问题的资源(能力)和发展的机会,多半要大于我自己所假设的程度。

(3)我本身和他人常常高估了我自己心理脆弱的程度。

(4)我的态度和行为在我面对问题之后,能让问题朝向我想要的方向改变。

(5)我跟自己说话的方式形成了内在对话的生活剧本,它将导引我的生活方式,因此改变我跟自己说话的方式,就会改变我的生活方式。

心理学家麦肯鲍认为:一个人若要改变自己的行为,就必须改变自己的概念。

概念重建的目的是要让人对事件重新界定,使他从中获得新的了解,并从中拥有行为改变所必需的可控制感和成功的希望。

另一位心理学家贝克(BECK)认为:一个人陷于无助或忧郁,是由于他持有负面的认知思考方式。他举出认知三元组的典型症候:

对外界的负面认知→依赖他人

对自己的负面认知→企图逃避

对未来的负面认知→心情忧郁

意志颓丧→自杀意念

他认为持有负面认知思考的人,会在情境中选择性地注意某些刺激,将之组成类型,构成个人对此情境的了解。虽然不同的人会将同一情境解构成不同的了解,但特定的一个人往往倾向于对相似的事件做相同的反应,对同类情境规则性做相同的解释。这是因为个人拥有相当稳定的认知型态所致,贝克将这些稳定的认知型态称为"基模"。

了解自己的"概念模式"或"基模",并使它们对事件产生正面意义,提升生活的满意度,下列方式值得尝试:

(1)减少武断推论:在没有证据、证据不足或证据予盾的情况下,停止负面的自运化思考。

(2)减少断章取义:更正自己的错误认知型态,抓住明显的讯息和情境脉络,忽略微不足道的片段资料。

(3)减少以偏概全:辨认自己错误的基本假设,并防止过度推论。少数的孤立事件,不能推导出普遍性规则,更不宜将之应用在其他情境中。

(4)减少错误的重要性评估:把不重要的事看成很有意义,或把很关键的事轻描淡写,都会错误评估事情的真实意义。

(5)减少过度个我化:不要把与外界无关的事,看成与自己非常有关而焦急紧张不已。

(6)减少绝对的二分法式思考:不要常把事物分成绝对的两边,如黑白、好坏、高下……并且常把自己分到不好的一类。

(7)增加自我观察记录:包括自己的思考、感觉、生理反应和人际行为等,特别要增加对于不适应行为的自我观察。

(8)增加自我指引训练:以富有建设性的内在对话来解决语言和行为,取代原有的消极性的内在语言和行为。

优秀的中层都是相似的,糟糕的中层却各有各的糟糕之处

1.唐骏:先做人,后做事,偶尔做做秀

"职业经理人要认清自己在公司里永远只能是老二,我是辅佐你(董事长)的,不是跟你分江山的,你不做的事情我做。要想获得成功,职业经理人

就应该看淡权力,甚至放弃权力。先做人,后做事,偶尔做做秀。"

新华都集团总裁兼CEO唐骏就职业经理人所应扮演的角色、职业生涯规划、"打工"心路历程、投资理念等问题回答了记者的提问。他认为,职业经理人只有完成了既定使命后跳槽才可以提升自己的价值。关于职业经理人的管理问题,唐骏认为,管理销售,管理技术,管理工厂都是一个道理:管理人,只要你把人管理好了,业务就好了。

以下是唐骏的谈话:

"我的目标与期望当然是把新华都集团做成中国最优秀、最有影响力的民营企业之一,并且我们现在也正向着这个目标而努力。新华都强调的还是集团式的分权管理模式,充分授权各地区的负责人,事实证明我们的战略策略还是有相当成效的,资本运作还是我比较擅长的。

"我相信我们制定的计划是不会改变的,从来没有考虑离开新华都,还有很多的工作需要去做,对现在工作我很兴奋。

"在盛大的四年也是我职业生涯中非常重要也是非常成功的四年,能在一个中国的民营企业做好很不容易,大家都需要付出很多努力。职业经理人要认清自己在公司里永远只能是老二,而董事长当然是你要磨合的人,对于董事长,就像我初入盛大时所说的,'我是辅佐你的,不是跟你分江山的,你不做的事情我做'这就是我的简单理论。很多职业经理人在民营企业的失败就是因为太过看重权力,要想获得成功,职业经理人就应该看淡权力,甚至放弃权力。

"我一直希望做中国职业经理人的标杆,这个目标是坚定的。民营企业和外企有很多的不同,但是其实做法都是一样的,就是做好自己,做个好的职业经理人。这也是我人生的梦想和追求。

"我觉得作为一个职业经理人,在选择离开时一定不是出现危机或是产生分歧等等原因的时候。我当初加入盛大时的使命是希望把盛大做成一家成熟完善的上市公司,而经过一起努力的4年时间,我觉得我已经完成了这个使命,未来我想迎接新的挑战。并且我的离开已经不会影响盛大业务的发展及资本市场对于盛大的评价,所以我才会选择离开的。职业经理人只有完成了你的既定使命后跳槽才可以提升你的价值。

"我一直坚持的原则是,'先做人,后做事,偶尔做做秀'。对于工作我一贯是秉承着"简单+勤奋"的原则。在新华都我们强调的是集团式的管理模式,充分授权各地区的负责人,可以看到前段时间新华都投资的云南白药,奔腾电器,青岛啤酒等,我希望我的投资理念能给新华都带来利益。

"不论是对于我还是对于一个刚毕业的大学生来说,每一天都是一个新的开始,我也相信每一天都会成长和成熟。对于我个人来说,在微软的10年就像读了一个大学本科,获得了终生荣誉。在盛大像读了研究生,获得了很多上市,收购和投资的机会。而加盟新华都更是希望能将我的职业经理人做到最高境界。在不同的阶段取得既定的目标就是一种成熟,和自己相比。

"低调进入,看淡权力,财务干净,不带旧部,温和改进,同心圆保持和上下属的关系,在合适的时候选择离开等等都有助于帮助你妥善解决不必要的矛盾。这是民企的生存法则。

"当初之所以会选择加盟盛大,是因为我在盛大找到了三样东西的交汇点:民族、软件和朝阳产业,没有别的企业能给我如此大的想象空间。听了陈天桥的创业故事还有他对于未来盛大的描述,觉得很有意思。

"而加入新华都更是属于'一见钟情',陈发树的厚道和他关于把新华都集团做成中国最优秀、最有影响力的民营企业之一的理想与我的志趣和价值观不谋而合,当即我就决定加盟了。至于其他的所谓的报酬,身价之类的,我认为这只是对于个人职场生涯的一种价值或者是品牌的肯定而已。做好你该做的就好,其他的并不重要。

"当我被公司选为微软中国总裁的时候,很多人确实不看好,因为我过去没有管理销售的经验,也没有直接接触过客户,再说管理销售人员和管理技术人员是完全不同的。但是这一切对我来说恰恰是学习的好机会,因为我始终相信管理都是相通的,我也想去证明这个基本道理。其实管理销售,管理技术,管理工厂都是一个道理,就是管理人,只要你把人管理好了,业务就好了,因为总裁不需要天天去做销售,再说了,客户也是人,能管理好

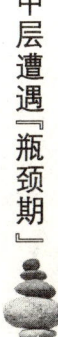

人的人一定可以管理好客户的。

"同一个人的能力最重要的就是学习能力,即使你没有很多经验,但是只要你学习,你就可以做好每个工作。网游也好,资本运作也好,只要你去学习,每个人都能做好的。

"我上任后,推出了团队精神的军乐团计划,让大家统一思想统一认识,同心协力。春耕计划是针对微软合作伙伴的计划,让他们获得更多的利益,护航计划是对我们的客户更好,这些都是非常重要的,也是非常正确的方向。这些计划真正重塑了人们对微软中国的看法和态度。而我要达到的效果就是希望能为微软创造收入,更重要的是让客户真正地对微软的产品满意,并且可以充分发挥微软产品的功能。事实证明我们做到了。由于这个计划是3~5年计划,在还没有完成时我就离开了微软,非常遗憾,对我来说是个最大的遗憾,对微软来说也是个损失。我觉得微软应该更加关注员工,合作伙伴和客户。

"我是从微软内部提拔起来的,在微软有7年多的工作经历,包括和盖茨、鲍尔默等的工作关系,相对来说,我比较有些优势。当然我也很注重和总部建立一个良好的沟通机制,就是不断沟通,不断和总部交流,同时建立一些个人的信任关系,这样可以获得更多的资源和支持。

"我觉得微软要在中国长期发展,必须对中国进行长期的投入,当时我劝说了总部对中国进行长期投资,62亿就是其中投资的一个长期项目,因为有了这个长期投资的项目,才有微软在中国发展的今天。这是一个非常明智的投资,也得到了很好的回报。

"我希望给员工机会,特别是给那些正直、向上、勤奋、有成绩的员工。这里没有老员工和新员工的利益问题,只有公司的利益问题,我希望每个人都从公司利益出发,尤其在选拔人才方面。"

2.赵舟华:HR的七年之痒

赵舟华:江西人,2003年毕业于中国政法大学行政管理专业,7年来,他转战广州、长沙等多地,从HR菜鸟到大型日企任培训主管。他也曾创业过,但如今他在长沙一家大型机械制造集团担任培训老师。

7年间,赵舟华与HR结下了不解之缘。从江西到北京,再从北京到广州,再到长沙,7年间,赵舟华北上南下,几千里的行程宛转崎岖,这正如他与HR的缘分。从业7年的他,无论是在日资企业的蹒跚起步,还是自己创业的酸甜苦涩,这一路行走得并不轻松。已为人父的他坦言,是责任让他变得更成熟、理性。或许,许多HR与他一样,在这一行默默地耕耘着,内心也曾有过躁动、不安和焦虑,但每一个HR都有各自不同的故事。

2003年夏天,非典的肆虐,让诸多刚刚毕业的大学生不得不"蜗居"校园。北京皇城脚下的莘莘学子也没能避免,赵舟华就是其中一位。那时,他还在学校里等待公务员考试的最终结果,不过结果并没出人意料,落榜后的他最终还是在学校的逐客令中,不得不背起行囊踽踽南下。

广州是赵舟华南下的第一站。在这个举目无亲的城市,赵舟华谋到了他的第一份职业———一家日资企业的招聘助理。他的工作就是将招聘通知贴到厂门口,然后搬张桌子等人来"投案自首",简单轻松的工作让这位初出茅庐的小伙子欣喜不已,这钱似乎也赚得忒容易了!如果工作永远都这么简单,那该有多好?但简单的工作常常是暗藏杀机的。

从业半年,赵舟华终于渐渐明白了职场中暗藏的逻辑。与他一同入职的同事个个都升职了,只有他还在原地等人"上钩"。尴尬的处境,让赵舟华压力陡增不少。这时他才意识到简单中的不简单。于是他考虑接触人力资源管理工作中的其他方面,但公司的每一个模块都有专人负责,根本就没有给他插手的机会。

生在底层,想要翻身的机会不多,要抓住也不容易。2004年6月,赵舟华终于等来了一个机会,因为业务的发展,公司对培训方面的工作越来越重视,但当时公司还没有专门的人负责这一块。于是公司开了一次会议研究

到底由谁来挑起这个重担，赵舟华的上司对他极力推荐，最后赵舟华被任命为公司的培训主管。一年多的时间，让媳妇终于熬成婆，赵舟华站到了新的起点上。

"我上任之后，第一件事就是在全公司范围内进行了一次培训现状调查以及培训需求调查。"新官上任，当然得拿出点东西来才能让人信服。经过加班加点的忙碌，赵舟华将一份培训方案递交到了总经理办公室。"总经理看到方案之后，说当初那个决定还真没错。我们部门经理也觉得脸上很有光彩，回到部门会议上大大的表扬我，还让其他人向我学习，那时心里甜滋滋的，被人肯定的时候是一种多么大的幸福啊！"

初战告捷，赵舟华热情高涨，"接下来的一年，我都在忙碌着我的方案怎么样去实施，当然有了部门领导及公司总经理的大力表扬，项目在公司实施起来还是相对容易的，每个部门的人都极为配合，我就在忙碌中度过了那一年多。"然而好景终究不长，赵舟华遭遇到了办公室政治，直接上司的离职，让他的地位在公司变得微妙起来。不得已中赵舟华选择了跳槽，他到一家中日合资的汽车公司任培训主管，当然薪水也水涨船高，年薪达到了六位数。

2007年对赵舟华来说是美好的，孩子降生，跳槽成功，家庭幸福。人生如此，又还有何求？这样的条件，可能让一般人安于现状，享受生活的惬意，然而赵舟华却有自己的盘算。"回家的时候，总会听说村里一些一起长大的朋友，他们没有读大学，在外打工多年后自己也开公司了，比我这个读大学的混得还好，我每年回家坐火车，别人都是自己开车回去……"从农村出来的大学生，或许有很多都有过这样的比较。这就像一根鱼刺，卡在很多人的心头，时时刺痛着这个群体。

不甘人后的赵舟华在2008年终于得到了拔出"鱼刺"的机会："一位朋友告诉我，他手上有一个现成的客户，要拉我经营一个小厂，每人也就投资20万左右，为这位客户提供纸箱，我和他一核计，就算不增加新的订单，靠这位客户我们每个月就有3~4万的净利润，于是就开始放手做了……"放弃月薪上万的工作，转身创业，看似简单，实则背后是赵舟华内心不断较量的结果，毕竟自己是拖家带口之人,每一个抉择都牵连着一家老小的生计,成功则圆心头之梦,失败则一切重归于零。

选择2008年创业的人,多少都有些顶风造浪的嫌疑。创业之初,赵舟华的公司一切顺利。"每个月都有两到三万的纯收入,比在公司打工强多了,虽然很辛苦,但很值得,毕竟是自己的事业,做起来就有激情。"但这样的舒坦日子赵舟华没能过多久,到2008年下半年的时候,公司开始走下坡路,订单越来越少,最后甚至连那个现成的客户也关门大吉了。就这样,在金融危机的摧残之下,赵舟华的公司黯然凋零。

"我们最后还是没有能坚持下来,因为我们都是有家室的人,不敢拿所有身家押上,只是前期投入的资本各自回收了一些。最后,我们就把厂房退了、工人也遣散了、机器设备全部卖掉了,我又开始重新找工作去了。这个时候刚过完09年春节。"这是一次谈不上失败的创业经历,毕竟赵舟华没有大的亏损。卖掉设备以后,赵舟华又重新做回了"打工仔"。

重新做回"打工仔",对赵舟华来说要克服的不仅仅是心理上的转型,"我原本以为工作很好找的,毕竟我,有着6年专业的人力资源工作经历,毕业的大学也是重点大学。但是严峻的形势还是给了我很多打击。看着我每天在家无所事事,成天对着电脑,我的父母坐不住了,埋怨声不绝于耳。对此我是理解的,他们的那种成长环境和人生经历,很难接受将近30岁的儿子失业的事实"。

在家庭的压力之下,两个月之后,赵舟华终于找到了东家,到一家大型民营企业任培训经理,负责全集团的整体培训业务。"虽然公司给我的待遇比以前在汽车公司稍低,但是我更看重他们给我的职位。可以说真正吸引我的是这个职位,它给了我足够大的舞台,可以大展拳脚施展自己的抱负了。而之前我做的都是主管,还算不得职业经理人,总感觉有点束手束脚的意思。这回可以稍微满足一下我那小小的、潜在的虚荣心。"找到工作后,赵舟华的家人终于松了一口气,然而他自己仍旧盘算着自己该如何走好下一步。

2010年初,为了东山再起,赵舟华告别了住居7年之久的广州,来到长沙

一家大型机械制造集团任培训老师。"我和朋友商量过,我先到这边来探探路。"带着家人来到长沙后,赵舟华热爱上了这个城市,他将自己的未来托付给了这个城市。对于以后的选择,他坦言:"打工对于从事人力资源的人来说,并不是一条长久的路。有的人做人力资源总监、高管,有的人做行业专家,除了这两条路,似乎也没有其他路可走了,但能走这两条路的人并不是很多,有的人做了十到二十年后,就不想再做了,天花板已经到了,再做下去就没有意义了。"如今,赵舟华正是怀着这个梦想,在长沙等待一个从头再来的机会。

赵舟华说,七年中,他认为最开始的一两年是我收获最大的时期,那时候,公司将整个培训体系让我去做,这对当时缺乏经验的而言是非常大的挑战。真正做起来后,公司领导挺满意,这让他非常有成就感。赵舟华现在感觉遭遇到职业瓶颈期,培训这一块对他来说,没什么问题。他碰到的个人职业发展的问题,一个是向行业专家顾问转变,一个是做全能型的高层管理。当然这并不是他想就可能做得到的。像赵舟华,没有在一个企业沉淀太长的时间,走后面这一条路很难。走前面的路对他来说资历又太浅了。所以他现在遭遇到了专业瓶颈,换工作换来换去可能就是一个培训主管,没有太高的职位能让他去挑选。

珠三角的人力资源更加务实一些,赵舟华的一些朋友在上海北京那边做人力资源这一行的,没有像在珠三角这边的HR那样,从事的不是更加贴近实际的工作,更多的是规划性的、指导性的角度。但珠三角企业的HR跟内地的HR比较起来,要高一个层次。内地的人力资源管理工作相对来说,还处在一个初级阶段。在广州的日资企业工作时,日资企业的人力资源管理工作是非常务实的,跟业务部门非常贴近,让你感觉到你所做的工作不空洞,都非常有实际价值。整个企业很规范,分解得很好。在广州的时候赵舟华虽然忙,但心里有底。到长沙后,很忙,但他心里没底,工作比较扁平化,有些工作要来回做,效率相差很大,很多时候是在做无用功。

在工作的每个阶段人们都会有不一样的认识。现在来看,做人力资源工作的人,要把态度端正好。细心、细心、再细心。发邮件、通知等之前,至少检查3遍再发出去,如果可能,让别人再帮你检查一遍。严谨是HR的一个核心特质,如果他们发出去的邮件、文件中有个错别字,可能会被别人牢牢记在心里,而这个错误如果发生在别人身上,也许就算不得什么了,这就是HR的岗位决定的。做HR还要能坚持、耐得住寂寞。靠日积月累,不能今天看到这个跳槽了你也跳,那个升职了,你也蠢蠢欲动,那你永远成长不起来。如果你不具备那个能力,把你放在主管、经理甚至总监的位置上,那对你来说,不是幸运,而是灾难。

但是,从总体来说,这段创业经历,对他从事人力资源工作来说还是有影响的,这让他在后来的工作当中看得更全面。他会站到企业的全局去考虑人力资源工作,虽然创业是"小打小闹",但麻雀虽小五脏俱全,以前赵舟华考虑问题只是站在部门或某一个角度去考虑,而今他会站到一个更高的角度去考虑问题,这对以后的发展也有好处。从事人力资源工作的人出来创业往往面临一个问题,对技术业务了解不是很多,所以他就需要一个比较好的搭档,一个对市场非常了解的人。目前来看,赵舟华是走了一点弯路,但对他的人生来说,是有很大帮助的。

3.优秀中层的十大相似

糟糕的地方就不多说了,还是说说优秀中层相似的地方吧。

领悟能力

领悟能力的最重要的地方在于先弄清上司希望你做什么,然后以此为目标来把握做事的方向和方法。这一点很重要,千万不要一知半解就开始埋头苦干,到头来力没少出、活没少干,但结果是事倍功半,甚至是前功尽弃。清楚悟透一件事,胜过草率做十件事。

分析判断能力

分析判断能力是指管理者看出表面上互不相干的事件的内在联系,并从系统的角度对其进行分析。分析判断能力有助于管理者把握全局,并能深入系统分析问题和解决问题。判断力是通过管理者对已知信息的处理,

对事物发展趋势进行方向性把握的能力。判断力有助于管理者在进行部门规划和制定工作计划时,提高工作效率和准确度。判断能力对于一个经理人来说非常重要,企业经营错综复杂,常常需要主管去了解事情的来龙去脉、因果关系,从而找到问题的真正症结所在,并提出解决方案。该能力要求经理人能洞察先机,未雨绸缪,这样才能化危机为转机,最后变成良机。

计划能力

执行任何任务都要制定计划。把各项任务按照轻、重、缓、急列出计划表,一一分配部属来执行,自己看头看尾即可。你要把眼光放在部门未来的发展上,不断明晰明天、后天、下周、下月,甚至明年的计划。在计划的实施及检讨时,要预先掌握关键性问题,不能因琐碎的工作,而影响了重要工作。要清楚做好20%的重要工作,等于创造80%的业绩。

指挥能力

指挥能力包括对工作进行分配、协调、临场发挥的能力,以及对危机事件的指挥处理能力,这还包括指挥的方法与语气恰当与否,激发斗志和引导前进的能力等。无论你的计划如何周到,如果不能有效地加以执行,仍然无法产生预期的效果。为了使部属有共同的方向来执行计划,适当的指挥是有必要的。好的指挥可以激发部属的意愿,能够强化其责任感与使命感。要清楚指挥的最高艺术是部属能够自我指挥。指挥能力最好辅以良好的语言表达能力。

协调能力

任何工作,如能照上述所说的要求,即制定完善的计划、下达适当的命令、采取必要的控制,那么理应能够顺利完成工作。但事实上,主管的大部分时间都必须花在协调工作上。协调不仅包括内部上下级、部门与部门之间的共识协调,也包括与外部客户、关系单位、竞争对手之间的利益协调。

写作能力

很多人都会认为这一条无足轻重,其实不然。单独把写作能力拿出来说,就是为了强调这个能力在中层干部中的重要性。作为一个中层,免不了要撰写很多计划、总结、调研分析之类的文档,如果这一关不过硬,那就是茶壶里煮饺子,有货倒不出。毕竟,很多问题不是光说可以解决的,还要写。

业务能力

这一点没多少好说的,是个基本功。

控制能力

控制能力包括业务控制能力和自我控制能力。业务控制就是追踪考核,确保目标达到、计划落实。控制若是操之过急或是控制力度不足,会产生反作用。自我控制能力包括情绪控制能力,自我估计能力和环境适应能力。对管理者而言,情绪化的语言和行为并不能解决任何工作中的问题,反而会让其他员工丧失对你的认同。所以,控制好自己的情绪,理智、客观地对待工作中的各种问题,就显得非常重要。

自我估计能力

这个能力主要在于中层经理需要有自知之明。自己是否适合这个岗位,自己是否能做这个工作,是否需要自己亲自去完成这个任务,都非常重要。

用人能力

怎样选好人、用好人,最大限度地调动人的积极性、创造性和主观能动性,使企业的骨干力量形成一个团结合作、奋发向上的优秀团队,这是一个企业是否能够在市场经济的汪洋大海中乘风破浪、胜利前进的关键。

世界上最常用、最需要的学问恐怕就是识人、用人的学问了。

你需要掌握企业的初创期、发展期和成熟期用人的不同标准和方法。企业初创期要的是"跨马能够闯天下"的人才。而发展到一定的程度后企业就需要"提笔能够定太平"的人物了。企业在发展过程中,只有在保持基本稳定的同时,不断地"吐故纳新",淘汰那些个相形见绌的人员,企业才能保持旺盛的生命力。这种"吐故纳新"有时是残酷的,但是却是企业发展所必须的。对于创业时的"开国元勋"你可以用金钱、股份、闲职去安抚,却不可以为了这些人的情绪和"面子"而影响企业的健康发展。

切不可"大马拉小车"或"小马拉大车"。

所谓"大马拉小车"就是小企业用了大才之人。如三国的庞统当了知县,非百里之才到任后终日饮酒作乐,消极怠工。但是,"大马"一旦跑起来小车

就有被颠覆或摧毁的危险。"小马拉大车"虽然没有这个危险性,但是,由于"小马"气力太小,拉而不动,企业也就无法前进。因而,多深的水养多大的鱼是企业选人用人的明智选择。

世上的人虽然是各种各样,但是,以企业家用人的眼光去看,大致可分为三类:一是可以信任而不可大用者,这是那些个忠厚老实但本事不大的人;二是可用而不可信者,这是那些个有些本事但私心过重,为了个人利益而钻营弄巧,甚至不惜出卖良心的人;三是可信而又可用的人。企业家都想找到第三种人。但是这种人不易识别,往往会与用人者擦肩而过。为了企业的发展,企业家各种人物都要用。只要在充分识别的基础上恰当使用,扬长避短,合理配置,就能最大限度的发挥他们的作用。

对员工万万不可太苛刻。该给员工的工资、福利、奖励一定要言必信、行必果。

对有突出贡献的员工要舍得给票子、给位子,千万不要吝啬。真正做到奖得眼红、罚得心痛才能收到恩威并重的效果。同时你要切记莫受个别员工的蒙蔽。因为管理和被管理始终是对立的,为了某种利益或者是为了取得你的信任和欢心,被管理者往往会自觉不自觉的说出某些假话来蒙蔽你。你千万不要信以为真,最好多问几个"为什么"。因为这些人因此获得利益后,不仅不会感谢你,还会在背后笑你是个"笨蛋"或"假帽"。不要计较下属的缺点和小错。企业用人,不是在寻求圣人、贤人,而是寻求对企业有用的人。员工中尽管有有这样那样的毛病,只要不危害企业的利益,就不必过分关注和追究。西汉的陈平投靠刘邦后,就有人告他的状。说他在家时与他嫂子私通,投靠项羽不被重用,投靠汉王后又收受贿赂,等等。刘帮找到陈平问清情况。陈平说:这些事都有。我哥死后为了侄子我娶了嫂嫂,项羽不重用我我才离他而去,到你这里你没发报酬我只好收礼养家。我可帮你打天下但我不是圣贤,你要找圣贤我可以辞职。刘邦还是把他留下了。后来陈平当了丞相,在保汉室、灭诸吕中发挥了关键作用。

尊重人的本性,不要追求员工们对企业绝对忠诚。

记得马克思曾说过:人的各种活动,都是为了追求最大利益。你和你的员工走到一起都是为了追求个人的物资利益或精神利益。虽然其中有感情、友情的成分,但在根本利益发生冲突时,感情、友情就会被冲淡。山盟海誓的夫妻还能"大难来时各自飞",某些员工口头上对企业的忠诚更可一笑了之,不可信以为真。要宽严相济、威恩并施,用物资和精神利益最大限度的调动积极性。

大胆放权,分级管理。

企业稍有发展后,就要采取分级管理。你应多当裁判员、少当运动员,切莫事事亲自过问。这样,一可以满足中层人员的权力欲,调动他们的积极性;二可以客观公正地处理企业出现的各种问题,防止出现"不识庐山真面目、只缘身在此山中"的局面;三是可以躲过与员工的直接对立,让中层唱黑脸,你唱红脸,以显示你的"宽厚仁慈"之心……

雪中送炭胜过锦上添花。

在目前社会就业形势严峻的情况下,选人用人有了很大的可选择性。因而选人用人时,在同等条件下,你最好选择那些经济条件较差,生活困难、急需工作的人。雪中送炭胜过锦上添花。这些人的积极性和对企业的忠诚大多都能令企业满意。

小事糊涂,大事聪明。

关键的技术、主要的客户、原材料和产品的购销网络你一定要亲自掌握,定期或不定期的亲自参与。千万不可被一二个人所控制,否则,一旦有所意外被卡住脖子,你就会后悔不已。

常用者多批评,短用者多表彰。要外松内紧的考察下属。凡是准备长期使用或准备提拔的员工,你要多多指出他们的缺点,使之适应企业;对不准备常用的员工,你则要多多地表彰,为"好聚不如好散"作准备。考察员工,切不可像党的组织部门那样大张旗鼓。要明松暗紧,考察于无形之中。尤其是其对父母,落难者和对犯错误的同事的态度,往往能看出一个人是好心或是坏心、是君子还是小人。如果一个人对父母和落难者毫无孝顺、同情之心,企业若有意外,这种人是依靠不住的。

提拔重用员工不要论资排辈,要以知识、能力和对企业的贡献而定。

在同等条件下要把处在底层的员工提上来。比如企业缺一个部门经理，一个一般员工和一个副经理条件相当，你如果把副经理扶正，他会认为这是顺理成章的事；你如果提一个员工当经理，他就会感到额外施恩，对企业的忠诚和积极性会比原来的副经理高得多。虽然原来的副经理会受点影响，但是，这能给许多能力强、资历浅的员工带来希望。

第二章
从世界发展看中层差距

公司发展越快问题越多？
公司很快会被竞争对手赶超？
公司的人才流失率将会越来越大！
公司的决策总是无法执行到位！
公司的成本越来越高，利润越来越薄！
公司的客户满意度将逐渐下降，客户流失率越来越高！

中国与世界的差距究竟有多大？差距究竟在哪里？这是每个企业管理者都要思考的问题。有人说是战略，有人说是资源，也有人说是竞争的流程和标准。

但是，在这些因素的背后，存在着一个根本性的因素，即中层管理者的能力与素养存在差距。

美国、日本、韩国等国外企业到中国投资时，首先做的是挖掘中方优秀的中层人才。

外国企业可以利用资金和财务的优势从中国企业挖走优秀人才。中国的优秀企业正面临着人才严重流失乃至崩溃的境界。因此，如何让中层干部忠诚于国有企业，是企业高层领导不得不面对的重要课题。只有拥有大量优秀的中层人才，才能缩小中国企业与世界优秀企业之间的差距。

北京全聚德是举世闻名的中华老字号，在知名度上其丝毫不逊于肯德基、麦当劳。全聚德创建于1864年(清朝同治三年)，经营了一百多年的烤鸭，但其2003年的营业额充其量只有7000万美元；而创立于1955年的麦当劳只有几十年的历史，2003年的营业额却高达400亿美元，远远超过全聚德。同样，中国联想公司与美国戴尔公司均成立于1984年，但是，联想目前的销售额仅有三十亿美元，而戴尔的销售额则高达300亿美元。

如果把企业间的人才争夺比喻成一场战役，那么要打赢这场战役，就必须做到知己知彼，全面了解中国企业发展所面临的问题和竞争对手。随着中国全面履行WTO各项义务和规定的最后期限的到来，中国企业正面临着三大强劲对手。

强敌一：外国企业

中国企业首先面对的竞争对手是外来的企业。从美国、日本等发达国家来华投资的企业如同饿极的虎狼一样正在大肆争夺中国市场，它们在资金、战略、流程、品牌和文化等各个方面与国内企业进行着最高层次的竞争。中国企业要想赢得与国外企业的竞争，必须在品质、技术、品牌与文化上取得进步。

中国已经加入了WTO，形象地说："狼"已经来了。但是，目前竞争刚刚开始，加入WTO三到五年之后，中国的众多企业将会面临一个更具威胁的生存环境。为了应对竞争，中国企业亟需强有力的中层执行者。

强敌二：本土企业

中国企业不仅要面对外国企业的竞争，还要与本土企业进行残酷的竞争。本土企业在外来压力和内在成长的巨大阻力面前，最常用的办法就是打价格战。很多国内企业把大量精力集中在低层次市场开发的战役上，由于价格的走低，导致企业利润大量下降，企业之间互相倾轧、消耗，直到资源耗尽退出市场为止。价格战是当前国内企业面临的严重问题，这给中国企业的长期发展带来了致命的威胁。

强敌三：企业自身

中国企业自身存在的问题也是阻碍企业发展的强敌之一。每个人首先要认识自我,企业也不例外。企业首先要明确:工作流程的问题在哪里?人员的问题在哪里?文化的问题在哪里?只有解决了企业自身固有的问题,中国企业才能够从容应对加入WTO之后带来的强大竞争与冲击。因此,强大的作战团队必然是解决了自身问题的团队,而不是内耗的团队。

美国GE公司前总裁韦尔奇来中国访问的时候,TCL总裁李东生请他预测企业十年以后的发展情况。韦尔奇回答道:"不,不,不,不要预测十年以后的发展,那是很糟糕很愚蠢的。预测一年以后的情况都很困难,有很多的不确定性,为什么要去预测十年以后呢?"因此,中国企业在面对问题时,不要考虑十年以后的战略问题,而应该去考虑如何来执行。一步到位是不现实的,执行团队在哪里?中层管理团队在哪里?这才是最为现实的问题。

中高层经理是企业的脊梁,是企业的核心人才库,是企业得以生生不息的创新源泉。大量的案例和事实证明:一家企业的成功不仅取决于总经理,中高层经理更是起到了80%的作用!但是,很多国内企业当前面临着中层经理严重短缺的困境。为了迎接中国加入WTO后带来的机遇与竞争,战胜企业所面临的各个强敌,"中层革命"迫在眉睫!

人才争夺——君择臣,臣亦择君

中层管理者是一个难以扩展和保留的群体。据埃森哲公司2007年对全球中层管理者的调查,20%的中层管理者对其目前所服务的企业不满,并且有同等比例的中层管理者表示正在寻找新的工作。出现该情况主要原因之一是自己中层缺乏发展前景。

如果公司不能很好地对变革进行管理,他们将会面对一批"冷漠的"中层管理者,以及"低士气和低敬业度的恶性循环"。

《三国演义》第29回写道,孙权听到周瑜的推荐,非常敬慕鲁肃,命周瑜前往聘请,而鲁肃当时正打算到别处谋事。周瑜见状,引用了东汉初年马援

对刘秀说过的一段话:"当今之世,非但君择臣,臣亦择君。"以此来说明当时的社会风尚,极力称赞孙权的"礼贤下士"和"纳奇寻异",劝说和打动鲁肃。鲁肃经过掂酌、选择,终于改变初衷,投奔了孙权。从此,他们君臣相济,鲁肃得以充分发挥自己的雄才大略。

"君择臣,臣亦择君",其中的"君择臣"在人们看来是天经地义,不足为奇。而"臣亦择君",却难能可贵。正是这个"臣亦择君",造成了三国时代如现代所云的"中层流动"般的生动局面。

诸葛亮高卧隆中并非是执意要老死林泉。正所谓:"凤翱翔于千仞兮,非梧不栖;士伏处于一方兮,非主不依。"他是在"以待天时",选择明君。张松、法正、孟达背刘璋而事刘备;许攸、张郃、高览离袁绍而投曹操;赵云弃公孙瓒而追随刘备;徐庶别荆州而入新野;关羽虽被迫暂时降曹,却能"约法三章",终于出了许昌,辗转千里,重新回到刘备身边。其他如甘宁归吴、王平投蜀等事例,不论是静中等待,还是动中选择,抑或是被迫"跳槽",均足以说明,三国时期的人才很大程度上享有令人欣羡的流动自由。

人才流动是启示,也是压力。流动,可以充分发挥人才的效能,促成人才个人的实现,因而使管理者更加清楚地认识到人才的重要价值。同时,由于担心本单位人才流失,管理者将更加爱才、选才、用才、护才。这必将推动整个社会形成尊重知识、尊重人才的良好风气。

中层管理者在组织中发挥至关重要的作用,这在某种程度上是因为他们将高管人员和公司其他员工密切联系在一起。

"众多公司中层管理一流的人员流失率非常高,并因此无法有力地执行公司战略。"沃顿商学院负责高层管理教育的副院长托马斯·科里根说,"高管可以将所有的时间花在战略制定上,但如果没有人来执行,那又有什么意义呢?"

除了战略执行的问题以外,对公司而言,中层经理流失所带来的成本也非常高。科里根指出,一家面临20%流失率的合伙制公司曾进行过计算,他们发现流失率每降低一个百分点,公司合伙人的收益就能增加8万美元。

如何吸引、发展并保留中层管理者是非常重要的工作,一些公司在经历了惨痛的教训后才逐渐意识到这个问题。

出现这种状况的一个主要的原因是公司缺乏发展机会。当公司缩减规模,高层通常会对中层管理者开刀。若公司发展停滞不前,中层管理者的发展机会就很有限。这对他们打击很大,尤其是那些处于30~40多岁的人。而且当有新的管理者加入公司时,他或她经常会对现有的中层管理者持某种看法,这会给工作带来非常有害的影响。

另外,如果企业雇佣猎头公司从公司外找人填补高层职位,那就会传达出一种信息:也许中层经理不宜继续待下去。有家公司过去一直从外部引入高管,这导致了那些职务低一级的经理离职。而离职的人中,大部分都到了其他公司担任首席执行官或首席财务官。"那家公司拥有优秀的员工,他们清楚自己即使继续留在公司也永远没有机会担任首席执行官。我并不是说永远不要使用猎头公司,但是对于有些公司而言,猎头简直就像是他们的人力资源部门"。

不管他们是否立志成为首席执行官,中层经理会需要一个发展计划,能让他们进入更高的级别,如果中层经理认识到自己有成长发展的机会,那么相比于那些将员工固定在某个职位,没有提升发展计划或者相关讨论的公司,他们会更愿意留任。有时,即使是平级调动也好,因为那样可以增加工作经验。

现在,有众多的小型猎头公司致电中层管理者,企图诱使他们接受其他公司的职位。如果人们并没有处在一个快速发展的职业路径上,或者他不确定自己未来几年内是否还会留在这家公司,他们一般更容易被竞争对手所吸引。"人们很容易被这些电话所诱惑。"科里根说,"你不需要对工作非常不满意。也许工作就是普普通通,但当看到有新的职业机会可以为生活带来更好的平台,或者拥有更好的薪酬时,你也许就会动心。人们现在能更快速地对工作进行对比,并且变化的意愿也更加强烈。"

中层经理对工作不满意的其他原因还包括高管人员的事必躬亲,以及缺乏尊重等。西洛塔指出,有时一个企业的领导效率非常低下,中层经理不愿待在由这种人管理的公司内。还有一种典型情况就是中层管理者没有任

何权限,但却要承担所有的责任。

在和上级、下级和平级相处之时做到游刃有余是一种对情感管理的挑战。实际上,中层管理者的身份通常被一分为二,因为他们需要担任传递的工作——倾听高层的话语,并且对基层人员作出回应。因此,当企业高层和中怪交谈时,会发现战略思考是高层最没有时间进行的工作,由此中层会觉得不受赏识,并被人误解。

中层管理者不但需要组织、协调所属的人员进行日常的生产经营活动,同时他们也是企业日常管理工作中最主要的难题处理者。在知识经济时代,是中层管理者率领的直接面向客户的员工的表现,决定企业在市场竞争中的成败。

在国外,很多企业已经意识到这一点,对中层管理者的培养给予相当大的关注与支持。据1991年美国教育部的调查和统计结果显示,全美平均有68.2%的中层管理者在教育培训方面得到雇主的实质性支持,包括课程提供、实践提供和经费报销等。到了90年代中期,美国企业界每年的培训费用是450亿美元,其中1/4以上用于中层管理者的培训。

在经历几年的快速成长,我国许多企业在管理上面临着一个日益突出的问题:中层管理者的管理能力无法满足企业发展的需求,企业管理水平遭遇瓶颈。那么,中国企业应该如何培养自己的中层管理者呢?

国内外已经有很多企业对此进行了有益的探索,在不断的管理实践中,我们发现,工作轮换、导师制度、360度反馈评价和定制培训课程是培养和发展中层管理者的有效方法。

1.工作轮换、导师制度

《在21世纪经济报道》所做的一次调查中,经理们认为使潜在的领导者轮换不同的职责和海外任务是最有价值的领导才能发展技巧。企业要培养出能够独档一面的复合型人才,内部的岗位轮换可以说是一种经济又有效的方法。

定期改变中层管理者的工作部门或岗位，让他们到各个部门或岗位去丰富工作经验，扩大对企业各个工作环节的了解，以使他们对公司的经营管理或其它岗位的职责有更全面的了解，对中层管理者提高工作的分析能力和内部的沟通协调能力十分有帮助。不同地域之间的岗位轮换可以增进员工对不同文化的理解，部门之间的岗位轮换，可以提高部门之间的协作，减少部门摩擦。具体形式可以是让中层在每个部门做观察员，但更有效的方式是让受训者实际介入所在部门的工作，通过实际去做来了解所在部门的业务，包括销售、生产、财务和其它业务，使中层管理者"通才化"。

据了解，目前一些大型的高科技企业和著名外企实行轮岗制的公司较多，华为、西门子、爱立信、柯达、海尔、北电网络、联想、明基等公司也都在公司内部或跨国分公司之间进行岗位轮换。它们在具体的实行中，各自的方法又有所不同。

华为为了在人力资源管理中引入竞争和选择机制，在公司内部建立一个劳动力市场，目的是促进人才的合理流动，通过岗位轮换实现人力资源的合理配置和激活潜力。他们还明确规定，高中级中层管理者必须强制轮换。

爱普生公司是一家1997年才成立的公司，5年来爱普生每年的业绩增长都在40%以上，并最终在国内打印机市场占有率达到40%。爱普生中国公司信息产品营业部经理郭一凡说：爱普生公司这几年的飞速发展，正是得益于中层管理者的工作轮换制度。

爱普生中国公司一般要求中层管理者每两年左右轮一次岗，例如，通用市场开拓科经理张锋刚来公司时是做公关工作，后来派到武汉工作，用了一年半的时间，把武汉办事处从无到有办成一个优秀的办事处。回来以后张锋做喷墨打印机的产品经理，干了一段时间后又做公关经理。经过这么多次的轮岗，张锋对公司的所有工作都比较清楚了，这让他不仅工作效率提高，也会跟其它部门进行很好的合作。

通用导师制度：传帮带

导师制度指为每一位中层管理者配备一位导师，导师应是企业中富有经验的资深员工，他有培养被指导人的责任和义务，在日常的工作中对被

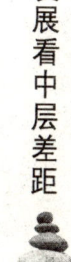

指导者进行在职知识指导并提出职业发展规划建议。

通用对管理人员的培训就包括这种导师制度。通用电气在公司内部外部都选拔一些表现很出色的、他们认为将来可能成为领导人的人,然后给他们配备一些内部非常资深的高级管理人员做他们的导师,帮他们筹划他们职业计划,指导他们工作,公司会也为他们提供一些课程。

在通用汽车公司,各级管理人员的一项重要工作内容,就是在实际工作中对下级人员进行培养,提高下级人员的管理水平。培养下级人员差不多要占去一个管理人员大半的工作时间,因此,该公司能不断涌现出各种管理人才。通用汽车公司每年还要去大学或研究院聘请获得管理硕士的研究生,经过一段时间培养观察后,将其派往一些公司担任经理职务。

英美烟草的见习经理(Management Trainee)管理培训计划也非常有特色,被选中的"见习经理"除了有业务上的教练,还单独安排一位在公司工作5年以上、经验丰富的资深经理担任导师,教授他们如何培养领导能力,如何与人沟通等职业技巧与处世原则。导师一般都来自不同的部门,如营销部门的"见习经理",导师可能来自财务部门;财务部门的"见习经理",导师可能则来自研发部门。

公司制定还制订了见习经理与导师每周面谈制度,同时鼓励见习经理和导师之间随时沟通。有时见习经理和导师在不同的城市工作,公司就会安排他们每两周见面一次,由公司负责来回机票和餐饮住宿等费用。

另外,还有一些公司采用由较有经验的现任中层管理者做直接下属或新进员工的导师,负责对其直接下属的辅导,给下属下放职权,提供学习管理的机会,提供帮助和指引。这种方法有助于确保当现任中层管理者因退休、提升、调动、辞职等离开岗位而出现职位空缺时,企业能有训练有素、熟悉业务进展情况的人员顶替,避免出现较严重的衔接问题。

2.360度反馈评价

每个人在认知上,都存在四个部分,第一部份是竞技区,就是自己知道别人也知道的部分。第二部份是掩饰区,是自己知道别人不知道的。第三部份是盲区,别人知道自己不知道的。最后一个是未知区,自己不知道别人也不知道。同样,在对自己的认知上,每个人也都存在一个盲区,只有得到别人的反馈,我们才能全面认识自己,才能了解自己的优点和需要改进的地方。国外据此得出360度反馈评价技术。

不过,企业实施360度反馈评价,是一项系统工程,需要投入大量的财力和人力,在企业普遍使用代价太大。而中层管理者作为企业承上启下的人群,是该企业经营成败的关键,对中层管理者使用360度评价,能起到事半而功倍的效果。

联想集团一年一度的360度反馈评价是针对联想中层管理者的评价形式,它是通过中层管理者身边的上级、下级、同事对其本人的评价,发掘出中层管理者自身的优势和劣势,帮助中层管理者本人清晰地认识自我。对中层管理者胜任力的评价分为计划、质量管理等几大维度,每一维度下又分多个子维度,以保证每个维度都是切实可评的。评价结果只有一页,但却相当实用。因为上面很清晰地列出被评价者的强项与不足,给出中层管理者今后注意提高地方的详细建议。

使用360度反馈评价还有一个优点,因为反馈给被评价者的信息是来自与被评价者工作相关的多层面评价者的评价结果,所以其容易得到被评价者的认可。

有一家公司老总想培养、提高中层管理者的水平。他自己和其它几位同事都观察或了解到某位经理的缺点,并希望他在今后的工作中改进,但是效果并不理想。因为这位经理认为这是老板和其它同事对自己的偏见。后来通过运用360度评价工具,从多个角度(上级、同事、下级和本人)、无记名地提供评价意见,提供了相对客观的而且比较具体的反馈数据后,这位经理比较认真地接受这些反馈,认为这样的手段有助于他对真实自我的认识和洞察。同时,他还认识到,这样的反馈帮助他更加清楚地了解他人尤其是上司对自己的期望(因为评价也反映了一种期望),认清这种期望与自我评价的差距,并将之转化为发展和提高的动力。

在将360度评价应用于中层管理者能力发展时,企业应具备相应的中层管理者素质模型,如果没有,企业则在实施反馈之前的准备阶段,建立起自己的中层管理者素质模型,只有确定了需要的中层管理者素质后,企业才可能对现有管理层的领导能力做出合理的评价。

另外,能力发展不是一朝一夕,也不是一劳永逸的事;需要不断地提高,不断地发展完善。在完成360度评价之后,企业必须与被评价者一起探讨有关他的能力发展的长期计划。这将关系到领导能力发展最终效果。

当然,除了上面提到的几种方式,企业还可以对中层管理者进行一些有针对性的管理课程培训。现在市场上有各种各样的培训课程可供选择,企业可以根据企业中中层管理者的实际需要进行选择。

总而言之,在任何一个企业,中层管理者的培养都是一个持续不断的过程,企业需要综合考虑培养目标、培养内容、培养对象及企业资源等因素,在具体的管理实践中不断摸索、创新,将这些工具变成适合自己和属于自己的管理模式,才能在企业竞争中取得优势。

经验借鉴——500强企业如何培训中层

世界正在进入以知识经济和学习社会为特征的新时代。在学习社会,人们的基本生存(生活)状态便是学习。要留住企业的中流砥柱——中层管理者,尤其是留住中层管理者的心,光是提供优厚的奖金待遇无疑是不够的。

企业还应做到以下几点:

(1)将个人发展计划与公司目标联系在一起,并且提供教育机会,这将在提高员工保持率上发挥重要作用。虽然众多公司并没有强大的教育体系,但他们可以送员工参加高管培训课程,提供市场、战略或财务方面的培训,从而增强他们作为中层管理者的技能。这也能让他们感觉到公司对他们的重视和关心。能定期提供这些机会的公司会发现员工流失率在降低。

(2)认可他们的价值。大部分公司并不愿承认自己忽视了中层管理者。这通常是因为高管人员花费过多的时间在战略上,尤其是在面对一个快速变化的市场时。如果人们认为在所处的环境中未能得到公平对待,比如自己的付出超过回报,或者其他人付出更少却得到更多的话,就会产生一种不满情绪。

中层管理者承担了多种不同的工作,但并没有得到必要的认可,因为他们的工作要与组织内众多的人打交道,而这些人彼此之间不一定会进行沟通。对于中层管理者群体而言,对其价值的认可就是公平的一种表现。

(3)不断地给中层管理者充电、加压,满足其对不断进步的需要,并在工作中体会挑战的乐趣和自我的价值,这才是现代企业留人的真正秘诀所在。

让我们看看以下这些名企是如何来培养自己的中层管理队伍的。

1.朗讯:管教一体

2001年,朗讯中国处于最艰难的时候,有一位业务经理准备跳槽,并已经在摩托罗拉找到职位。公司的一位副总裁通过另外的渠道知道了这件事情,因为这位销售经理一直业绩很好,也很有潜力,副总裁非常希望留住他。当时朗讯正与联通在进行CDMA谈判,当然,这种谈判的规格是很高的,一般来说,都是高层参与。副总裁在一次谈判的时候,就叫上了这位销售经理,让他从开始的整理谈判文件开始,介入整件工作。后来,这位业务经理选择了留下,并在朗讯取得了很好的发展。

这位副总裁采取的策略非常高明,他不但留下了企业的重点人才,而且锻炼了业务经理的能力,拓宽了销售经理的人脉,是培养中层管理者的管理技能,训练他们成为高层管理人员的极好方法。

不只是让中层管理者参与到高级客户的会谈,在培养中层管理者时,我们还可以采取让中层管理者参与到高层次会议中,让他们就高层次管理问题,如组织结构、经营管理人员的奖酬机制、部门之间冲突的协调等提出自己的建议,供企业董事会参考。这样可以为中层管理人员提供分析和处理整

个企业范围高层决策问题的机会和经验,促进管理者的成长。它同时挖掘了管理者的创造力,给管理层带来了新思路。这一过程本身又促使中层管理者仔细研究政策问题,为自己的决策承担责任。

在企业酝酿变革的时候,采取这种方式让中层管理者更多地了解企业发展,让他们有更多机会参与决策过程,非常有利于中层管理者理解公司的发展状况,支持企业的变革。

朗讯公司在许多中层经理上岗前会对他们做一些培训,请更高职务的海外经理来进行培训指导。朗讯有一个特点是许多来自公司内部的管理者具备培训能力,朗讯在美国的培训中心是朗讯一个主要的资源。还有国内的培训公司,也是朗讯利用的力量。"我们自己没有专职培训师",朗讯有一个理念是做领导的同时也要充当员工的老师,高级管理人员需要有教书的能力。

在朗讯,许多公共的课程请人来讲,参加人数少的培训送出去听,没有专职的教员。朗讯有许多经理具备教书的能力,许多经理是技术方面的讲师。朗讯利用外力和内力做培训的比例大约各占50%。朗讯认为使用本地培训商的成本较低,企业对中国的情况比较了解,很贴近培训需求。

朗讯认为由经理人来做讲师,能打破传统课程教学的俗套,将那种根据书本菜单式的教学,改成针对实际情况的教学,教材需要讲师根据需求做些修改。例如他们从需要培训的部门选一些代表集中听课,同一种培训选几个培训商来预讲竞争,然后看这些听课代表选哪家培训公司,朗讯才和他们定下大批员工参加这个培训。再例如他们会通过开会来找出培训的需求和目的,然后再跟课程供应商联系,这样比单纯从美国找课好。

2.GE:培养全球化的职业经理人

鲍伯·卡伦:美国通用电气公司(GE)副总裁兼首席教育官,领导着通用电气知名的约翰·韦尔奇领导发展中心(克罗顿维尔),负责GE全球经理人的培训与发展。

鲍伯·卡伦介绍,"对于中层管理人员来说,我们给他们提供正式的机会来管理一个团队或者一个业务部门,同时向他们提供管理方面的专业培训,他们会有机会接触公司更高层的领导,身体力行地学会如何成为一个高层领导。GE认为,教授领导能力的最好方式就是由领导人授课,而不是请大学教授给领导人讲课。在韦尔奇担任CEO的20年中,我们举办了280次这一类的课程,他每次都参加了授课。只有一次例外,那一次他在住院,刚做完心脏搭桥手术,那是20年中他错过的唯一一次。每次讲课,他都要讲两到六个小时,教授领导能力。对于他们,我们教会他们怎样做事,而非做什么样的事。

"如何培养全球化的职业经理人,这是我们一直在探讨的话题。GE的做法是让大家都来参与制定全球化工作的程序,一个人可能在北京办公室工作,但他所做的工作可能会与欧洲、美国的客户,德国、日本、法国的供货商进行大量的接触,让他们学会如何身处异地,站在全球化的视角上,客观、公正地做出正确的决策。

"我们在选人的时候,就选择那些有诚信的人,同时通过我们的体制培养他们成为一个杰出的管理者、领导者。在GE的文化中,鼓励人们作出承诺,并实现自己的承诺,诚信的人在GE永远是受到欢迎的。GE也希望为他们提供机会,使他们成为世界上最好的领导人。在韦尔奇退休的晚会上,有十多个《财富》500强企业的CEO参加了,他们并没有任何敌意。他们向韦尔奇表示致意,这些人都在他手下工作过,他们感谢韦尔奇、感谢GE培养他们,使他们成为全球知名大公司的领导人。"

3.Intel:培养管人经理

Intel的经理一般要经过三个阶段的培训,这三个阶段,一是managing@Intel,这项培训主要介绍经理在Intel的一些做事流程和制度,让经理们对管理层的事情有更多的了解。接下来主要是管理任务周期培训(Managing task circle-Training),这个培训过程是告诉管理者如何去进行管

理,是对管理业务技能的训练。最后Intel有一个如何管人的培训,这是Intel在培训中非常重视的一点,Intel认为管理人的经理必须要有很好的沟通技能和发展员工的能力。

对管人经理进行的培训周期有5个环节:第一步是制定工作目标,第二步是完成计划,第三步是帮助别人共同解决问题,第四步是对员工实施管理,第五步是对业绩好的员工将去强调和激励。这是整个管人经理培训的模式,通过这样的5个步骤,每个人都会成为一个高素质的管人经理。

4.惠普:向日葵计划

惠普公司以"不仅用你,而且培养你"著称。

惠普公司对中层管理者的培养投入很大的精力。这部分人是少数人群,但是他们的领导能力对公司的前途影响很大。惠普公司使用的方法是:"打造经理团队的核心领导力。"它把中层管理者或有潜力的骨干塑造成公司价值观的代表,并且能身体力行,带领一支团队,迎接当前和未来的挑战。

2002年初,中国惠普公司特别在公司内设立了"领导力发展中心",并且提出了"狮子"计划。在全公司范围内挑出了50位有发展潜力的经理和员工参与该计划。

然后,针对中层管理者或有潜力的骨干,采用360度反馈评价技术,考察被评价人的领导力。被评价人自己将一份围绕上述八种能力设计的问卷发给对被评价人比较了解的人,包括上司、同事、下属,以及客户、合作伙伴等。所有问卷汇总到人力资源部后,被评价人会得到一本厚厚的报告,上面详细介绍了被评价人周围左右的人对他的评价。这个结果不公开,只有被评价人自己知道,由被评价人决定是否与别人分享。

调查做完之后,公司对被评价人提供两天的培训,指导被评价人分析评价报告,制订个人领导力发展计划。同时,公司还要求被评价人寻找一位"导师",为被评价人提供帮助。公司还邀请了多位公司外的成功人士前来演讲、交流,并收到了明显的成效。

员工进一步升迁为部门负责人后,需要参加什么培训主要由他本人决定。为了帮助年轻的经理人员成长,惠普有一个系统的培训方案——向日葵计划(Sun Flower Program)。这是一个超常规发展计划,帮助中层的经理人员从全局把握职位要求,改善工作方式。员工进入惠普,一般要经历四个自我成长的阶段。第一个阶段是自我约束阶段,不做不该做的事,强化职业道德;然后进入自我管理阶段,做好应该做的事,加强专业技能;进入第三阶段,自我激励,不仅做好自己的工作,而且要思考如何为团队做出更大的贡献,思考的立足点需要从自己转移到整个团队;最后是自我学习阶段,学海无涯,每个人随时随地都能找到学习的机会。

管理视野——四大名著中的中层艺术

1.水煮三国:中层定天下

《三国演义》中,明确地提出了"中层"的概念。这比"中层"概念在西方正式提出,早了数百年之久。"三国"中的一些杰出的中层人物,胸怀全局,目光远大,能够从全局上、长远上思考问题,善于处理大的方面关系,能够在变动中把握局势发展的大方向,争取战略上的主动和优势,因而从小到大,从弱到强,做成一番轰轰烈烈的事业。

可以说,举手投足决定荣辱成败,关系身家性命。因此,重视领导素质,善于领导中层,是"三国"中许多人的共同特点。

诸侯伐董卓:各怀鬼胎是大忌

《三国演义》第四回,曹操起兵伐董卓,袁绍率先"聚麾下文武,引兵三万"来与曹操会盟。曹操发檄文后,共有十七镇诸侯"起兵相应",各路人马"有三万者,有一二万者",总计不下二十万,可谓兵多将广。诸侯歃血联盟,

推袁绍为盟主，共同讨伐董卓，各路诸侯均表示"唯命是听"。由于联盟是较为松散的联合体，每个单体都有自己的利益考虑，因此管理难度较大。

矛盾很快就暴露出来：先是济北相鲍信怕孙坚为前部夺了头功，私自令其弟鲍忠领三千人马搦战被斩；然后是孙坚出战袁术不发粮草，关羽"酒尚温时斩华雄"，袁术仍羞与为伍，由此可以看出十八路诸侯是貌合神离的。曹操在追袭董卓时认为自己可以"一战而天下定矣"，却因为得不到众人的响应不得不单独作战，结果大败而归。由于孙坚藏匿传国玉玺事发，大家"各怀异心"，不欢而散。最后甚至发生刘岱向乔瑁借粮未允，自相残杀事件。

官渡之战：中层切忌决策和管理失误

李、郭之乱被平定之后，北方形成了袁绍与曹操两大军事集团。袁绍拥兵数十万，占据了黄河以北的幽、冀、青、并等州郡，处于进可攻、退可守的有利地位。袁绍自恃兵多粮足，多次企图南下进攻许昌，图谋相机消灭仅据兖、豫二州的曹操。双方经过黎阳对垒，终于爆发官渡之战。

两军于官渡相持两月后，曹操因"军力渐乏，粮草不济"，欲弃官渡回守许昌。谋士荀彧认为，曹军以弱敌强，"若不能制，必为所乘"；而袁军因曹军"扼其喉而使不能进，情见势竭，必将有变"，正可出奇制胜。曹操听从其建议。后曹操力排众议（展现出其过人的决策能力），采用许攸之计，亲率精锐奔袭袁军乌巢粮屯，烧毁全部囤粮。加之袁绍大将张郃、高览被逼投降，袁绍所部军心动摇，曹操乘机全线出击，大败袁军，袁绍父子率八百余骑北逃。官渡之战，奠定了曹操统一北方的基础，袁绍则从此一蹶不振。

袁绍与曹操两大集团的高管均是由董事长亲自兼任总经理，这种结构要求高管不仅具备董事长的决策能力，还要具备总经理的管理能力。袁绍以多败少，主要原因在干部配置方面犯了管理大忌。企业管理干部团队的建立，除了要考察干部的工作能力之外，还要兼顾干部之间的包容性，否则干部之间不会互相补台而是拆台，这会给企业决策（高层决策往往要听从中层意见，中层因矛盾造成的意见相左，会影响高层）增加难度和给管理造成极大混乱。曹操谋士荀彧在评价袁绍的干部时说"田丰刚而犯上，许攸贪而不智,审配专而无谋,逢纪果而无用。此数人者,势不相容,必生内变事实也。"正是如此。袁绍出兵时,田丰上书劝阻,逢纪趁机说其坏话;许攸因遭审配陷害而投奔曹操;大将张郃、高览被郭图所逼,阵前倒戈,这些内耗在一定程度上导致了袁绍在官渡之战中的失败。

赤壁之战:异地项目切忌准备不足

说到《三国演义》就不能不说赤壁之战,究竟什么原因,使得在官渡之战以少胜多的曹操以多败少,输给临时结盟的刘、孙联军?

大战前指出曹军的不利条件综合归纳如下:一是北土未平,马腾、韩遂为其后患;二是北军不熟水战,"舍鞍马,仗舟楫,与东吴争衡",非曹军所长;三是时值隆冬盛寒,马无草料;四是北方士兵远涉江湖之间,不服水土,多生疾病;五是曹军轻骑一日夜行三百里,人马劳顿,为强弩之末;六是"荆州士民附操者,迫于势耳,非本心也",人心不稳。

很多人把曹军的失败归结为杀蔡、张中了连环计,但这在上述六原因之内。操刚兼并刘表公司,没有时间整合,人心不稳,曹也心存疑虑,使用蔡瑁、张允为水军正副都督情非得已。荀攸对二人出任水军都督提出异议时,曹操说"止因吾所领北地之众,不习水战,故且权用此二人,待事成之后,别有理会"。正是由于这个原因,才使计谋过人的曹操在蒋干盗书时,轻易上当,杀了此二人。另外,《三国演义》四十七回中写道:"操军因不服水土,俱生呕吐之疾,多有死者,操正虑此事",所以,当庞统问道:"敢问军中有良医否?",说到曹操关心之处,再献连环计,曹操如何不中计?

由赤壁之战的例子我们可以看出:异地操作项目,准备工作一定要做充分,困难要考虑的多一些;兼并新的企业后一定要充分整合后,才可开展新项目。

马超潼关大败——切忌猜疑

马腾官拜征西将军,与镇西将军韩遂结为兄弟,二人共为西凉公司大股东。后马腾被曹操所害,马超继承父亲股份,成为公司股东,与韩遂一起征

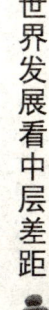

战曹操。按说马超、韩遂很有合作基础,但马超无谋,还是中了曹操抹书离间之计。马超断韩遂之手,二人反目,最后败与曹操。

公司股东之间的矛盾会造成公司派系林立,政出多门,员工无所适从,管理混乱。最后结果往往是各股东从公司带离自己的亲信,另立山头,使原公司解体。所以股东之间的信任乃是公司存在的基础。

水淹七军——切忌将帅失和

关羽在攻打樊城时,曹操点名指派大将于禁率领七军去解救,庞德自告奋勇当先锋。最后被关羽水淹七军,全军覆没。

从《三国演义》中可以看出,曹军主将于禁不懂兵法,不听劝告,担心庞德成功,灭自己威风,一再对其用魏王戒旨相压制。而曹军副将庞德以必死的决心去赴战,一味逞血气之勇。此外,庞德还不服从于禁指挥。于禁让庞德退军避关羽,庞奋然曰"魏王命将军为大将,何太弱也?"可见庞对于不是很尊重。当庞表示"誓不退避"时,于禁竟"不敢阻而回"。

从干部匹配的两个原则——人职匹配和组织匹配上来看,曹操要对水淹七军的结果负一定责任。首先二人都有致命缺点,人职不匹配;其次二人搭挡安排不合理,将帅不和,于禁有私心,庞德不服管。

失荆州——切忌特殊人物特殊对待

魏、蜀、吴三国中,蜀国的组织结构最不合理。关、张不仅是蜀国的开国元老,而且还是刘备的结义兄弟,这种关系是一贯被蜀国君臣所看重的。这种组织机构极像家族企业在职业经理人手下安排亲戚当部门经理,通常这会由于部门经理不服从指挥,造成领导效能低下,历来为管理大忌。曹操手下虽然也有大批曹(夏侯)氏亲属,但曹操是董事长兼总经理,管理难度要小得多。

《三国演义》中关羽是常常不服从管理的,不论是刘备还是诸葛亮的命令。刘备自立汉中王之后,封关羽为"五虎大将"之首,关羽看不起黄忠,不愿与其为伍,"遂不肯受印",不把企业利益放在第一位而顾全大局。这时费诗的一番话很是发人深思:"今汉中王虽有五虎将之封,而与将军有兄弟之义,视同一体。将军即汉中王,汉中王即将军。岂与诸人等哉?"试想,蜀国上下都这样想的话,诸葛亮如何能指挥动关羽?

失荆州的内部、外部原因很多,但最重要的原因无疑是孙刘联盟瓦解,致使关羽两面受敌。我们先来看看总经理诸葛亮临行是怎样安排工作的。诸葛亮离开荆州前问关羽,如果曹操、孙权一起起兵前来,如何应对?关羽回答"分兵拒之"。诸葛亮说"若如此,荆州危矣",遂定下"北拒曹操东和孙权"的战略方针,关羽表示"军师之言,当铭肺腑"。

再看看董事兼荆州分公司经理关羽是如何执行的。虽然东吴想取回荆州由来已久,但蜀、吴联盟尚有维持余地。曹操约孙权夹击荆州,孙权与众谋士商议时,诸葛瑾献计欲使孙权之子和关羽之女联姻,"若云长肯许,即与云长计议共破曹操;若云长不肯,然后助操取荆州",孙权是同意的,这是常见的"疏不间亲"的道理。但关羽一句"吾虎女安肯嫁犬子乎"令孙权闻之大怒,使得本来就很脆弱的蜀、吴联盟顷刻瓦解。

关羽"刚而自矜"(诸葛亮评价,《三国演义》第七十八回),看不起孙权。孙权之子如何就成了"犬子"了?连曹操都对孙权评价极高。况且依此类推,刘备娶了孙夫人岂不是娶了"犬妹"了?其次,关羽即便不肯嫁女,也应以国事和诸葛亮托付为重,不能激化矛盾,处理方式应该较为有策略一些。

火烧连营——岗位责任切忌错位

《三国演义》第八十一回,刘备为报关羽被杀之仇,不听群臣劝阻,起兵七十五万,杀奔东吴。经过几番小胜。这最终被东吴陆逊火烧连营七百里,败于猇亭,彝陵之地。此次失败,使蜀国国力大伤,刘备也因此病逝,是一次致命的失败。

刘备在这次失败中犯了两个主要错误:一是为报私仇,完全不顾企业的战略规划。刘备欲起兵东征时,赵云谏说,曹丕篡汉,神人共怒,若起兵伐之,"则关东义士,必裹粮策马以迎王师"。"汉贼之仇公也,兄弟之仇私也",其他群臣也"多有劝先灭魏而后伐吴者",但刘备一意孤行,最终酿成大错。

二是刘备既是董事长,其岗位责任主要是决策,起兵东征本身就是决策失误,刘备又干了总经理该干的事,亲自伐吴。诸葛亮曾劝道"若只欲伐吴,命一上将统军伐之可也",这才是正确的管理,但刘备没有采纳,最终应了秦宓之言"可惜新创之业,又将颠覆耳"。

出祁山——上马项目切忌劳民伤财

七擒孟获之后,诸葛亮为统一中原六出祁山北伐曹魏,但此时蜀国连年征战,国力大伤,并且人才凋零。诸葛亮第一次出祁山时,五虎上将只剩下年过七十的赵云,独当一面的大将只有魏延了。文官虽有不少,但诸葛亮"事必躬亲"的管理风格,使他们难以发挥作用。司马懿预见诸葛亮"食少事烦,岂能长久",最后六出祁山寸功未得,以诸葛亮病死在五丈原而告终。

企业上项目也是一样,管理者且不可不顾企业的财力、人力资源使项目盲目上马,我们见到的烂尾工程实在是太多了。

失街亭——切忌小才大用

街亭失守,除了魏军强大,司马懿多谋,张郃善战外,蜀军一方的失误也是重要原因。蜀军失误在于诸葛亮用人失误和马谡自以为是。

先看看马谡有没有才。马谡自幼饱读兵书,熟谙战法,深通谋略,是一位不可多得的参谋型人才。马谡曾在诸葛亮南征中提出"攻心为上,攻城为下"的建议,诸葛亮采纳并实施"七擒七纵"孟获,达到了"南人不复反矣"的安定局面。此外,马谡还向诸葛亮献过离间计,使司马懿被削职还乡,可见马谡是有一些才能的。不过刘备生前说马谡言过其实不可大用,是不能独当一面的,但未能引起诸葛亮的重视。

诸葛亮的用人失误在于使马谡是小才大用,并且在管理当中存在问题。马谡立下军令状后,诸葛亮感到有些问题,但不是当面叮嘱马谡,而是将王平唤来吩咐"下寨必当要道之处,使贼兵急切不能偷过",希望王平牵制马谡。马谡到达街亭后说"当道岂是下寨之地?",如果诸葛亮和马谡当面就下寨问题达成共识,马谡不在山上屯军,街亭失败或可避免。

从企业管理的角度来看,大才小用和小才大用均不适宜。大才小用从表面上看企业是划算的,可以降低成本,其实不然。这往往会使干部感到怀才不遇,心生怨恨,反映在工作上就是消极怠工。刘备初期使用庞统作耒阳县令是典型的大材小用,庞统"终日饮酒,不理政事",最后刘备拜其为副军师中郎将,庞才肯为其所用。

小才大用是指干部素质能力达不到岗位要求,但由于特殊情况又不能不让其上岗。这只能是应急的举措,且要在管理上加强过程控制。

2.大话西游:德者上,能者前,智者中,劳者下

在"西天取经"这个项目里,唐僧其实就是一个项目经理。

作为一个"西天取经"项目的经理,唐僧如何领导整个团队的?

德者居其上

唐僧是一个目标坚定、品德高尚的人,他受唐王之命,去西天求取真经,以普渡众生,广播善缘。要说降妖伏魔的本领,他连最差的白龙马都赶不上,但为什么他能够担任西天取经的团队领导?关键在于唐僧有三大领导素质。

首先,唐僧目标明确、善定愿景。作为一个团队领导,要能够为团队设定前进目标,描绘未来美好生活。领导如果不会制定目标,肯定是个糟糕的领导。唐僧从一开始,就为这个团队设定了西天取经的目标,而且历经磨难,从不动摇。一个企业,应选择这样的人做领导,团队的领导本身就是企业文化的传承者和传播者,只有他自己坚定不移地信奉公司的文化,以身作则,才能更好地实现团队的目标。

其次,唐僧手握紧箍咒,以权制人。如果唐僧没有紧箍咒,估计早被孙悟空一棒打死,或者使唤不动他。一个领导的必备技能是一定要树立自己的权威,没有权威,也就无法成为领导。但是唐僧从来不滥用自己的权力,只有在大是大非的时候,他才动用自己的惩罚权,这对企业领导是有借鉴意

义的。组织赋予的惩罚权千万不要滥用，奖励胜于惩罚，这是领导艺术的基本原理。

第三，唐僧以情感人，以德化人。最初的时候，孙悟空并不尊重唐僧，他老觉得这个师傅肉眼凡胎、不识好歹，但是在历经艰险后，唐僧的执著、善良和对自己的关心感化了孙悟空，让他死心塌地保护唐僧。

作为一个团队领导，情感管理也是非常重要的，尤其在中国的文化大背景下。中国人往往是做生意前先交朋友，先认可人，再认可事，对事情的判断主观性比较大。所以在塑造团队精神的时候，领导一定要学会进行情感投资，多与下属交流、关心团队成员的衣食住行，塑造一种家庭的氛围。

总的来说，作为企业领导，要用人为能，攻心为上。目光如炬，明察秋毫，洞若观火，高瞻远瞩，有眼光就不会犯方向性的错误。

能者居其前

孙悟空能力很强，但有缺点，这才是老板最应该用的人才。为什么？假设一个人能力很强，人缘很好，理想又很远大，这样的人往往不甘人下，直逼领导位子，或者很容易另起炉灶。

孙悟空有个性、有想法、执行力很强，也很敬业、重感情，懂得知恩图报，是个非常优秀的人才。

但这样的人才如何才能留住他，如何提升他的忠诚度。这要靠领导艺术，靠企业的文化。在《西游记》中，孙悟空被唐僧赶走过两次，第一次是刚刚认识不久，孙悟空打死了几个强盗，遭到唐僧斥责，结果孙悟空一生气，自己走了，但后来在东海龙王那里，看了一幅画，说的是张良三次为黄石老人桥下拾鞋，谦恭有礼，后被黄石老人授予天书，成就了张良传世伟业的故事。老龙王说："你若不保唐僧，不尽勤劳，不受教诲，到底是个妖仙，休想得成正果。"

悟空一盘算，觉得有道理，自己被唐僧搭救，而且还可以变妖为仙，自己怎么能这么轻率地就走了呢？所以后来他又回到了唐僧身边。第二次被赶走是三打白骨精后，唐僧决意不能留他，悟空无奈，只好离去，但"不住腮边泪坠,停云住步,良久方去"。此时他已经心系唐僧,一听说师傅有难,马上不记前嫌,重新回到团队中去,还要在东海里沐浴一下,生怕师傅嫌他。

唐僧用什么方法让孙悟空这么死心塌地?

首先得有规矩,得有紧箍咒。规矩是权威,唐僧如果没有了权威,估计孙悟空早不把他放到眼里了。同样的,企业的制度也要有权威,制度的执行一定要严格,不管刚开始推行的时候有多少阻力,只要坚决执行下去,逐渐就会形成一种氛围与文化,让大家自觉地去遵守。

但制度的力量是有限的,制度只能让员工不犯错,但要让员工有凝聚力,与企业同心同德,还要靠情感,唐僧就是靠情感管理,他用自己的执著和人品感化了孙悟空。

没有修成正果的目标和愿景,孙悟空也许中途就回去了;没有师徒的情分,估计孙悟空也不会这么卖命。当然,如果没有偶尔的紧箍咒,也许悟空早酿成大错。

但孙悟空只能是一个好员工,不能成为一个好领导。什么意思呢?孙悟空最大的乐趣是降妖伏魔,他常说"几个妖怪玩玩",这是一种工作狂的表现,他不近女色、不恋钱财、不惧劳苦,在降妖伏魔中找到了无限的乐趣。但是他天性顽皮、直言不讳,经常把玉皇大帝、各大神仙都不放到眼里,这注定他无法成为一个卓越的领导。

但作为一个团队的成员,有了唐僧,就不需要孙悟空有领导能力,否则唐僧的地位肯定受到动摇。这也就为什么团队成员的选择要非常慎重,要能够优势互补、能力互补、个性互补。

孙悟空的另外一个缺点就是爱卖弄,有了业绩就在别人面前卖弄,而且得理不让人,这显然影响了他继续发展的可能。作为一个领导,一定要非常清楚下属的优缺点,量才而用,人尽其才。

智者居其中

之所以说猪八戒是个智者,完全是站在当今社会的角度。现代社会,员工的压力都很大,要做一个快乐的人,就要用到猪八戒的人生哲学。当然,

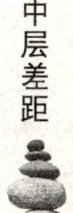

八戒的人生哲学,只是我们在遇到挫折失败时候的一种自我解脱,不能成为自己的主流价值观。

猪八戒是个什么样的员工?从好的方面看,他虽然总是开小差,吃的多、做的少,时时不忘美食,但是在大是大非上,他的立场还是比较坚定,从不与妖精退让妥协,打起妖怪来也不心慈手软;在生活上他能够随遇而安,工资待遇要求少,有的吃就行,甭管什么东西,而且容易满足,即使被佛祖封了个净坛使者,是个受用贡品的闲职,他也能非常高兴,说"是佛祖向着我"。

更为重要的是,他成为西天枯燥旅途的开心果,孙悟空不开心了,就拿他耍耍。脏累差的活,都交给他,他虽有怨言,但也能完成。如果没有猪八戒,这个旅途还真无聊。另外,猪八戒的另外一个优点就是对唐僧非常的尊敬,孙悟空有不对的地方,他都直言不讳,从某种程度上这增加了唐僧作为领导的协调和管理作用。

从不好的方面看,猪八戒经常搬弄是非,背后打小报告。另外,在忠诚度方面也差,尤其是刚加入取经团队的时候,动不动就要散伙走人,回高老庄娶媳妇,一点佛心都没有,还影响了团队的团结和睦。

劳者居其下

如果唐僧这个团队只有他和悟空、八戒三个人,那还是有问题,唐僧只知发号施令,无法推行;悟空只知降妖伏魔,不做小事;八戒只知打打下手,粗心大意;那担子谁挑,马谁喂,后勤谁管?可见一个团队,各种人才都要有。

沙和尚是个很好的管家,任劳任怨,心细如丝。他经常站在悟空的一边说服唐僧,但当悟空有了不敬的言语,他又马上跳出来斥责悟空,护卫师傅,可谓忠心耿耿。企业对于这样的人,一定要给予恰当的位置,如行政、人事、质量管理、客户服务等。

沙和尚忠心耿耿,他是唐僧最信任的人,是老板的心腹,但他属于那种有忠诚度但能力欠缺的人才,老板虽喜欢用,但如果重用、大用,就会出问题。

许多企业和团队之所以失败,往往坏在沙僧这类角色上,因为他们是老板的心腹,会得到相当高的权力、地位,但由于能力有限,又无法担当重任,所以往往会造成企业的重大战略决策失误。

3.水浒传:企业文化是关键

故事的开头吧——水浒集团董事长晁盖因身劳成疾病,不幸病故。而宋江靠着良好的人际关系,成为水浒集团第二任董事长。水浒集团发展态势一直不错,一时之间,水浒集团会聚了"一百零八"位优秀经理人,成为当时市场中最具潜力企业,宋江也被评为年度优秀企业家。

应该说前期企业文化还是搞得不错。比如,宋总上任的第一件事,便是把公司名字由聚义厅改成了忠义堂,这是公司标识的变更,有其深刻的企业管理理念。再看宋总面对108名总监、部门经理、顾问和员工就职时的讲话。宋总说:"小可今日权居此位,全赖众兄弟扶助,同心合意,共为股肱,一同替天行道。如今山寨,人马数多,非比往日,可请众兄弟分做六寨驻扎。今聚义厅改忠义堂。"在企管专家胡一夫老师看来,老宋作为新的领导上任,必然对老企业的企业文化的走向提出新的要求和目标。

大家注意了——"今聚义厅改为忠义堂",如果前面的话是策略和手段的话,那这一句就是新的山寨文化和山寨精神了。关于忠义和聚义的区别,在第一部分已有阐述在这里不多叙述了。我们还是回到现实,看看员工的忠诚度问题。因为前面说了,忠诚度是满意度的外在体现,是执行力的前提,所以忠诚是实现水泊发展或宋总目标的关键。您看,这宋总有水平吧。

但后来的企业文化建设工作就抓得不好了,这对企业造成了致命的影响。即位后,宋江经不住大宋王朝高官厚禄的引诱,时时想着让大宋王朝集团收购水浒集团。于是,他开始有针对性进行企业重组改革。首先他进行了企业文化改制,建立起了"替天行道"的奴才文化,严重地背离原来企业发展战略。宋江等人打着"替天行道"幌子,提倡"忠孝节义",积极准备大宋王朝集团的并购。

但是,这样的企业文化只代表了一部分领导的意愿,得不到企业员工的

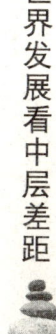

支持。并遭到以林冲、武松等为首的高中层管理干部的极力反对,几次收购都无疾而终。但是,经历了几次风波之后的水浒集团也失去以往凝聚力,企业发展速度相对滞后,最终,还是没有避免被大宋王朝收购的结局。水浒集团被大宋王朝集团并购后,水浒集团的管理干部遭受排挤、冷遇和报复,他们相继地离开了大宋王朝集团。

　　21世纪以来,企业文化这个主题已经从"丑小鸭"变成了"白天鹅",乃至被人们称为企业管理的"文化学派"。随着企业文化概念的普及,各类组织意识到其对经营管理的重要作用。因此,不仅学术界的研究成果层出不穷,实践领域的经验总结也使人耳熟能详,诸如休利特和帕卡德创立的"惠普之道"、韦尔奇在通用电气进行的"文化革命"、戴尔公司以客户为中心的企业文化、沃尔玛的营销文化等。我国也有越来越多的企业认识到文化的重要作用,在实践中不断探索企业文化建设的有效途径,并取得了令人欣喜的成效,例如联想的创新文化、华为的"狼文化"……

　　然而,企业文化在公司内部能否真的深入人心,起到应有的作用,我们还需要拭目以待。如何使企业文化不流于形式,不沦落成"昙花一现"的流行术语,还需要我们做很多深入细致的科学研究。国内很多公司对企业文化的理解还停留在相当粗浅的水平上,尚未真正理解企业文化的根本作用。

　　比如一次,笔者与一位公司负责人聊天,该负责人主动谈到公司核心价值观的重要性。当被问及其所在公司的核心价值观是什么时,他回答说:"都写在我们企业文化大纲里了。""那具体是什么内容呢?"他沉思片刻说:"一时还真说不上来。"其实,企业文化维系着企业持续发展。企业因为成功而产生成功要素,这些要素中,有些是保持企业生存和发展的必然因素,有些则带有偶然性或者神奇的色彩,还有些只是短期的因素。

　　但无论是如何成功的,企业都会面临一个无法摆脱的问题:如何在外部快速变化和内部不断变革的环境中维系企业健康持续的生命?这个核心问题是企业文化的关注点。哪些要素是必须保持的?哪些是必须摒弃的?哪些是必须提升的和补充的?比如,老员工在叙述什么,新员工在好奇什么,管理人员在教导什么,外聘人才在埋怨什么,都能从各个角度来帮我们验证企业文化的真确性。

一个企业就像一个家庭，如果让每个员工都感觉到他的工作对这个家庭来说是多么重要，那么统一的价值观就形成了！一旦形成，这种力量是不可抗拒的。

调查显示，英国政府雇员中有241人比他们的"老板"——卡梅伦首相挣得还要多。其中，英国国防部是最"赚钱"的部门，有26人年薪超过卡梅伦。英国商务、创新与技能部有22人挣得比卡梅伦多。英国内阁办公室年薪超过卡梅伦的职员也有22人。

在很多企业家那里我们得到一个这样的反馈——我要提高人才的工资，要提高骨干的工资，员工们都有想法。我告诉他们"给骨干提工资是为了保证普通员工的工资每月能按时发"。虽然你的工资低一点，但如果不提高骨干的工资，你的低工资可能就没了；如果提高了，你就可以每月、每年按时发，而且还会随社会平均工资显著增长。员工形成这个观点很难，要我经常讲。

可见，企业文化虽然不能直接产生经济效益，却能渗入到员工的骨子中、血液里，以柔克刚，最大程度地激发人的创造力、凝聚力和执行力，确保企业产品与品牌、决策与执行、组织与管理的良好运作，进而提高企业竞争能力和发展动力，促动企业健康、持续发展。

健康向上的企业文化是一个企业战无不胜的动力之源！可以说，美国人花了一个多世纪才认识到企业文化的重要性，而热衷于撰写企业文化宣言也是最近些年的事情，国内企业的企业文化建设和管理应该是一个耐心和持久的工作。

4.大观园里谁是最好的中层

在MBA铺天盖地的今天，《红楼梦》居然与《韦尔奇自传》一样引起管理界的重视。

事实上，曹雪芹在《红楼梦》中提供了两种不同的管理模式，塑造了两种

不同的管理权威：一是贪婪集权型，以王熙凤为代表；二是创新分权型，以贾探春、薛宝钗为代表。

王熙凤是维持会会长还是掘墓人

我们先来看看王熙凤"管理权威"的属性。应该说，在协理宁国府时，王熙凤出色地表现了她的管理才能。

首先，王熙凤对宁国府做了一次家族诊断。她极其尖锐地指出宁国府存有"五大弊病"："头一件是人口混杂，遗失东西；二件，事列专管，临期推诿；三件，需用过费，滥支冒领；四件，任无大小，苦乐不均；五件，家人豪纵，有脸者不能服管束，无脸者不能上进。"

针对这五大弊病，王熙凤决定采用猛药。一到宁国府，她就发表了措辞极其强硬的就职演说："既托了我，我就说不得要讨你们嫌了。我可比不得你们奶奶好性儿，诸事由得你们。再别说你们'这府里原是这么样'的话，如今可要依着我行。错我一点儿，管不得谁是有脸的、谁是没脸的，一例清白处治。"

根据这一思路，王熙凤开始制定规则，按岗定编，强化监管。这一措施收到了效果，宁国府的面貌立刻改变了。由此可见，王熙凤的权威性确实很强。

然而，同样是这个王熙凤，在给贾母理丧时却出乎意料地陷入"权威性不足"的泥潭困境。她既调不动人，也调不动钱，只得哀求众人："大娘婶子们可怜我吧！我上头挨了好些说，为的是你们不齐截，叫人笑话。明儿你们豁出些辛苦来罢！"尽管如此，她却仍然玩不转，被气得"眼泪直流，只觉得眼前一黑，嗓子一甜，便喷鲜红的血来，身子站不住，就栽倒在地"。

为什么王熙凤在协理宁国府时威重令行，而给贾母理丧时却权威不足、指挥失灵呢？这是因为，王熙凤的权威主要依靠贾母和娘家做靠山。一旦靠山倒了，王熙凤的权威便马上土崩瓦解。

其次，王熙凤肆无忌惮地以权谋私、行贿受贿、盘剥众人，贾府上下积怨极深，毫无人缘。对于这一点，她本人也意识到了："若按私心藏奸上论，我也太毒行了。也该抽回退步，回头看看。"

显而易见,王熙凤实际上并没有真正的权威,她有的仅仅是一时的权势而已。靠山一倒,她便寸步难行,一败涂地,任凭自己再有管理才能也无力回天。

还应该指出的是,正是王熙凤的这种贪婪和疯狂才给贾府带来毁灭性的灾难。

因此,王熙凤并不是贾府的维持会会长,恰恰相反,她是贾府的掘墓人。在《红楼梦》里,王熙凤的下场是最惨的。这是完全符合历史逻辑,也值得王熙凤的崇拜者们不断地深思和反省。

贾探春是利益为重的积极改革者

在《红楼梦》五十六回中,曹雪芹以一个章回的篇幅,完整地描绘了发生在大观园里的经济改革故事,并塑造了与王熙凤完全不同的管理权威贾探春、薛宝钗。

为了克服贾府的经济危机,贾探春凭借自己对当时正处于萌芽状态的市场经济的敏感,富有创意地推出了一个全新的改革举措:采用公开竞标的方式,把大观园分包给园中的老妈妈们。这样一来,一个消费性的大观园就被改造成了一个生产性的种植园,捉襟见肘的贾府经济也因此找到了一个新的生长点。

对于贾探春的经济改革,薛宝钗予以充分的支持。然而,在指导思想上,两人却存在着严重的分歧。贾探春对她的改革相当自负,她直线式的思维模式却一时难以完全扭转。贾探春只看到承包的种种好处:一则园子有专定之人修理花木,自然一年好似一年了,也不用临时忙乱;二则也不至作践,白辜负了东西;三则老妈妈们也可借此小补,不枉成年家在园中辛苦;四则也可省了这些花儿匠、山子匠并打扫人等的工费,将此有余,以补不足,未为不可。

与贾探春不同,薛宝钗却考虑到承包可能产生的负面影响。她清醒地意识到,能够直接承包并得到好处的只是少数人,大多数人心里仍是不服的。如果不考虑大多数人的利益,那么承包就可能因得不到大多数人的支持而

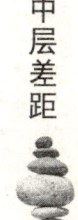

遭遇种种意想不到的挫折。因此，薛宝钗建议，承包者年终时拿出若干吊钱来分给也在园中辛苦的老妈妈们，让她们也能分享改革的成果。

薛宝钗对承包者说："还有一句至小的话，越发说破了。你们只顾自己宽裕，不分与他们些。他们虽不敢明怨，心里却都不服。只用假公济私的，多摘你们几个果子，多掐几支花儿，你们有冤案还没处投呢。他们也沾带些利息，你们有照顾不到的，他们就替你们照顾了。"

薛宝钗这一"小惠"主张，不仅兼顾了大多数人的利益，同时也为承包者的经营提供了新的保证，的确是一个符合"惠而不费"原则的双赢高招。

贾探春的直线式思维还影响到她对管理流程改革的思考。她考虑到"若年终算账，归钱时，自然归到账房。仍是上头又添一层管主，还在他们手心里，又剥了一层皮"。贾探春认为"如今这院子是我的新创，竟别入他们的手，每年归账，竟归到里头来才好。"

对此，薛宝钗再次表示反对："依我说，里头也不用归账。这个多了，那个少了，倒多了事。不如问他们谁领这一份的，他就揽一宗事去。都是他们包了去，不用账房去领钱。"

薛宝钗的反对意见显然是正确的。因为从本质上说，归账到账房和归账到园子里头，只是五十步和一百步。从纯粹的管理角度来说，同样存在着重复算账的麻烦，而承包者同样存在着会被园子里的新账房剥皮的可能。因此，薛宝钗提出的这些物质层面的改革主张，理所当然地受到了承包者和众人的普遍欢迎。

薛宝钗是利义合一的高级管理人才

由于贾探春的思维是直线式的，因而她的改革思路只是停留在物质层面上。薛宝钗则不同，她在完成物质层面的思考之后，更进一步展开了精神层面的思考。为了给改革营造一个良好的环境，薛宝钗提出了配套的改革措施，强化治安管理。她对老妈妈们说："你们只要日夜辛苦些，别偷懒总放人吃酒赌钱就是了。"事实上，薛宝钗上任后做的第一件事情就是加强治安管理，每天晚上带人各处巡查。这从一个侧面反映出她对改革环境的重视。

薛宝钗和王熙凤一样,深知管人是要讨人嫌的。但她的处理风格却和王熙凤完全不同,她在就职演说中说道:"我本也不该管这事。就你们也知道,我姨娘亲口嘱托我三五回,说大奶奶如今又不得闲,别的姑娘又小,托我照看照看。我若不依,分明是叫姨娘操心。我们太太又多病,家务也忙。我原是个闲人,就是街坊邻居,也要帮个忙儿,何况是姨娘托我?讲不起众人嫌我。倘或我只顾沽名钓誉的,那时酒醉赌输,再生出事来,我怎么见姨娘?"

薛宝钗把自己参与管理说成是身不由己、万般无奈的事情,这样不仅在相当程度上淡化了管理者与被管理者之间的矛盾,而且在一定程度上赢得了被管理者的同情。即使是强化治安管理,薛宝钗也不是金刚怒目式的,她循循善诱,尽可能启发人们的羞耻之心。事实证明,薛宝钗的这套柔性管理确实具有很强的感化作用,人们对此都口服心服。

由于有了薛宝钗的新设计,贾探春这次的承包改革获得了很大的成功。正如李纨所说:"使之以权,动之以利,再无不尽职的了。"生产者的积极性被充分地调动了起来。"因今日将园中分与众婆子料理,各司各业,皆在忙时,也有修竹的,也有护树的,也有栽花的,也有种豆的,池中间又有姑娘们行着船夹泥的、种藕的。"同时,生产者的责任性也大大加强了。春燕道:"这一带地方上的东西,都是我姑妈管着。她一得了这地,每日起早睡晚。自己辛苦了还不算,每日逼着我们来照看,生怕有人糟蹋。老姑嫂两个照看得谨谨慎慎,一根草也不许人乱动。"

还应该强调的是,与王熙凤相比,甚至与贾探春相比,薛宝钗实际上并没有什么管理实权。但是我们完全可以说,《红楼梦》中真正的管理权威是薛宝钗。

不论一个人的职位有多高,如果他只是一味地看重权力,那么,就只能列入从属的地位;反之,不论一个人职位多么低下,如果他能从整体思考并负起成果的责任,就可以列入高级管理层。